WITHDRAWN

INTRODUCTION

BOHEMIAN NATIONAL CEMETERY
Chicago, Illinois

Vol. I: Burials 1877-1887

Transcribed, compiled, and edited by
The Czech and Slovak Interest Group

Copyright 1995 by CHICAGO GENEALOGICAL SOCIETY. All rights reserved. No part of this publication may be reproduced, stored in a retrieval system, or transmitted in any form or by any means, electronic, mechanical, photocopying, recording or otherwise, without the prior written permission of the publisher, except for brief quotations in a review.

© 1995
The Chicago Genealogical Society
P.O. Box 1160
Chicago, Illinois 60690

ISBN 1-881125-20-3

CONTENTS

Introduction	v
Word Lists	x
Maps	xii
Burials 1877 - 1887	1

INTRODUCTION

The Bohemian National Cemetery Association was incorporated in the State of Illinois on April 11, 1877.[1] The first burial, which took place on July 1, 1877, was for an infant child of Charles Brade.[2]

This publication covers the first ten years of burials at Bohemian National Cemetery, which is located in Jefferson Township in the City of Chicago (address: 5255 N. Pulaski Road, Chicago IL 60630). The burial register is recorded chronologically but the 3951 burials in this volume are arranged alphabetically. The register is written in the Czech language. All column headings as well as words in "Remarks" have been translated into English. However, the Czech language was retained for months of death and burial, and birthplaces. Following this introduction there is a Czech-English "Word List" giving translations for months of the year, birthplaces, and phrases and abbreviations used in the "Remarks" column.

All information was copied from the burial register except the cause of death and the name of the physician. Diacritical marks, however, have been omitted. Interpreting the handwriting in the burial register was difficult at times; therefore, it is possible that errors may have occurred.

The following symbols have been used in this publication:

- [ ]   square brackets have been placed around possible interpretations of items that might otherwise be unclear, i.e. 593 Obrayn [O'Brien], Lake Vif [Lake View], Chettn [Sheldon?] as well as around helpful notations, i.e. [dates may be reversed] or [grave location not given]

- **   asterisks indicate that the annotated information is located in the "Remarks" column

- +   a plus sign in the "C" column indicates that "coroner" was written in the physician column in the register

- --   a dash indicates no information was given for that column in the register

---

[1] James V. Krakora, *The Centennial of the Bohemian National Cemetery Association of Chicago, Illinois: dejiny stolete pusobnosti sboru Ceskeho Narodniho Hrbitova v Chicagu, Illinois* (Chicago, Ill.: The Association, 1977), 47.
[2] Ibid., 49.

It is important when searching for a particular name to look for other possible spellings: for example, different vowels (*i.e.* Aurada-Ourada; Rech-Rich); similar sounds (*i.e.* Schlesinger-Shlesinger-Slesinger; Frana-Wrana; Jiskra-Giskra; Ceythaml-Saithamel-Zaithamel); and, missing/extra letters (*i.e.* Frnoch-Fernoch).

Sometimes a first name is given as "N." or "N.N." These abbreviations could indicate a stillbirth, and their meanings are explained in the "Word List." Also, note that occasionally more than one person was entered under the same burial number; *i.e.* "Rejlek, Frank a Weronika" or "Bambas, Anton a K."

Grave locations are usually given as Row-Number, Row-Number-Block, or Lot-Block-Section. Block numbers are written either as arabic (2, 4) or roman (II, IV) numerals and have the same meaning.

Many reburials are indicated in the burial register. New grave locations were entered in red ink above the old grave location, and the date(s) of reburial were entered in its "Remarks" column. This publication, however, has placed only the latest burial location in the columns marked "Grave Location." The "Remarks" column gives the date(s) of reburial, with the previous grave location(s) given in square brackets. Examples of this would be:

Name	Grave Location Lot Blk Sec	Remarks
Josef Cesal	11 5 F	11/19/1897 moved [from R.8-36]
Luizi Straka	91 1	09/09/1915 moved [from L.16-V-M & R.7-16]

In the second example above, the information in "Remarks" indicates that the deceased was moved twice; first, from Row 7 #16 to Lot 16 Block V Section M, and second, from Lot 16 Block V Section M to Lot 91 Section 1. The date is when the deceased was moved the second time.

Frequently a grave location was crossed out in the burial register. This could have been an error, or possibly an original grave location without a reburial date. In this situation, the information that was crossed out is put inside square brackets in the "Remarks" column; *i.e.* [R.9-9 crossed out].

Sometimes the deceased was transferred from another cemetery. The majority of these transfers were from St. Adalbert's Cemetery, which was written as the following names in the burial register: Ces. Pol. Kat. Hrbi., Boh. Pol. Cath. Cem., and Czech Polish Cath. Cem. Occasionally, it was necessary (for purposes of this publication) to abbreviate this cemetery as simply "CPC".

Information in the "Dwelling" column is usually the street address where the person died; however, in some cases the name of a hospital was given instead. Cook County Hospital was the most frequent of these, and was written in the burial register in many ways: C C Hospt., Co Co Hosp., County Hospital, Cook Co Hospital. The spelling has been standardized (in this publication) as "Cook County Hospital."

Some of the deceased lived in Jefferson. In 1872 the Village of Jefferson was incorporated and the community was annexed to Chicago as part of Jefferson Township in 1889.[3] "Jefferson" was written in the burial register in various ways: Jefferson Counti Co., County Jefferson, Jefferson Cook Co. Ill., Jefferson Ill., Cook Co. Jefferson. It has been interpreted that these all mean: "Town of Jefferson, Cook County, Illinois."

Other communities, now annexed to the City of Chicago, which appear in the "Dwelling" column, are: Bowmanville, Colehour, Grand Crossing, Lake View, and Washington Heights.

Numerous names of streets and undertakers, thought to be misspelled in the burial register, were verified in the Chicago city directories for 1880 and 1890, and then changed to their correct spelling. This was done in order to make it easier for the researcher. In the following table, categories of misspellings are given along with examples of correct spellings for both streets and undertakers. It is important to remember that this table reflects only a few examples of the many names that were corrected.

CATEGORY	STREETS IN THE REGISTER	CORRECT SPELLING	IN THE REGISTER	CORRECT SPELLING	UNDERTAKERS IN THE REGISTER	CORRECT SPELLING
double consonant	Ema Alport	Emma Allport	Nut Dusold	Nutt Dussold		
German spellings						
v vs. w	Sevard Wan Horn	Seward Van Horn	Maxvel Milvaukie	Maxwell Milwaukee	Wisteyn	Vistein
k vs. c	Rebeka	Rebecca	Klinton	Clinton		
sch vs. sh	Schelby	Shelby	Aschland	Ashland		
vowels						
i vs. y	Claiton	Clayton	Tailor	Taylor	Heytman	Heitman
missing vowels	Roby	Robey	Magher	Meagher	Jager Stibiner	Jaeger Stiebiener
phonetic sounds						
k vs. g	Morkan	Morgan	Lage	Lake		
t vs. d	Hutson	Hudson			Sigmunt	Sigmund

* * * * *

The Czech and Slovak Interest Group of the Chicago Genealogical Society anticipates publishing additional volumes for burials from 1888 to 1911.

---

[3] Loretto Dennis Szucs, *Chicago and Cook County Sources: a genealogical and historical guide* (Salt Lake City: Ancestry Inc., 1986), 71.

* * * * *

The history of the Bohemian National Cemetery Association has been published on the occasion of its 25th, 50th, 75th, and 100th anniversaries. There are excellent drawings and illustrations in all of these jubilee books:

Zdrubek, Frank B. *Dejiny Cesko-Narodniho Hrbitova v Chicagu, Ill.: od jeho zalozeni 1877, do jeho 25 lete jubilejni slavnosti 1902.* Chicago, Ill.: A. Geringer, [1902]. (in Czech)

Bohemian National Cemetery Association. *Padesatilete Jubileum Ceskeho Narodniho Hrbitova v Chicagu, Ill.; dejiny pulstoleteho trvani a cinnosti sboru hrbitovniho od jeho zalozeni v roce 1877 do slavnosti jubilejni v roce 1927. S pouzitim dejin F.B. Zdrubka, zapisku ze schuzi sboru i za pomoci redakcniho vyboru, sestavil J.J. Jelinek.* Chicago, Ill.: [R. Mejdrich & Co.], 1927. (in Czech)

Vojan, Jaroslav E. S. *The Semi-Centennial Jubilee of the Bohemian National Cemetery Association in Chicago, Illinois: a free English version of J.J. Jelinek's Bohemian Historical Sketch.* Chicago: Bohemian National Cemetery Association, 1927. (in English)

Sedmdesatipetilete Jubileum Ceskeho Narodniho Hrbitova v Chicagu, Illinois : dejiny sedmdesatipetilete cinnosti sboru hrbitovniho od jeho zalozeni v roce 1877 do slavnosti jubilejni v roce 1952. Chicago, Ill.: R. Mejdrich, 1952. (in Czech)

Krakora, James V. *The Centennial of the Bohemian National Cemetery Association of Chicago, Illinois: dejiny stolete pusobnosti sboru Ceskeho Narodniho Hrbitova v Chicagu, Illinois.* Chicago, Ill.: The Association, 1977. (in English-Czech)

Additional reading is available in the following two-part article:

McGann, Tom. "Retains unique ethnic quality: Chicago's Bohemian National Cemetery." *The American Cemetery* (June 1990): 27-54 and (July 1990): 25-29.

* * * * *

Acknowledgements

The original idea for this project was conceived by Diane McClure after the Czech and Slovak Interest Group toured Bohemian National Cemetery in April 1991.

We gratefully acknowledge the cooperation and support of the Board of Directors of the Bohemian National Cemetery Association with this ongoing project. We especially wish to thank Mr. Philip Roux, and the office staff, for their assistance.

In order for the first phase of this tremendous undertaking to be completed, the concerted efforts of many people, all members of the Chicago Genealogical Society, were necessary.

The following members of the Czech and Slovak Interest Group worked on Volume I as transcribers, inputters, and proofreaders: Dolores Duy, Nancy Eisenstein, Evelyn Fergle, Betty Haralson, Joe Hartzel, Diane Liesinger, Maxine Liesinger, Diane McClure, Chris Miksanek, Don Neruda, Gertrude Neumann, Henrietta Pons, Edna Robel, Gail Santroch, Eunice Semple, and Don Slavicek.

Editorial assistance was provided by Barbara Baker and Helen Sclair. Both Helen and Paul Nemecek, also a member of the Czech and Slovak Interest Group, provided copies of the 1902 cemetery map.

Last, but certainly not least, I am deeply grateful to my mother, Rea Treichel Santroch (also a member of the Society), for the countless hours she spent double-checking each page of the final manuscript. The project would not have been completed on time without her invaluable support and encouragement.

Gail Santroch
Project Chair
September 15, 1995

PLACE NAMES

Word(s) as written in the burial register	Possible translation
Ajova	Iowa
Anapi v Americe	he / she [??] in America
Baborsku	in Bavaria
Cechach	in Bohemia
Cechy	Bohemia
Chicaku	in Chicago
Deutschland	Germany
Misigen Republik	State of Michigan
Mizuri	Missouri
Morave	Moravia
na farme / na farmie	on the farm [at the cemetery ?]
nafarmie n Hrbitova	on the farm at the cemetery
nalante	on the Atlantic Ocean
na mori	at sea
Nemecku	in Germany
Ohajo	Ohio
Polska/Polski	Poland
Prisku/Prusku	in Prussia
Rakousku	in Austria
Svedsku/Svejdsku	in Sweden
Uhersku	in Hungary
Uhrich	Hungary
Viden	Vienna
Widni	Vienna ?
W.Werginie	West Virginia

MONTHS

Czech word	Translation
Brezen	March
Cerven	June
Cervenec	July
Duben	April
Kveten	May
Leden	January
Listopad	November
Prosinec	December
Rijen	October
Srpen	August
Unor	February
Zari	September

BURIAL REGISTER COLUMN HEADINGS

In order as written in the burial register	Possible translation
pocet pobru	burial number
den pobru	burial date
jmeno	name (of deceased)
umisteni hrobu	grave location
rada	row
cisla	number
spalin	cremated
stari zemreleho	age
leta	years
mesic	months
dni	days
obydli	dwelling
rodiste	birthplace
cas umrti	death date
lekar	physician
pobrobnik	undertaker
poznamky	remarks

MISCELLANEOUS

Word, phrase, or abbreviation	Translation
a	and
B. (in Remarks)	Block i.e.. R.4-51-B.2
CPC	Czech Pol. Cath. Cem.
DBN	Duplicate Burial Number
do	to, into, in
fr.	from
L. (in Remarks)	Lot i.e. L.12-VI-K or R.5-8-L.81
N. (in Name)	neznamy = unknown
N. N. (in Name)	nikdo z nich = no name
na	on, to, at, in, for
pohrbena	buried (female)
pohrbeny	buried (male)
prelozen do hrobky	transferred/moved to tomb/grave
prelozen z Nemeckeho Hrbitova	transferred/moved from Germany Cemetery
prevezena ze hrbitova Graceland	transferred/moved from Graceland Cemetery
R. (in Remarks)	Row i.e. R.3-63
sic	not a mistake, read as is
trf'd	transferred
vykopan a spalen	dug up and cremated
z, ze	from

BOHEMIAN NATIONAL CEMETERY
5255 N. Pulaski Road, Chicago IL 60630

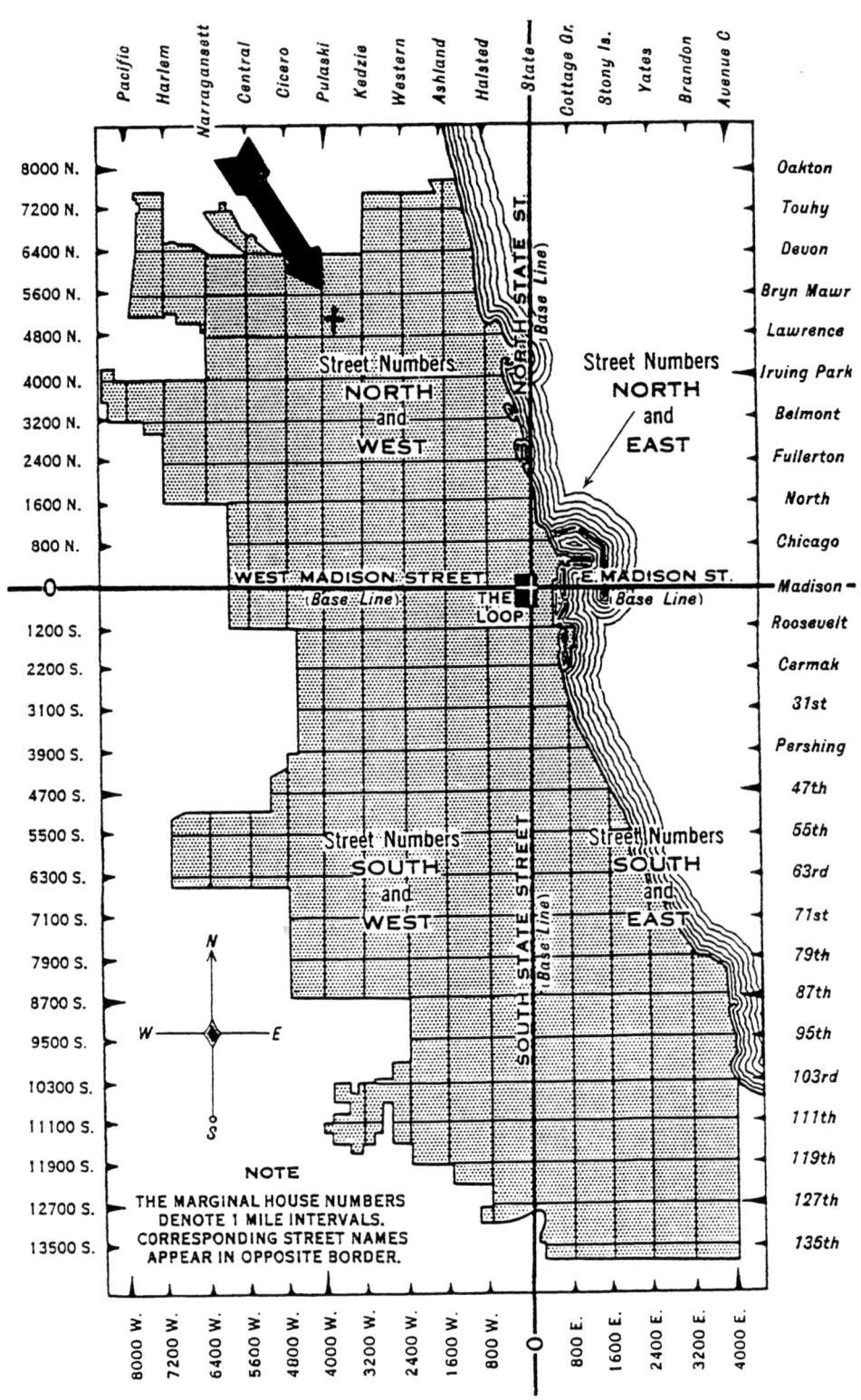

The map below shows the present plan of Bohemian National Cemetery. The map on the next two pages shows the plan in 1902. Some of the observed differences between the two maps are:

<u>1902 Map</u>
western edge is Crawford Ave.
cemetery roads were named
Sections A-Z, excluding I and Q
Sections 1-12
Rows (Rady) along edge; no Blocks

<u>Present Plan</u>
western edge is Pulaski Road
cemetery roads are unnamed
same sections
Sections 1-30, 33-36
Blocks along edge; no Rows

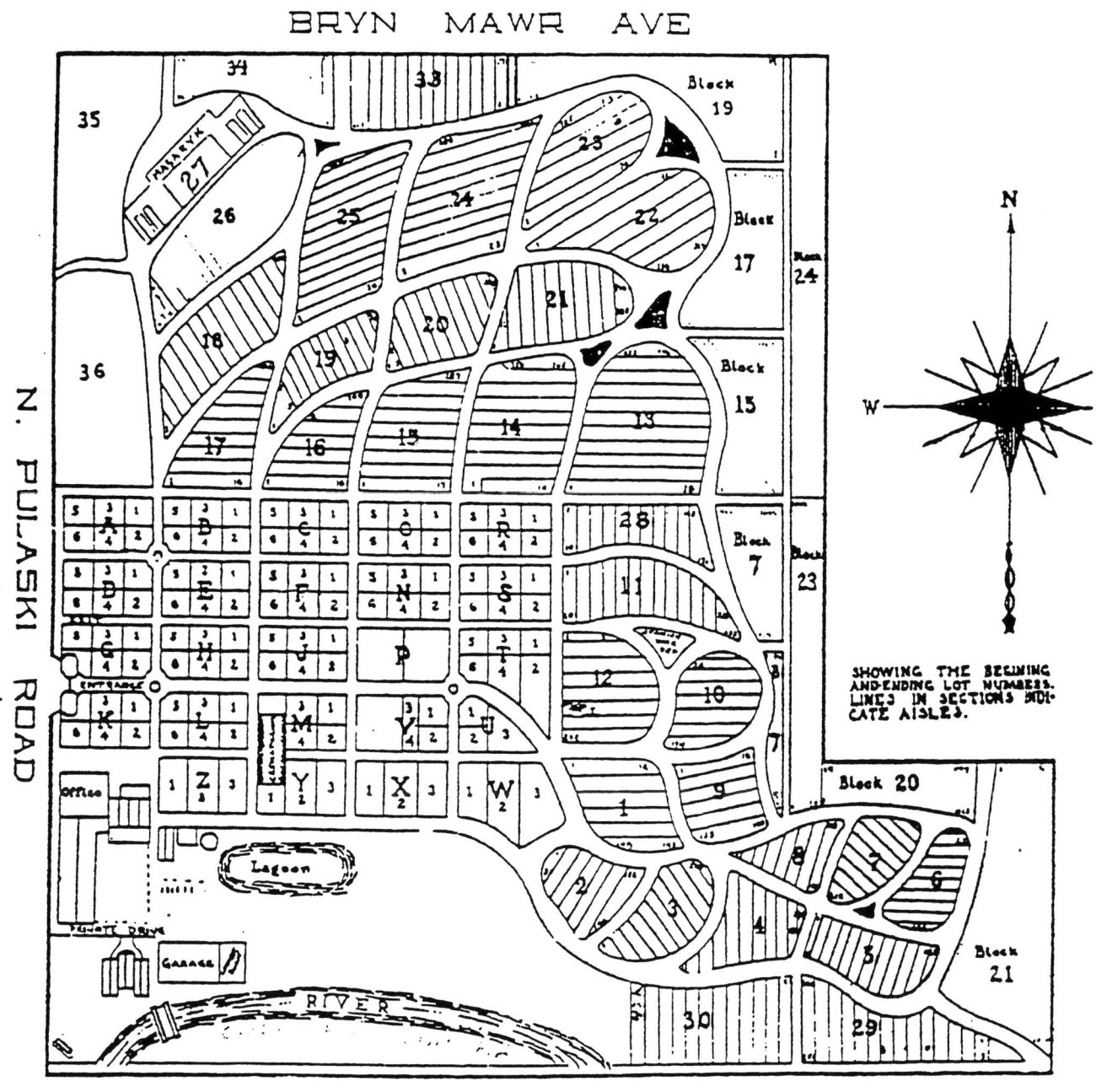

xiii

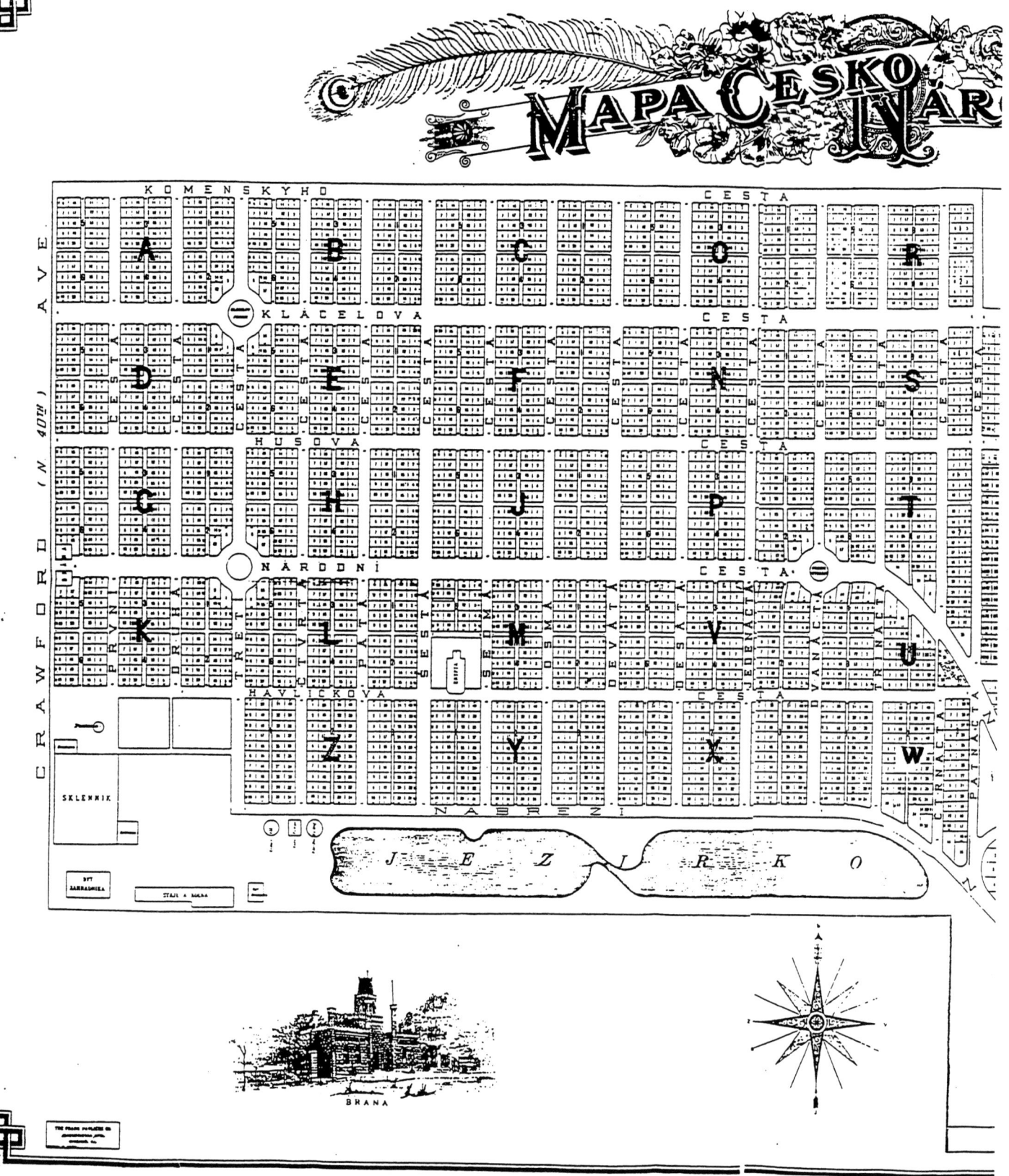

Dalších 60 akrů bylo zakoupeno dne 13. září 1902 za $60,000.00 jež se rozkládají severně od Komenskyho cesty

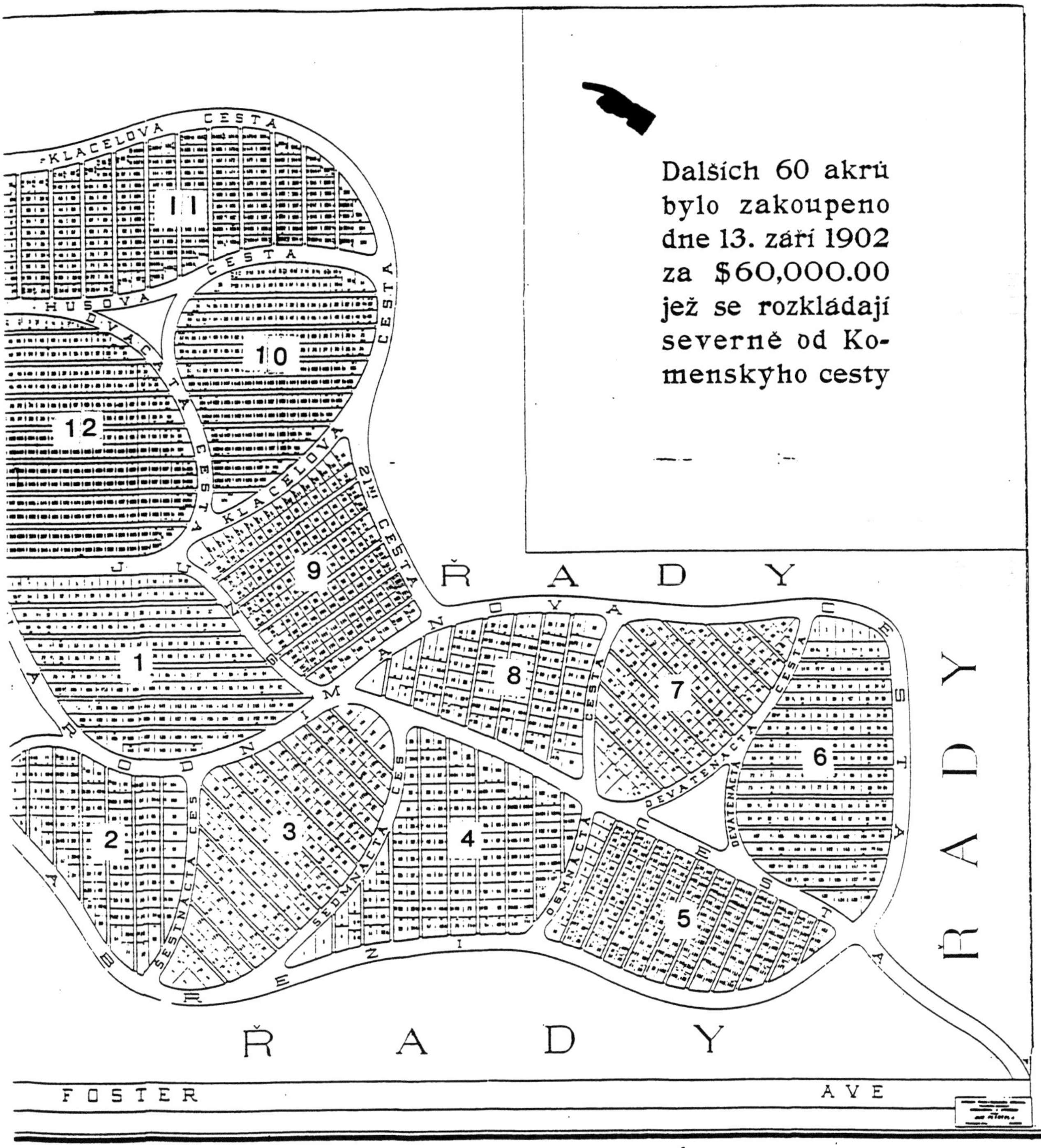

Burials
1877-1887

BUR #	Yr	Mo	Da	NAME	Row	No.	Lot	Blk	Sec	Yr	Mo	Da	BIRTH PLACE
				A									
2073	1884	Kveten	13	Adam, Anton	14	30					9		Chicago
2892	1886	Leden	31	Adam, Jan	18	53				4			Cechach
3798	1887	Zari	20	Adam, Jan	10	9				52			Cechach
1408	1882	Srpen	29	Adamek, Marie	5	12				20			Cechach
3368	1887	Leden	12	Adler, Frank Jos.			16	IV	D		1		Chicago
3125	1886	Cervenec	22	Albrecht, Jan			14	II	D	39			Cechach
3175	1886	Srpen	25	Altman, Waclav			147		15		2		Chicago
3045	1886	Kveten	27	Altman, Waclav			147		15	29			Cechach
2570	1885	Duben	29	Ambroz, Marie			2	VI	K	--	--	--	Chicago
652	1881	Leden	15	Andel, Barbora	7	5					11	9	Chicago
787	1881	Cerven	16	Andel, Marie	7	19				4			Chicago
753	1881	Kveten	14	Andrz, Franta	7	8					6	14	Chicago
2771	1885	Rijen	9	Antos, Kristina	17	63					3		Chicago
177	1878	Prosinec	11	Antos, Marie	2	40					5	14	Chicago
399	1880	Unor	29	Antos, Waclav	4	31					2		Chicago
3268	1886	Rijen	25	Artl, Josefa	1	53	2			--	--	--	Chicago
3698	1887	Srpen	1	Artl, Ruzena	3	49	2				1		Chicago
1663	1883	Kveten	8	Aurada, Josefa	5	42					11		Chicago
				B									
1440	1882	Zari	27	Babka, Ana			1	I	Z	1	7		Chicago
2838	1885	Prosinec	8	Babka, Bohumil	8	1				21	5		Cechach
1144	1882	Unor	11	Babka, Eduard			1	1	Z	3	7		Chicago
3012	1886	Duben	30	Babor, Emma			17	I	J	1	4		Chicago
1878	1883	Listopad	6	Babor, Karel			14	III	G	3	5		Chicago
1829	1883	Zari	20	Babor, Marie			17	I	J	--	--	--	Chicago
1885	1883	Listopad	15	Babor, Marie	13	46					21		Chicago
1361	1882	Cervenec	30	Balik, Emilie			19	V	A	2			Chicago
2424	1884	Prosinec	15	Balousek, Bartolemej			15	I	M	5	4		Chicago
1821	1883	Zari	16	Balousek, Jan	5	35				35			Cechach
468	1880	Cerven	19	Balousek, Jan	5	17					21		Chicago
1594	1883	Unor	26	Balousek, Katerina			7	VI	J	22	3		Cechach
1567	1883	Unor	1	Balousek, Lizie			7	VI	J		2		Chicago
1268	1882	Kveten	18	Bambas, Ana			4	III	M	29			Cechach
2860	1886	Leden	6	Bambas, Anton a K. ***	17	76					1		Chicago
2833	1885	Prosinec	2	Bambula, Emilie			17	I	M	3	11		Chicago
88	1878	Cerven	10	Bambula, Marie	1	14				32	7		Cechach
2979	1886	Duben	3	Bamruk, Waclav			12	I	J		5		Chicago
253	1879	Cerven	6	Barcal, Jan	3	27					1		Chicago
3406	1887	Unor	12	Barcal, Matej	4	15				13			Cechach
24	1877	Prosinec	22	Barta, Ana	1	6				37			Cechach
1899	1883	Listopad	29	Barta, Franta			9	I	G	3	3		Chicago
1505	1882	Prosinec	1	Barta, Marie			9	IV	G	16			Cechach
3897	1887	Listopad	23	Barta, Martin			6	IV	D	43			Cechach

BUR #	DWELLING	DEATH DATE Yr	Mo	Da	C	UNDER- TAKER	REMARKS
2073	152 Bunker St	1884	Kveten	12		Mencl	
2892	152 Bunker St	1886	Leden	29		Mencl	
3798	111 Fisk St.	1887	Zari	18		Urban	
1408	438 S. Jefferson St.	1882	Srpen	27		Mencl	
3368	642 May St	1887	Leden	8		Zajicek	[R.9-9 crossed out]
3125	439 Canal St	1886	Cervenec	19		Mencl	
3175	11 Seward St	1886	Srpen	24		Profant	3/24/1927 moved [from R.4-7-1 & R.8-22]
3045	11 Seward St	1886	Kveten	26		Mencl	3/24/1914 moved [from R.4-7-1 & R.8-22]
2570	103 Fisk St	1885	Duben	28		Seyk	
652	237 W. 20th St.	1881	Leden	14		Seyk	
787	-	1881	Cerven	14		Seyk	
753	-	1881	Kveten	13		Seyk	
2771	949 Van Horn St	1885	Rijen	8		Wagner	
177	232 Van Horn St.	1878	Prosinec	10		Seyk	
399	-	1880	Unor	28		Mencl	
3268	287 W. 20th St	1886	Rijen	24		Vistein	
3698	287 W. 20th St.	1887	Cervenec	31		Urban	
1663	154 W. 14th St.	1883	Kveten	7		Profant	[DBN]
1440	671 Throop St.	1882	Zari	26		Seyk	11/17/1897 moved [from L.18-VI-L]
2838	Cook County Hospital	1885	Prosinec	6		Mencl	
1144	671 Throop St	1882	Unor	10		Seyk	11/17/1897 moved [from L.18-VI-L]
3012	1060 Van Horn St	1886	Duben	29		Zajicek	
1878	313 W 20th St	1883	Listopad	5		Seyk	
1829	507 W. 16th St	1883	Zari	19		Seyk	[R.12-77 crossed out]
1885	9 W 20th St	1883	Listopad	14		Mencl	
1361	-	1882	Cervenec	29		-	[R.11-15 crossed out]
2424	77 Wade St.	1884	Prosinec	13		Kunkel	
1821	75 Cornelia	1883	Zari	15		Kunkel	
468	227 Huron St.	1880	Cerven	18		Karsala	
1594	25 Fry St.	1883	Unor	25		Kunkel	
1567	95 Fry St.	1883	Unor***	31		Kunkel	***[probably Leden]
1268	107 Wade St	1882	Kveten	17		Mencl	
2860	97 Fisk St	1886	Leden	5		Zajicek	*** [twins?]
2833	913 W 18th St	1885	Prosinec	1		Urban	
88	67 Meagher St.	1878	Cerven	10		Seyk	
2979	274 W. 20th St.	1886	Duben	2		Urban	
253	551 Larrabee St.	1879	Cerven	6		Linn	
3406	577 Centre Av	1887	Unor	11		Firpach	
24	84 Taylor St.	1877	Prosinec	22		Seyk	
1899	14 McMullen Court	1883	Listopad	28		Seyk	
1505	-	1882	Prosinec	1		Mencl	moved from Bohemian Polish Cath. Cem.
3897	15 Tell Place	1887	Listopad	22		Pelikan	

BUR #	Yr	Mo	Da	NAME	Row	No.	Lot	Blk	Sec	Yr	Mo	Da	BIRTH PLACE
1341	1882	Cervenec	22	Barta, Waclav			9	IV	G	42			Cechach
723	1881	Duben	9	Bartan, Ana St F [sic]	7	2					2	21	Chicago
3262	1886	Rijen	20	Bartasek, Jiri			3	IV	D	46	10		Cechach
379	1880	Leden	31	Bartik, Katerina			19	III	M	42			Cechach
3030	1886	Kveten	8	Bartos, Bedrich			2	5	N	2	6	7	Chicago
1635	1883	Duben	8	Bartos, Josef			2	5	N			5	Chicago
436	1880	Duben	30	Bartunek, Josef	5	2				3	11		Chicago
1527	1882	Prosinec	22	Bartuska, Ana			2	II	H	-	-	-	Chicago
1044	1881	Listopad	16	Bartuska, Julie			2	II	H	3	6		Chicago
3657	1887	Cervenec	17	Bartuska, Wit.			2	II	H	45			Cechach
493	1880	Cervenec	13	Bastir, Matej			6	I	G	30			Cechach
2163	1884	Cervenec	1	Batek, Josef			11	IV	A		10	14	Cechach
3499	1887	Duben	20	Batek, Marie	2	52	2				6		Chicago
376	1880	Leden	27	Baucer, Eduard	6	18				3			Chicago
2178	1884	Cervenec	9	Baudis, Marie			17	I	M	1	3		Chicago
592	1880	Rijen	21	Baudis, Marie			13	II	G	1			Chicago
641	1880	Prosinec	29	Bauer, Karel	6	17					3	10	Chicago
1035	1881	Listopad	3	Baume, Michael			12	6	J	64			Cechach
1708	1883	Cerven	26	Baume, N. N.	12	39				-	-	-	Chicago
3487	1887	Duben	10	Baumeyer, Waclav			13	6	J	56			Cechach
2062	1884	Duben	29	Baumruk, Jan			11	5	C	36			Cechach
2191	1884	Cervenec	13	Baumruk, Ruzena	13	78					9		Chicago
1242	1882	Kveten	4	Baumruker, Hugo			13	V	L	1	5		Chicago
1652	1883	Duben	26	Baumruker, Hugo			13	V	L		11		Chicago
332	1879	Rijen	7	Baumruker, Jitka			13	V	L		5	14	Chicago
3705	1887	Srpen	4	Baur, Josef	3	53	2			1	8		Chicago
855	1881	Cervenec	21	Bechine, Jakub	6	75				-	-	-	Chicago
3308	1886	Listopad	28	Becka, Ana	8	9				63			Cechach
697	1881	Brezen	14	Becvar, Marie			19	II	H	15	10		Cechach
2030	1884	Duben	8	Bedlan, Franta			11	IV	K	41			Cechach
3775	1887	Zari	5	Bejcek, Emilie			10	1	Z	1	8		Chicago
229	1879	Duben	7	Bejcek, Jan			6	VI	K	69			Cechach
2569	1885	Duben	26	Bejcek, Jiri			6	VI	K		7		Chicago
23	1877	Prosinec	22	Bejcek, Katerina			6	VI	K	67			Cechach
3387	1887	Leden	23	Bekr, Rosalie	2	29	2			2	8	4	Chicago
3436	1887	Brezen	3	Belac, Jan Jos.	2	9	2				2	2	Chicago
1270	1882	Kveten	19	Belcky, Anton			16	I	K		1		Chicago
314	1879	Zari	2	Belcky, Franta			16	I	K	3	11		Chicago
1300	1882	Cerven	11	Belcky, Matilda			16	I	K	2			Chicago
2107	1884	Cerven	1	Belsan, Emilie	13	75					8	15	Chicago
2398	1884	Listopad	18	Belsan, Franta			1	II	H	3			Chicago
3110	1886	Cervenec	19	Belsan, Jan			1	II	H	1	2		Chicago
2432	1884	Prosinec	21	Belsan, Waclav			19	I	F	1	3		Chicago
2069	1884	Kveten	11	Belsky, Julie			4	VI	B	1	5		Chicago
3208	1886	Zari	16	Belsky, Marie			16	I	K		1		Chicago
2417	1884	Prosinec	4	Belsky, Marie			4	VI	B	3	10		Chicago

BUR #	DWELLING	DEATH DATE Yr	Mo	Da	C	UNDER-TAKER	REMARKS
1341	487 Canal St	1882	Cervenec	20		Mencl	
723	241 W. 20th St.	1881	Duben	8		Seyk	
3262	4821 Frazier St	1886	Rijen	17		Yuers	
379	401 - 17th St.	1880	Leden	29		Mencl	
3030	16 Zion Place	1886	Kveten	7		Urban	11/14/1901 moved [from L.11-IV-H]
1635	16 Zion Place	1883	Duben	7		Cermak	11/14/1901 moved [from L.11-IV-H]
436	449 Canalport Av.	1880	Duben	25		Mencl	
1527	-	1882	Prosinec	20		Kunkel	
1044	55 Augusta St.	1881	Listopad	14		Kunkel	
3657	55 Augusta St.	1887	Cervenec	16		Kunkel	
493	97 W. 16th St.	1880	Cervenec	11		Seyk	
2163	34 Jane St.	1884	Cerven	30		Stiebeiner	[R.14-59 crossed out]
3499	750 Allport St.	1887	Duben	19		Zajicek	
376	462 Union St.	1880	Leden	25		Mencl	
2178	913 W. 18th St.	1884	Cervenec	8		Seyk	
592	234 Van Horn St.	1880	Rijen	20		Seyk	
641	462 Union St.	1880	Prosinec	27		Mencl	
1035	-	1881	Listopad	1		-	12/15/1907 moved [from R.4-4]
1708	293 - 21st St.	1883	Cerven	25		Seyk	
3487	362 W. 18th St	1887	Duben	8	+	Mencl	12/14/1907 moved [from R.9-25]
2062	Jacksonville, Florida	1884	Duben	–		Seyk	11/17/1907 moved [from L.14-VI-G]
2191	274 W. 20th St.	1884	Cervenec	12		Seyk	
1242	450 W*th St [sic]	1882	Kveten	2		Seyk	
1652	50 W. 19th St.	1883	Duben	25		Seyk	
332	133 W. 19th St.	1879	Rijen	6		Seyk	
3705	628 W. 17th St.	1887	Srpen	2		Zajicek	
855	456 Clinton St.	1881	Cervenec	20		Mencl	
3308	755 Loomis St	1886	Listopad	27		Cermak	
697	143 Hubbard St.	1881	Brezen	13		Kastner	
2030	441 Canal St	1884	Duben	6		Mencl	
3775	759 W. 18th St.	1887	Zari	3		Zajicek	3/18/1907 moved [from L.6-VI-K]
229	233 Johnson St.	1879	Duben	5		Gallistel	
2569	233 Johnson St	1885	Duben	24		Mencl	
23	233 Johnson	1877	Prosinec	20	+	Seyk	
3387	451 Desplaines St	1887	Leden	22		Mencl	
3436	53 Barber St	1887	Brezen	2		Mencl	
1270	720 Morgan	1882	Kveten	18		Seyk	
314	--	1879	Zari	1		Seyk	
1300	720 Morgan St	1882	Cerven	10		Seyk	
2107	960 Van Horn St.	1884	Kveten	31		Cermak	
2398	718 Loomis St.	1884	Listopad	17		Mencl	[L.14-II-J crossed out]
3110	949 W 19th St	1886	Cervenec	18		Cermak	
2432	391 W. 16th St.	1884	Prosinec	20		Seyk	[R.17-2 crossed out]
2069	612 W. 18th St	1884	Kveten	9		Mencl	[L.16-I-K crossed out]
3208	721 Morgan St	1886	Zari	15		Urban	
2417	771 W. 18th St.	1877	Cervenec	25		Bilsky	tfr'd fr. CPC Cem [L.16-I-K crossed out]

BUR #	BURIAL DATE Yr	Mo	Da	NAME	GRAVE LOCATION Row	No.	Lot	Blk	Sec	AGE Yr	Mo	Da	BIRTH PLACE
2716	1885	Srpen	27	Bem, Marie	16	76				1	6		Chicago
570	1880	Zari	25	Benda, Albina Kate			1	II	K	2	7	14	Chicago
853	1881	Cervenec	20	Benda, Anton	6	73						15	Chicago
1945	1884	Leden	12	Benda, Antonie	6	73				-	-	-	Chicago
2545	1885	Duben	3	Benda, Arnold F.			12	II	G		9		Chicago
2469	1885	Leden	20	Benda, Josef			20	V	G	50			Cechach
3108	1886	Cervenec	18	Benda, Josefa	19	59				1	4		Chicago
1373	1882	Srpen	5	Benda, Terezie	5	6				38			Cechach
2274	1884	Srpen	26	Bendl, Bohumil			4	I	H	1	6		Chicago
1664	1883	Kveten	11	Benedik, Emilie	1	18				4	5		Chicago
3408	1887	Unor	14	Benedik, Jan			149		11	45			Cechach
67	1878	Duben	13	Benedik, Katerina	1	18						1	Chicago
3322	1886	Prosinec	6	Benes, Bedrich T.			1	V	K		10	17	Chicago
690	1881	Unor	24	Benes, Emil	6	51					4		Chicago
237	1879	Duben	26	Benes, Emilie			2	I	G		4		Chicago
3862	1887	Rijen	30	Benes, Grace	9	3				1	10	28	Chicago
3389	1887	Leden	25	Benes, Julie	9	3				55			Cechach
2938	1886	Brezen	9	Benes, Julie	18	46				1	7		Chicago
1134	1882	Leden	28	Benes, Marie	9	59				3	4		Chicago
248	1879	Kveten	20	Benes, Marie	3	12				1			Chicago
1462	1882	Rijen	16	Benes, Matej			10	IV	K	3	7		Chicago
3240	1886	Rijen	9	Benes, Mery	12	65				-	-	-	Chicago
2044	1884	Duben	20	Benes, Otilie			11	III	G	1	4		Chicago
1129	1882	Leden	26	Benes, Wojtech	9	58				1	3		Chicago
2348	1884	Rijen	16	Benke, N.	15	71				-	-		Chicago
3375	1887	Leden	16	Beran, Waclav			19	VI	L	28			Cechach
2719	1885	Srpen	30	Beranek, Annie	16	78					13		Chicago
1200	1882	Duben	3	Beranek, Anton	4	28				29			Cechach
163	1878	Listopad	7	Beranek, Matej	1	61					29		Chicago
3367	1887	Leden	12	Beranek, Weronika			16	IV	D	56			Cechach
182	1878	Prosinec	20	Beranek, Wilem	1	61				1	9		Chicago
2074	1884	Kveten	14	Berka, Jan	14	31				1	3		Chicago
2203	1884	Cervenec	18	Berka, Josef	15	2					9		Cechach
2640	1885	Cervenec	9	Berka, N.	8	45				--	--	--	Chicago
1729	1883	Cervenec	10	Bernacek, Franta	13	3				-	-	-	Chicago
3446	1887	Brezen	13	Bernas, Marie			13	VI	L	42			Cechach
3789	1887	Zari	11	Bernhard, Emma	4	17	2			1	10	17	Chicago
2596	1885	Kveten	17	Bernhardt, Jan			5	III	M	63	11		Morave
2159	1884	Cerven	26	Bernhart, Jan Kar.			5	III	M	2	4		Chicago
2150	1884	Cerven	19	Bernusek, Libuse	14	52						5	Chicago
2332	1884	Rijen	6	Berny, Ana	6	35					5		Chicago
2341	1884	Rijen	10	Berny, Ana	6	35				35	6		Cechach
624	1880	Listopad	29	Berny, Jan	3	4				12			Cechach
3173	1886	Srpen	24	Berny, Waclav	1	13	2					1	Chicago
3919	1887	Prosinec	7	Bezjmena, N.	1	14	2			-	-	-	Chicago
994	1881	Zari	29	Biba, Josef			7	II	G	54			Cechach

BUR #	DWELLING	\multicolumn{3}{c}{DEATH DATE}	C	UNDER-TAKER	REMARKS
		Yr	Mo	Da			
2716	564 Centre Ave	1885	Srpen	26		Seyk	
570	134 Lake St.	1880	Zari	23		Seyk	
853	190 Polk St.	1881	Cervenec	19		Mencl	
1945	53rd St	1884	Leden	10		***	*** Gimnug [Young?]
2545	621 Ashland Ave	1885	Duben	1		Seyk	
2469	115 Fisk St	1885	Leden	18		Seyk	
3108	190 Polk St	1886	Cervenec	16		Mencl	
1373	-	1882	Srpen	3		-	
2274	129 Liberty St.	1884	Srpen	25		Mencl	
1664	225 Van Horn St.	1883	Kveten	10		Seyk	
3408	425 W. 17th St	1887	Unor	12		Zajicek	11/28/1908 moved [from R.9-19]
67	225 Van Horn St.	1878	Duben	12		Seyk, W.	
3322	168 Dekoven St	1886	Prosinec	5		Mencl	
690	S. Jefferson St.	1881	Unor	23		Seyk	
237	138 W. Taylor St.	1879	Duben	25		Mencl	[R.3-5 crossed out]
3862	580 Blue Isl[and] Av.	1887	Rijen	28		Cermak	
3389	580 Blue Island Av	1887	Leden	23		Cermak	
2938	870 Hinman St	1886	Brezen	7		Vistein	
1134	-	1882	Leden	27		-	
248	115 Fisk St.	1879	Kveten	19		Seyk, W.	
1462	-	1882	Rijen	15		-	
3240	116 W. 18th St	1886	Rijen	8		Urban	
2044	931 W. 18th St	1884	Duben	18		Seyk	
1129	785 Allport	1882	Leden	25		Seyk	
2348	442 Jefferson St.	1884	Rijen	16		Mencl	
3375	113 W. 19th	1887	Leden	13		Urban	
2719	44 Kramer St	1885	Srpen	29		Mencl	
1200	S.P. [Small Pox] Hospital	1882	Duben	1		Mencl	
163	150 Ravzalicett[Cornelia?]	1878	Listopad	5		Mencl	
3367	59 Fisk	1887	Leden	10		Zajicek	[R.9-9 crossed out]
182	150 Cornelia St.	1878	Prosinec	18		Mencl	
2074	560 W 20th St	1884	Kveten	13		Cermak	
2203	1081 Van Horn St.	1884	Cervenec	17		Seyk	
2640	1081 Van Horn St	1885	Cervenec	8		Seyk	
1729	321 W. 22nd St.	1883	Cervenec	9		Seyk	
3446	159 Dekoven	1887	Brezen	10		Schultz	
3789	122 Taylor St.	1887	Zari	10		Mencl	
2596	459 Jefferson St	1885	Kveten	15		Mencl	
2159	459 S. Jefferson St.	1884	Cerven	24		Mencl	
2150	756 Loomis St.	1884	Cerven	18		Seyk	
2332	56 Fisk St.	1884	Rijen	4		Seyk	
2341	2943 Eml [Elm?] St.	1884	Rijen	8		Seyk	
624	Van Horn St.	1880	Listopad	26	+	Mencl	
3173	135 Napolean Place	1886	Srpen	22		Jana	
3919	848 Ashland Av.	1887	Prosinec	5		Firpach	
994	66 - 13th Place	1881	Zari	27		Mencl	

BUR #	BURIAL DATE Yr	Mo	Da	NAME	GRAVE LOCATION Row	No.	Lot	Blk	Sec	AGE Yr	Mo	Da	BIRTH PLACE
380	1880	Unor	1	Biba, Katerina	2	20				34	2	16	Cechach
2863	1886	Leden	8	Bicak, Franta			4	II	E	43	4	5	Cechach
2	1877	Srpen	10	Bican, Katerina	2	1				-	-	-	Chicago
605	1880	Listopad	2	Bila, Marie	5	60					8		Chicago
2944	1886	Brezen	12	Bilek, Albina			16	II	J	32	4		Cechach
92	1878	Cerven	22	Bilek, Alois	2	13					2		Chicago
1944	1884	Leden	12	Bilek, Ana	14	18				1	5		Chicago
3926	1887	Prosinec	13	Bilek, Baby M.	4	49	2			-	-	-	Chicago
3310	1886	Listopad	28	Bilek, Franta			12	III	H	76			Cechach
2310	1884	Zari	26	Bilek, Jan			12	III	H	-	-	-	Chicago
1547	1883	Leden	15	Bilek, Jan			5	IV	L	1	5		Chicago
1058	1881	Listopad	30	Bilek, Katerina	4	7				50			Cechach
327	1879	Zari	19	Bilek, Marie			18	III	M	56			Cechach
2087	1884	Kveten	20	Bilek, N.N.	7	23				-	-	-	Chicago
2442	1884	Prosinec	30	Bilek, Willi	16	11					5		Chicago
1733	1883	Cervenec	12	Bily, Anton	13	5						2	Chicago
715	1881	Duben	3	Bily, Ondrej	6	37				-	-	-	Chicago
2268	1884	Srpen	19	Bily, Waclav	15	34					6		Chicago
3576	1887	Cerven	14	Bina, Anton			9	2	J			8	Chicago
2114	1884	Cerven	2	Bina, Josef			9	II	J	6	2	4	Chicago
745	1881	Kveten	5	Bina, Teresie			7	1	T	1	9		Chicago
1286	1882	Kveten	30	Bistricky, Josef	10	47					2	7	Chicago
1510	1882	Prosinec	5	Bistricky, Martin	5	17				24			Cechach
3451	1887	Brezen	15	Bitza, Amanta A.			14	II	J	11	8		Chicago
2063	1884	Kveten	3	Bizek, Franta	14	27				-	-	-	Chicago
582	1880	Rijen	13	Blacha, Ana	5	53					8		Chicago
1152	1882	Unor	16	Blacha, Johana			4	IV	H	1	2		Chicago
2698	1885	Srpen	10	Blaha, Albina	16	65					6		Chicago
3684	1887	Cervenec	24	Blaha, Bohuslav	3	42	2				1		Chicago
2428	1884	Prosinec	20	Blaha, Emil			12	V	J	2	8		Chicago
3356	1887	Leden	4	Blaha, Emilie	2	10	2			2			Chicago
1017	1881	Rijen	17	Blaha, Franta			7	III	L	35			Cechach
3349	1886	Prosinec	26	Blaha, Ruzena			12	V	J	8			Chicago
995	1881	Zari	30	Blaha, Tomas	8	73	1				9	10	Chicago
2165	1884	Cervenec	1	Blahnik, Jan	6	23				25			Cechach
3106	1886	Cervenec	17	Blauner, Frank	19	58					5		Chicago
2625	1885	Cerven	25	Blazek, Ana			16	I	G	52			Cechach
3315	1886	Prosinec	1	Blazek, Baby A.	1	72	2			-	-	-	Chicago
3720	1887	Srpen	11	Blazek, Bohuslav			9	6	F	1	2	7	Chicago
2886	1886	Leden	25	Blazek, Emilie			3	IV	L	3	6		Chicago
1634	1883	Duben	6	Blazek, Jakub			10	VI	L	73			Cechach
3655	1887	Cervenec	17	Blazek, Jan			12	III	F	1	5		Chicago
3394	1887	Leden	31	Blazek, Josef			11	I	G	23	10		Cechach
2408	1884	Listopad	28	Blazek, Josefa			9	6	F			3	Chicago
2139	1884	Cerven	15	Blazek, Majdalena			11	I	G	64			Cechach
633	1880	Prosinec	12	Blazek, Martin			12	I	G	-	-	-	Chicago

BUR #	BURIAL DATE Yr	Mo	Da	NAME	GRAVE LOCATION Row	No.	Lot	Blk	Sec	AGE Yr	Mo	Da	BIRTH PLACE

BUR #	DWELLING	DEATH DATE Yr	Mo	Da	C	UNDER-TAKER	REMARKS
380	85 Waller St.	1880	Unor	1		Mencl	
2863	50 Emma St	1886	Leden	6		Mueller	
2	408 W. 18th St.	1877	Srpen	10		Seyk	
605	84 Taylor St.	1880	Listopad	1		Mencl	
2944	198 Dekoven St	1886	Brezen	10		Mencl	[R.8-9 crossed out]
92	10 Bunker St.	1878	Cerven	20		Seyk	
1944	160 Ewing St	1884	Leden	10		Mencl	
3926	500 Union St.	1887	Prosinec	13		Schultz	
3310	171 Forquer St.	1886	Listopad	26		Mencl	
2310	171 Forquer St.	1884	Zari	26		Mencl	
1547	689 Allport St.	1883	Leden	14		Seyk	
1058	490 Canal St	1881	Listopad	28		Mencl	
327	157 Bunker St.	1879	Zari	17		Mencl	
2087	935 Van Horn St.	1884	Kveten	19		Seyk	
2442	160 Ewing St	1884	Prosinec	28		Mencl	
1733	439 Canal St.	1883	Cervenec	10		Mencl	
715	223 W. 12th St.	1881	Duben	3		Mencl	
2268	99 Ewing St.	1884	Srpen	18		Mencl	
3576	326 W. 18th St.	1887	Cerven	12		Jana	
2114	470 Union St.	1884	Kveten	31		Seyk	
745	100 Bushnell St.	1881	Kveten	3		Adams	4/08/1897 moved [from R.6-28]
1286	-	1882	Kveten	29		-	
1510	-	1882	Prosinec	4		-	
3451	448 Jefferson	1887	Brezen	13		Mencl	
2063	46 Tell Place	1884	Kveten	2		Kunkel	
582	73 Bunker St.	1880	Rijen	11		Mencl	
1152	699 Allport Av	1882	Unor	15		Cermak	
2698	283 W. 20th St	1885	Srpen	9		Jana	
3684	661 Throop St.	1887	Cervenec	23		Zajicek	
2428	77 Wade St.	1884	Prosinec	18		Seyk	
3356	612 Centre	1887	Leden	2		Urban	
1017	-	1881	Rijen	16		-	
3349	799 Blue Island Av	1886	Prosinec	24	+	Chalifoux	
995	-	1881	Zari	29		-	
2165	620 W. 18th St.	1884	Cerven	30		Mencl	
3106	761 Allport St.	1886	Cervenec	16		Zajicek	
2625	18 Burlington St	1885	Cerven	24		Profant	
3315	10 W. Gritenden***	1886	Listopad	30		Kunkel	*** [Crittenden]
3720	602 - 25th St.	1887	Srpen	9		Zajicek	[R.3-61 crossed out]
2886	732 W 17th St	1886	Leden	24		Zajicek	
1634	147 W. 19th St.	1883	Duben	4		Seyk	
3655	139 De Koven St.	1887	Cervenec	16		Schultz	[L.19-IV-D crossed out]
3394	45 Cornelia St.	1887	Leden	29		Mueller	
2408	789 Allport St.	1884	Listopad	27		Seyk	[R.15-16 crossed out]
2139	45 Cornelia St.	1884	Cerven	12		Mueller	
633	75 Cornelia St.	1880	Prosinec	12		Kunkel	

BUR #	Yr	Mo	Da	NAME	Row	No.	Lot	Blk	Sec	Yr	Mo	Da	BIRTH PLACE
2868	1886	Leden	12	Blazek, Ruzena			3	IV	L	1	3		Chicago
1027	1881	Rijen	26	Blazek, Waclav			3	IV	L		1	5	Chicago
1864	1883	Rijen	19	Blecha, Antonie			3	III	A	2	1		Chicago
2948	1886	Brezen	14	Blecha, Baby	18	60				–	–	–	Chicago
1279	1882	Kveten	25	Blecha, Eduard	4	33					10		Chicago
3595	1887	Cerven	25	Blecha, Franta			3	3	A	1	3		Chicago
1255	1882	Kveten	11	Blecha, Marie	4	33				26			Cechach
2612	1885	Cerven	7	Blecha, Marie	17	35				1	6		Cechach
1661	1883	Kveten	7	Bloner, Waclav	5	26				44			Chicago
3915	1887	Prosinec	2	Boehm, Barbora	10	26				21			Cechach
241	1879	Kveten	4	Bohacek, Alois			19	II	L	29			Cechach
1316	1882	Cerven	24	Bohm, Ana	4	39				28			Cechach
958	1881	Zari	8	Bohubaj, Franta	8	49	1			1	9		Chicago
2611	1885	Cerven	6	Bohuslav, Jan R.	17	34					11	12	Chicago
1649	1883	Duben	22	Bohuslav, Karel	12	20					2	13	Chicago
3320	1886	Prosinec	5	Bolech, Baby R.			7	IV	L	–	–	–	Chicago
3574	1887	Cerven	12	Boucek, Francis	2	78	2			1	8		Chicago
1933	1883	Prosinec	28	Boucek, Franta	13	50				1		1	Chicago
3182	1886	Srpen	29	Bouckova, Ana	1	19	2			4	1		Chicago
1957	1884	Leden	19	Boudnik, Josef			18	I	M	2			Chicago
1697	1883	Cerven	18	Boudnik, Josef			18	I	M	34			Cechach
344	1879	Listopad	10	Boudnik, Marie			18	I	M	–	–	–	Chicago
1817	1883	Zari	14	Boumruk, Ignac			11	5	C	1	6		Chicago
1683	1883	Cerven	6	Boumruk, Otokac J.			11	5	C	1	2	16	Chicago
1968	1884	Leden	31	Boumruk, Sabina			11	5	C		3	2	Chicago
2012	1884	Brezen	24	Boumruker, Wiktor Jos.			13	V	L		5	7	Chicago
3577	1887	Cerven	14	Bouse, Eduard			17	V	E		8		Chicago
2438	1884	Prosinec	25	Bousek, Waclav	7	17				4	1		Chicago
3873	1887	Listopad	4	Bouska, Marie			6	II	G	17	2		Chicago
1074	1881	Prosinec	15	Bouska, Waclav			6	II	G	30			Cechach
2464	1885	Leden	14	Boyd, Patrick	7	3				50			Ireland
402	1880	Brezen	3	Brabanec, Bedrich			16	II	L		5		Chicago
2168	1884	Cervenec	3	Brabenec, Josef			16	II	L	2	3		Chicago
342	1879	Rijen	30	Brachtindorf, Johana			9	VI	H	21	6		Cechach
1	1877	Srpen	6	Brada, N.	1	4				–	–	–	Chicago
202	1879	Unor	8	Brada, Waclav	1	30				50			Cechach
2845	1885	Prosinec	15	Bradac, Alzbeta	8	2				68			Cechach
383	1880	Unor	4	Brasda, Karel	4	21				4			Chicago
484	1880	Cervenec	7	Brasda, Ludmila	4	57					10		Chicago
1512	1882	Prosinec	5	Brauner, Marie	3	16					4		Chicago
151	1878	Rijen	9	Brazda, Zani	1	55				1	19		Chicago
1917	1883	Prosinec	18	Brdlik, Katerina	13	48					9		Chicago
1775	1883	Srpen	6	Brejcha, Ana			20	III	F	1	5		Chicago
601	1880	Rijen	31	Brejcha, Waclav	5	59					7		Chicago
173	1878	Prosinec	1	Brejcha, Wilim J.			5	V	J	3			Chicago
2245	1884	Srpen	2	Brejcha, Wlasta			5	V	J		14		Chicago

BUR #	DWELLING	DEATH DATE Yr	Mo	Da	C	UNDER-TAKER	REMARKS
2868	732 W 17th St	1886	Leden	10		Zajicek	
1027	-	1881	Rijen	25		-	
1864	689 Allport St	1883	Rijen	18		Seyk	[R.13-39 crossed out]
2948	734 Loomis St	1886	Brezen	10		Zajicek	
1279	738 Allport	1882	Kveten	25		Seyk	
3595	689 Allport St.	1887	Cerven	24		Zajieck	[R.3-8 crossed out]
1255	W. 19th St	1882	Kveten	10		Seyk	
2612	520 W. 18th St	1885	Cerven	5		Lusk	
1661	84 Forquer St.	1883	Kveten	5		Mencl	
3915	457 DesPlaines St.	1887	Listopad	30		Mencl	
241	438 S. Canal St.	1879	Kveten	1		Mencl	
1316	-	1882	Cerven	23		-	
958	-	1881	Zari	7		-	
2611	792 Allport St.	1885	Cerven	4		Seyk	
1649	775 Loomis St.	1883	Duben	20		Profant	
3320	52 Emma St	1886	Prosinec	3		***	***Kunka [Kunkel?]
3574	288 W. 20th St.	1887	Cerven	11		Mencl	
1933	101 Dekoven St	1883	Prosinec	27		Mencl	
3182	766 W. 17th St	1886	Srpen	27		Zajicek	
1957	214 Dekoven St	1884	Leden	18		Mencl	
1697	668 Jefferson St.	1883	Cerven	16		Seyk	
344	711 Jefferson St.	1879	Listopad	10		Seyk	
1817	559 W. 19th St	1883	Zari	13		Seyk	4/21/1906 moved [from R.11-28]
1683	557 W. 19th St.	1883	Cerven	5		Seyk	4/21/1906 moved [from R.11-18]
1968	557 W 19th St	1884	Leden	30		Seyk	4/21/1906 moved [from R.13-63]
2012	1228 Genesee Av	1884	Brezen	22		S. Seyk	
3577	63 Clayton St.	1887	Cerven	13		Zajicek	
2438	975 Van Horn St	1884	Prosinec	24		Seyk	
3873	389 W. 16th St.	1887	Listopad	2		Firpach	
1074	-	1881	Prosinec	13		-	
2464	31 Cornelia St	1885	Leden	12		M. Hardekopf	
402	594 W. 17th St.	1880	Brezen	2		Seyk	
2168	594 W. 17th St.	1884	Cervenec	1		Cermak	
342	-	1879	Rijen	28		Mencl	
1	723 S. Morgan St.	1877	Srpen	6		Seyk	
202	723 Morgan St.	1879	Unor	6	+	Gallistel	
2845	416 W 17th St	1885	Prosinec	13		Cermak	
383	116 W. 15th St.	1880	Unor	3		Seyk	
484	118 W. 15th St.	1880	Cervenec	5	+	Seyk	
1512	729 Morgan St.	1882	Prosinec	6		Seyk	[dates are probably reversed]
151	118 - 15th St.	1878	Rijen	8		Seyk	
1917	41 McMullen	1883	Prosinec	16		Profant	
1775	520 W 29th St	1883	Srpen	5		Seyk	
601	14 Shelby Court	1880	Rijen	31		Seyk	
173	107 Maxwell St.	1878	Listopad	30		Seyk	[R.2-34 crossed out]
2245	59 Wright St.	1884	Cervenec	31		Mencl	

BUR #	Yr	Mo	Da	NAME	Row	No.	Lot	Blk	Sec	Yr	Mo	Da	BIRTH PLACE
889	1881	Srpen	3	Brichta, Franta	3	27				58			Cechach
2768	1885	Rijen	7	Brinkman, Barbora	7	31				35			Cechach
3701	1887	Srpen	2	Brodl, Ana	3	51		2		5			Chicago
842	1881	Cervenec	16	Brousek, Waclav	7	52					1	7	Chicago
668	1881	Leden	28	Broz, Ana			15	III	L	3			Chicago
3305	1886	Listopad	25	Broz, Jan			2	IV	D	44			Cechach
2242	1884	Cervenec	31	Broz, Marie			15	III	L	10			Chicago
3752	1887	Srpen	26	Brum, Baby I.			15	III	E	--	--	--	Chicago
1795	1883	Srpen	29	Bruzek, Bozena			16	VI	L	--	--	--	Chicago
879	1881	Cervenec	29	Bruzek, Eduard			16	VI	L	1	4		Chicago
1376	1882	Srpen	6	Bruzek, Josef			16	VI	L			2	Chicago
1450	1882	Rijen	5	Bruzek, Marie			16	VI	L	1	2	3	Chicago
2278	1884	Srpen	30	Bruzek, Wojtech			16	VI	L			1	Chicago
2222	1884	Cervenec	26	Bubenik, Josef	15	11						7	Chicago
197	1879	Leden	30	Buchka, Barbora	1	28				67			Cechach
3307	1886	Listopad	28	Budil, Bozena			14	II	D		2	10	Chicago
1240	1882	Kveten	2	Budilovska, Bozena			11	II	G	2			Chicago
984	1881	Zari	24	Budilovsky, Franta			11	II	G	21			Cechach
3558	1887	Kveten	30	Burda, Bozena	2	68		2			8		Chicago
1179	1882	Brezen	16	Bures, Adlhaida	–	–	–	–	–	3	17		Chicago
349	1879	Listopad	24	Bures, Ana			11	II	L	3	12		Chicago
1526	1882	Prosinec	21	Bures, Bozena	2	7					2	16	Chicago
1680	1883	Cerven	3	Bures, Edward			11	V	L		8		Chicago
3673	1887	Cervenec	19	Bures, Franta	1	35				25			Cechach
3416	1887	Unor	18	Bures, Jan	11	9		1		1			Chicago
82	1878	Kveten	20	Bures, Jaroslav	2	7				–	–	–	Chicago
2627	1885	Cerven	27	Bures, Josef	7	18				25			N. Buffalo
3048	1886	Cerven	1	Bures, Weronika	5	22				6	3		Wiskonsin
1948	1884	Leden	14	Burian, Ana			15	VI	K	20			Cechach
550	1880	Zari	1	Burian, Bozena			6	I	K		3	14	Chicago
696	1881	Brezen	12	Burian, Emilie			6	I	K	3			Chicago
1934	1883	Prosinec	29	Burian, Emilie			6	I	K	5			Chicago
1402	1882	Srpen	24	Burian, Franta	11	34					6		Chicago
37	1878	Unor	10	Burian, Jan	1	28						2	Chicago
2133	1884	Cerven	13	Burian, Jiri			8	VI	K	4	6		Chicago
447	1880	Kveten	23	Burian, Jiri			4	V	J	42			Cechach
3706	1887	Srpen	4	Burian, Mathilda	3	54		2			10		Chicago
2266	1884	Srpen	18	Burian, Waclav	15	32					1	5	Chicago
2701	1885	Srpen	14	Burijan, Bedrich			6	I	K	3			Chicago
3190	1886	Zari	3	Burkhardt, Beby E.	16	44				–	–	–	Chicago

C

BUR #	Yr	Mo	Da	NAME	Row	No.	Lot	Blk	Sec	Yr	Mo	Da	BIRTH PLACE
200	1879	Unor	3	Caba, Waclav			8	6	K	72			Cechach
2194	1884	Cervenec	13	Cada, Alzbeta	14	76				2	1		Chicago
781	1881	Cerven	11	Cada, Jan	3	18				56			Cechach
3403	1887	Unor	10	Cada, Jan	9	7				–	–	–	Chicago

BUR #	DWELLING	DEATH DATE Yr	Mo	Da	C	UNDER-TAKER	REMARKS
889	461 Jefferson St.	1881	Srpen	2		Mencl	
2768	Hospital Sasonn [??]	1885	Rijen	7		--	
3701	145 Bunker St.	1887	Cervenec	31		Mencl	
842	61 Wilson St.	1881	Cervenec	15		Buss	
668	101 Maxwell	1881	Leden	27		Mencl	
3305	4 Clayton St	1886	Listopad	23	+	Urban	
2242	101 Maxwell St.	1884	Cervenec	30		Mencl	
3752	52 Emma St.	1887	Srpen	24		Pelikan	[L.12-III-K crossed out]
1795	443 Desplaines St	1883	Srpen	29		Mencl	
879	95 Bunker	1881	Cervenec	28		Mencl	
1376	137 Dekoven	1882	Srpen	6		Mencl	
1450	1117 Blue Island Ave.	1882	Rijen	4		Mencl	
2278	Division St/Milwaukee Av	1884	Srpen	28		Mencl	
2222	349 W. 18th St.	1884	Cervenec	25		Seyk	
197	9 Burlington St	1879	Leden	28		Seyk	
3307	437 Canal St	1886	Listopad	26		Schultz	
1240	392 W. 18th St	1882	Kveten	1		W. Seyk	
984	--	1881	Zari	21		--	
3558	249 W. 20th St.	1887	Kveten	29		Urban	
1179	49 Bunker	1882	Brezen	14		Mencl	[grave location not given]
349	49 Bunker St.	1879	Listopad	23		Mencl	
1526	Maplewood	1882	Prosinec	20		Kunkel	
1680	49 Bunker St.	1883	Cerven	2		Mencl	
3673	13 Burlington St.	1887	Cervenec	17	+	Firpach	
3416	703 Loomis St	1887	Unor	17		Zajicek	
82	461 Morgan St.	1878	Kveten	18		Seyk	
2627	Cook County Hospital	1885	Cerven	25	+	Zajicek	
3048	13 Burlington St	1886	Kveten	31		Belsky	
1948	764 W 17th St	1884	Leden	7		Cermak	
550	22 Zion Pl.	1880	Zari	1		Seyk	
696	6 Nutt Court	1881	Brezen	11		Seyk	
1934	647 W 18th St	1883	Prosinec	28		Seyk	
1402	--	1882	Srpen	23		--	
37	114 Van Horn St.	1878	Unor	9		Seyk	
2133	408 W. 17th St.	1884	Cerven	11		Seyk	
447	448 S. Jefferson St.	1880	Kveten	20		Seyk	
3706	24 Kramer St.	1887	Srpen	2		Zajicek	
2266	13 McMullen St.	1884	Srpen	17		Seyk	
2701	631 W. 18th St	1885	Srpen	13		Vistein	
3190	133 Ruble St	1886	Zari	1		[Young?]	
200	Cook County Hospital	1879	Unor	1		Seyk	4/22/1904 moved [from R.1-29]
2194	17 W. 16th St.	1884	Cervenec	12		Seyk	
781	Loomis and 19th St.	1881	Cerven	10	+	Mencl	
3403	717 Morgan St	1887	Unor	8		Urban	

BUR #	BURIAL DATE Yr	Mo	Da	NAME	GRAVE LOCATION Row	No.	Lot	Blk	Sec	AGE Yr	Mo	Da	BIRTH PLACE
3497	1887	Duben	19	Cada, Josef	2	51		2			7	3	Chicago
3414	1887	Unor	17	Cada, Marie			12		11	30			Cechach
422	1880	Duben	12	Cada, Marie	4	43					1	11	Chicago
2934	1886	Brezen	6	Cada, Marie			12		11	42	1	5	Cechach
2940	1886	Brezen	10	Cada, Matej	18	49					1	8	Chicago
2809	1885	Listopad	14	Cada, Ruzena	18	24					2	4	Chicago
30	1878	Leden	13	Candra, Ana			18	III	K		6	20	Chicago
818	1881	Cervenec	8	Candra, Franta			6	III	K		8		Chicago
3385	1887	Leden	23	Candra, Franta	2	16		2			8	2	Chicago
1732	1883	Cervenec	12	Candra, Jan			18	III	K		8		Chicago
571	1880	Zari	26	Candra, Josef			18	III	K		6	14	Chicago
292	1879	Srpen	5	Candra, Josef			18	III	K		9	14	Chicago
634	1880	Prosinec	14	Candra, Katerina			6	III	K	66			Cechach
1363	1882	Cervenec	30	Candra, Marie			18	III	K		1	4	Chicago
1574	1883	Unor	6	Candra, Marie			6	III	K	26			Cechach
3179	1886	Srpen	27	Candra, Waclav			18	III	K		10	28	Chicago
3725	1887	Srpen	13	Canflla, Jan	3	64		2			1	1	Chicago
378	1880	Leden	28	Cap, Emilie			19	V	K		11	18	Chicago
940	1881	Srpen	19	Cap, Franta			9	V	K	--	--	--	Chicago
2124	1884	Cerven	9	Cap, Franta			2	IV	L	67			Cechach
1691	1883	Cerven	13	Cap, Katerina			2	IV	L	29			Cechach
1838	1883	Zari	26	Capek, Marie			16	6	A	59			Cechach
2032	1884	Duben	9	Capouch, Otto			19	VI	J		3		Chicago
2718	1885	Srpen	30	Capouch, Waclav	16	77						1	Chicago
1233	1882	Duben	24	Caprata, Josef			1	III	M		1	12	Chicago
3600	1887	Cerven	26	Caprata, Waclav			1	III	M		1	10	Chicago
3568	1887	Cerven	9	Cebis, Josef	2	74		2			5		Chicago
1839	1883	Zari	27	Cech, Ana			11	VI	J	2	2		Chicago
3815	1887	Rijen	5	Cech, Baby	4	29		2		--	--	--	Chicago
2586	1885	Kveten	12	Cech, Jan			11	VI	J	37			Cechach
2462	1885	Leden	12	Cech, Marie	16	16					5	8	Cechach
1879	1883	Listopad	7	Cech, Woytech			9	VI	H		2	8	Chicago
2507	1885	Brezen	5	Cechota, N.N.	16	28				--	--	--	Chicago
471	1880	Cerven	25	Cechota, Waclav	4	52				5	11	21	Cechach
3132	1886	Cervenec	30	Cechova, Ana			9	VI	H	1		8	Chicago
1391	1882	Srpen	16	Cechova, Josefa	5	9				67			Cechach
397	1880	Unor	28	Cechova, Marie	4	30					3		Chicago
1186	1882	Brezen	21	Cecka, Jakub	10	11						2	Chicago
2211	1884	Cervenec	20	Cecka, Ruzena	15	4					6	18	Chicago
1757	1883	Cervenec	29	Cedik, Jan	13	16					2		Chicago
681	1881	Unor	14	Cedik, Josef	6	58					7		Chicago
329	1879	Zari	29	Cedik, Marie			17	I	K	46			Cechach
1794	1883	Srpen	25	Cejka, Eduard			16	IV	H	1	1	12	Chicago
2589	1885	Kveten	13	Cejka, N.			16	IV	H	--	--	--	Chicago
2561	1885	Duben	19	Cejthaml, Marie			11	II	F	1	2		Chicago

BUR #	DWELLING	DEATH DATE Yr	Mo	Da	C	UNDER-TAKER	REMARKS
3497	718 Throop St.	1887	Duben	19		Zajicek	
3414	717 Morgan St	1887	Unor	16		Urban	4/30/1908 moved [from R.9-7]
422	262 W. 20th St.	1880	Duben	11		Seyk	
2934	389 Brown St	1886	Brezen	5	+	Urban	4/30/1908 moved [from R.8-7]
2940	652 Jefferson St	1886	Brezen	8		Profant	
2809	519 W 18th St	1885	Listopad	11		Cermak	
30	89 Clayton St.	1878	Leden	12		Seyk	
818	594 W. 17th St.	1881	Cervenec	7		Heitman	
3385	61 Whright St [Wright]	1887	Leden	21		Urban	
1732	280 W. 20th St.	1883	Cervenec	10		Seyk	
571	401 Lake St.	1880	Zari	23		Seyk	
292	117 W. 15th St.	1879	Srpen	4		Seyk	
634	117 W. 15th St.	1880	Prosinec	13		Seyk	
1363	215 Johnson St	1882	Cervenec	29		–	
1574	117 W. 15th St.	1883	Unor	5		Seyk	
3179	284 W. 20th St	1886	Srpen	26		Urban	
3725	80 Clayton St.	1887	Srpen	12		Urban	
378	147 W. 19th St.	1880	Leden	27		Seyk	
940	–	1881	Srpen	18		–	
2124	117 Napoleon Pl.	1884	Cerven	7		Seyk	
1691	2941 Sanell St.***	1883	Cerven	11		Seyk	***[Samuel/Snell?]
1838	634 Milwaukee Ave	1883	Zari	25		Seyk	[R.6-1 crossed out]
2032	266 W 20th St	1884	Duben	7		Seyk	
2718	733 Loomis St	1885	Srpen	28		Seyk	
1233	213 Johnson St	1882	Duben	23		Mencl	
3600	213 Johnson St.	1887	Cerven	26		Mencl	
3568	2902 Dashiell St.	1887	Cerven	8		Jana	
1839	68 W. 15th St	1883	Zari	26		Seyk	
3815	449 Coulter St.	1887	Rijen	4		Cermak	
2586	68 W. 15th St	1885	Kveten	10		Mencl	
2462	79 Wade St	1885	Leden	10		Hardekopf	
1879	103 Fisk St	1883	Listopad	6		Seyk	
2507	68 Clayton St	1885	Brezen	4		Seyk	
471	18 McMullen Court	1880	Cerven	24		Seyk	
3132	103 Fisk St	1886	Cervenec	29		Urban	
1391	–	1882	Srpen	15		–	
397	96 Fisk St.	1880	Unor	27		Seyk	
1186	14 Burlington St	1882	Brezen	21		Seyk	
2211	9 Burlington	1884	Cervenec	19		Seyk	
1757	Elk Grove Ave	1883	Cervenec	26		Stiebeiner	
681	4 Clayton St.	1881	Unor	12		Mencl	
329	251 W. 20th St.	1879	Zari	28		Mencl	4/25/1908 moved [from R.4-56-B.4 and R.2-14]
1794	87 Clayton St	1883	Srpen	24		Seyk	
2589	87 Clayton St	1885	Kveten	12		Lusk	
2561	105 Fisk St	1885	Duben	18		Seyk	

BUR #	Yr	Mo	Da	NAME	Row	No.	Lot	Blk	Sec	Yr	Mo	Da	BIRTH PLACE
3695	1887	Cervenec	30	Cemus, Kaspar			10	VI	B	45			Cechach
2906	1886	Unor	10	Censky, Karel			18	I	M		2	21	Chicago
3439	1887	Brezen	6	Censky, Ladislav			18	I	M			12	Chicago
2319	1884	Zari	30	Censky, Milada			18	I	M		4	20	Chicago
1643	1883	Duben	16	Censky, Oldrich	12	15					3	5	Chicago
3100	1886	Cervenec	12	Censky, Otokar K.			18	I	M	4	8		Chicago
3563	1887	Cerven	5	Cermak, Ana			2	VI	D	1	3		Chicago
417	1880	Duben	4	Cermak, Blanka			17	II	G		6		Chicago
190	1879	Leden	5	Cermak, Blanka			17	II	G		8		Chicago
3765	1887	Zari	3	Cermak, Bozena	4	4	2			1	5		Chicago
3146	1886	Srpen	6	Cermak, Emilie	1	1	2				21		Chicago
847	1881	Cervenec	18	Cermak, Franta	7	56					9		Chicago
420	1880	Duben	10	Cermak, Jaroslav			17	II	G		6		Chicago
403	1880	Brezen	3	Cermak, Petr			17	II	G	26			Cechach
83	1878	Kveten	22	Cerny, Alzbeta			14	I	L	56	7		Cechach
166	1878	Listopad	16	Cerny, Anton	1	25				29			Cechach
3517	1887	Kveten	1	Cerny, Boleslav			7	3	G	1	4		Chicago
1401	1882	Srpen	23	Cerny, Jaroslav	11	33					1	2	Chicago
655	1881	Leden	16	Cerny, Jindrich			9	V	F	2	5		Chicago
2899	1886	Unor	5	Cerny, Josefa			13	VI	K	19			Cechach
1977	1884	Unor	14	Cerny, Karel			7	III	G		9	4	Chicago
1213	1882	Duben	11	Cerny, N.N.	10	12				-	-	-	Chicago
3202	1886	Zari	8	Cerny, Waclav	1	28	2			1	11	17	Chicago
3736	1887	Srpen	17	Cerny, Waclav			4	2	F	1		12	Chicago
2915	1886	Unor	21	Cerny, Wojtech			13	VI	K		5		Chicago
1562	1883	Leden	28	Cervena, Ana			11	I	F	4	3		Chicago
2141	1884	Cerven	16	Cervena, Bozena	3	63				1			Cechach
487	1880	Cervenec	8	Cerveny, Albin			6	IV	K		10		Chicago
2658	1885	Cervenec	17	Cerveny, Eduard	17	48				1	3		Chicago
684	1881	Unor	19	Cerveny, Katerina	6	43				-	-	-	Chicago
2349	1884	Rijen	16	Cerveny, Ladislav			7	I	H	1	3		Chicago
290	1879	Srpen	4	Cerveny, Marie	3	44					5	21	Chicago
3548	1887	Kveten	22	Cerveny, Ruzena			6	IV	H	1	6		Chicago
85	1878	Kveten	29	Cerveny, Waclav	2	9				1	3		Chicago
506	1880	Cervenec	20	Cerveny, Waclav T.			6	IV	H			1	Chicago
285	1879	Cervenec	29	Cerveny, Wojtech			6	IV	H	1		2	Chicago
2813	1885	Listopad	16	Cervinka, Eliska A			1	III	H		7	20	Chicago
2064	1884	Kveten	3	Cervinka, Jiri			11	VI	K		5	10	Chicago
2138	1884	Cerven	15	Cervinka, Pavel			1	III	H	51	11	15	Cechach
3447	1887	Brezen	13	Cervinka, Waclav B.			1	III	H		6		Chicago
3750	1887	Srpen	24	Cesak, Josefa	3	74	2				3		Chicago
1582	1883	Unor	13	Cesal, Ana	11	31					15		Chicago
234	1879	Duben	14	Cesal, Ana			3	III	H	32			Cechach
2645	1885	Cervenec	11	Cesal, Emil			3	III	J	1	9		Chicago
3229	1886	Zari	30	Cesal, Josef			11	5	F	30			Cechach
2175	1884	Cervenec	6	Cesal, Josef			3	III	H	1	6		Chicago

BUR #	DWELLING	DEATH DATE Yr	Mo	Da	C	UNDER-TAKER	REMARKS
3695	154 W. 12th St.	1887	Cervenec	28		Mencl	[R.10-4 crossed out]
2906	167 Baber St [Barber]	1886	Unor	9		Mencl	
3439	28 Dussold St	1887	Brezen	5		Mencl	
2319	168 Maxwell St.	1884	Zari	29		Mencl	
1643	83 Liberty St.	1883	Duben	15		Mencl	
3100	167 Barber St	1886	Cervenec	10		Mencl	
3563	586 Throop St.	1887	Cerven	4		Zajicek	
417	433 W. 17th St.	1880	Duben	4		Mencl	
190	251 Barber St.	1879	Leden	4		Seyk	
3765	577 Laflin St.	1887	Zari	1		Zajicek	
3146	600 W. 17th St	1886	Srpen	5		Zajicek	
847	71 Oliver St [Olive?]	1881	Cervenec	17		Seyk	
420	433 W. 17th St.	1880	Duben	9		Mencl	
403	433 W. 17th St.	1880	Brezen	2		Mencl	
83	31 Will St.	1878	Kveten	22		Seyk	
166	69 Emma St.	1878	Listopad	15		Mencl	
3517	796 co. [corner?] Lake	1887	Duben	29		Hursen	
1401	–	1882	Srpen	22		Profant	
655	452 S. Jefferson St.	1881	Leden	15		Mencl	
2899	105 Bunker St	1886	Unor	3		Mencl	
1977	968 W. Lake St	1884	Unor	12		Mencl	
1213	–	1882	Duben	10		–	
3202	36 Tell Place	1886	Zari	6		Kunkel	
3736	669 May St.	1887	Srpen	16		Firpach	[R.3-67 crossed out]
2915	939 W 19th St	1886	Unor	20		Urban	
1562	3149 Butler St.	1883	Leden	28		Mencl	[R.12-12 crossed out]
2141	68 Fisk St.	1884	Cerven	15		Seyk	
487	82 Clayton St.	1880	Cervenec	8		Seyk	
2658	67 Clayton St	1885	Cervenec	16		Seyk	
684	79 Clayton St.	1881	Unor	18		Seyk	
2349	79 Clayton	1884	Rijen	15		Seyk	
290	79 Clayton St.	1879	Srpen	3		Seyk	
3548	1025 Van Horn St.	1887	Kveten	20	+	Cermak	
85	70 Clayton St.	1878	Kveten	28		Meyr	
506	80 Clayton St.	1880	Cervenec	19		Seyk	
285	728 Allport St.	1879	Cervenec	29		Seyk, W.	
2813	292 W 20th St	1885	Listopad	14		Seyk	
2064	287 W 20th St	1884	Kveten	1		Seyk	
2138	Algonquin, Cook Co. Ill.	1884	Cerven	13		Seyk	
3447	582 Throop St	1887	Brezen	11		Urban	
3750	750 W. 18th St.	1887	Srpen	23		Zajicek	
1582	586 Centre St.	1883	Unor	12		Seyk	
234	252 W. 18th St.	1879	Duben	13		Seyk, W.	
2645	764 W. 18th St	1885	Cervenec	10		Seyk	
3229	194 - 18th St	1886	Zari	28		Cermak	11/19/1897 moved [from R.8-36]
2175	885 W. 19th St.	1884	Cervenec	5		Seyk	

BUR #	\multicolumn{3}{c|}{BURIAL DATE}	NAME	\multicolumn{5}{c|}{GRAVE LOCATION}	\multicolumn{3}{c|}{AGE}	BIRTH PLACE
	Yr	Mo	Da		Row	No.	Lot	Blk	Sec	Yr	Mo	Da	
2017	1884	Brezen	28	Cesal, Marie	13	56						5	Chicago
1479	1882	Rijen	30	Cesal, Marie	6	21						6	Chicago
2613	1885	Cerven	8	Cesal, Marie	17	36					1	4	Chicago
2390	1884	Listopad	13	Cesal, Martin			3	III	H	30			Cechach
695	1881	Brezen	12	Cesal, Ruzena	6	54						6	Chicago
890	1881	Srpen	3	Cesal, Tomas	3	28				22			Cechach
1786	1883	Srpen	14	Cesek, Jan	12	57					11		Chicago
2352	1884	Rijen	15	Ceythamel, Josef			9	V	J	-	-	-	Cechach
1065	1881	Prosinec	10	Ceythaml, Franta			19	IV	L	46			Cechach
3457	1887	Brezen	20	Chaloupka, Josef	2	27		2		-	-	-	Chicago
2676	1885	Cervenec	29	Chaloupka, Karolina			3	5	N	1	1		Chicago
2136	1884	Cerven	14	Chaloupka, Klara	14	51						21	Chicago
2201	1884	Cervenec	18	Chalupa, Anton	14	75					10		***
2728	1885	Zari	4	Chalupa, Anton	5	3		1		31			Cechach
2693	1885	Srpen	9	Chalupa, Barbora	16	63				4			Chicago
642	1880	Prosinec	30	Chalupa, Franta			4	III	H			14	Chicago
1077	1881	Prosinec	17	Chalupa, Josef			4	III	H			9	Chicago
785	1881	Cerven	14	Chalupa, Katerina			7	V	L			5	Chicago
2016	1884	Brezen	28	Chalupa, Marie			4	III	H	30			Cechach
2808	1885	Listopad	13	Chalupa, Waclav			4	III	H	20			Cechach
1583	1883	Unor	15	Chanda, Josef	5	19				63			Cechach
3354	1887	Leden	2	Charipa, Anton			16	3	W	40			Cechach
1798	1883	Zari	1	Charvat, Ana			8	III	A	5	10		Chicago
579	1880	Rijen	10	Charvat, Frantisek	6	12						8	Chicago
1434	1882	Zari	21	Charvat, Jan	11	49					8		Chicago
2344	1884	Rijen	14	Charvat, Johana	15	68						24	Chicago
863	1881	Cervenec	25	Charvat, Marie			8	III	A	1	6		Chicago
1693	1883	Cerven	17	Charvat, Wojtech	12	34						9	Chicago
1596	1883	Brezen	1	Chilik, Jan			2	IV	G	1	4		Chicago
2240	1884	Cervenec	30	Chlada, Filip			10	VI	E	24			Cechach
1704	1883	Cerven	21	Chlada, Josef			10	VI	E	1	2		Chicago
600	1880	Rijen	31	Chlada, Katerina			10	VI	E			7	Chicago
3534	1887	Kveten	15	Chladek, Adolf B.			17	4	D	49			Cechach
3027	1886	Kveten	7	Chladek, George			17	IV	H		2	16	***
3274	1886	Rijen	30	Chladek, Helena			17	VI	H	2	8		Chicago
3546	1887	Kveten	21	Chladek, Julie			17	VI	H	--	--	--	Chicago
3728	1887	Srpen	14	Chladek, Wilhem			17	VI	H	5			Chicago
1908	1883	Prosinec	7	Chleboun, Bozena			1	IV	H		9		Chicago
2480	1885	Unor	2	Chleboun, Ludmila B.			1	IV	H		4		Chicago
3099	1886	Cervenec	11	Chlumecky, Josef	19	54						24	Chicago
500	1880	Cervenec	16	Chlupsa, Josef	5	25				1	3		Chicago
1668	1883	Kveten	16	Chlupsa, Marie			16		5	47	3		Cechach
1901	1883	Listopad	29	Chmatal, Barbora			1	VI	L			17	Chicago
1461	1882	Rijen	16	Chmatal, Josef	8	15				-	-	-	Chicago
1037	1881	Listopad	7	Chmatal, N.N.	9	17				-	-	-	Chicago
2458	1885	Leden	10	Chmatal, Ruzena			1	6	L			12	Chicago

BUR #	DWELLING	DEATH DATE Yr	Mo	Da	C	UNDER-TAKER	REMARKS
2017	751 W 18th St	1884	Brezen	27		S. Seyk	
1479	432 W. 19th St.	1882	Rijen	29		Seyk	
2613	794 W. 18th St	1885	Cerven	7		Vistein	
2390	1005 Van Horn St.	1884	Listopad	11	+	Seyk	
695	214 Brown St.	1881	Brezen	11		Mencl	
890	-	1881	Srpen	2		-	
1786	16 Fisk St	1883	Srpen	13		Seyk	
2352	--	-	-	-		Seyk	Moved from Czech Polish Cath. Cem.
1065	-	1881	Prosinec	8		-	
3457	939 Van Horn St	1887	Brezen	19		Zajicek	
2676	522 W. 16th St.	1885	Cervenec	28		Mencl	12/10/1915 moved [from L.7-V-G]
2136	939 Van Horn St.	1884	Cerven	13		Seyk	
2201	17 Seward St.	1884	Cervenec	17		Seyk	***Cook Co. Wiskonsin [sic]
2728	663 Jefferson St	1885	Zari	3		Seyk	12/12/1908 moved [from R.7-26]
2693	656 Jefferson St	1885	Srpen	8		Seyk	
642	149 - 14th St.	1880	Prosinec	28		Buss	
1077	149 - 14th St.	1881	Prosinec	16		Mencl	[R.9-36 crossed out]
785	223 Van Horn St.	1881	Cerven	13		Seyk	
2016	62 Fisk St	1884	Brezen	26		S. Seyk	
2808	105 Maxwell St	1885	Listopad	10		Seyk	
1583	189 Dekoven St.	1883	Unor	14		Mencl	
3354	222 - 25th Pl	1886	Prosinec	30		Havel	11/01/1901 moved [from L.9-VI-J]
1798	829 Allport St	1883	Srpen	31		Cermak	[R.12-63 crossed out]
579	85 Wade St.	1880	Rijen	9		***	***Stiboeny [Stiebeiner?]
1434	85 Wade	1882	Zari	20		***	*** Menter [Meister?]
2344	154 W. 12th St.	1884	Rijen	12		Mencl	
863	-	1881	Cervenec	24		-	[R.8-4 crossed out]
1693	29 Liberty St.	1883	Cerven	15		Mencl	
1596	395 W. 16th St.	1883	Brezen	1		W. Seyk	
2240	213 Johnson St.	1884	Cervenec	28	+	Seyk	[L.10-III-K crossed out]
1704	-	1883	Cerven	20		-	[L.10-III-K crossed out]
600	699 May St.	1880	Rijen	29		Seyk	[L.10-III-K crossed out]
3534	109 Taylor St.	1887	Kveten	13	+	Mencl	
3027	4550 Wallace	1886	Kveten	5		[McInerney?]	*** Town of Lake [Illinois]
3274	496 - 31st St	1886	Rijen	28		Mencl	
3546	496 - 31st St	1887	Kveten	20		Mencl	
3728	496 - 31st St	1887	Srpen	12		Mencl	
1908	695 Loomis St	1883	Prosinec	6		Seyk	
2480	695 Loomis St	1885	Unor	1		Seyk	
3099	28 Zion Place	1886	Cervenec	10		Cermak	
500	Van Horn	1880	Cervenec	15		Seyk	
1668	1082 Van Horn St.	1883	Kveten	15		Seyk	3/10/1908 moved [from R.5-27]
1901	34 Jane St	1883	Listopad	28		Mencl	
1461	65 Emma St.	1882	Rijen	16		Mencl	
1037	Emma St	1881	Listopad	6		Mencl	
2458	34 Jane St	1885	Leden	9		Mencl	

BUR #	Yr	Mo	Da	NAME	Row	No.	Lot	Blk	Sec	Yr	Mo	Da	BIRTH PLACE
746	1881	Kveten	5	Chmel, Adolf	6	29						1	Chicago
58	1878	Brezen	23	Chmelik, Ana			15	V	L	1	2	6	Chicago
63	1878	Duben	5	Chmelik, Eduard			15	V	L		6		Chicago
1123	1882	Leden	22	Chmelik, Franta			16	III	M	1			Chicago
54	1878	Brezen	18	Chmelik, Katerina			15	II	L	5	2	8	Chicago
3380	1887	Leden	18	Chmelik, Katrina			15	V	L	39			Cechach
1545	1883	Leden	11	Chmelik, Marie			16	III	M	21			Cechach
1568	1883	Unor	1	Chmelik, Marie			16	III	M	63			Cechach
3876	1887	Listopad	6	Chochol, Klara			13	II	G		2	21	Chicago
1484	1882	Listopad	4	Chochola, Jan			13	II	G	1	9		Chicago
317	1879	Zari	7	Chochola, Jindrich			13	II	G	-	-	-	Chicago
387	1880	Unor	8	Chochola, Petr			13	II	G			7	Chicago
3852	1887	Rijen	25	Chocholaty, Jakub			15	III	B	57			Cechach
462	1880	Cerven	8	Chocholousek, Anton	2	29				12			Cechach
3156	1886	Srpen	12	Chum, Ruzena	1	7	2				2		Chicago
581	1880	Rijen	12	Churan, Katerina			17	III	K	3	6		Chicago
409	1880	Brezen	15	Churan, Marie	4	36				3	3		Cechach
405	1880	Brezen	9	Churan, Wiliam	4	34				1	4	9	Chicago
2802	1885	Listopad	7	Churan, Willi	18	21				1			Chicago
1206	1882	Duben	6	Chvala, Josef			14	IV	K		10		Chicago
3273	1886	Rijen	29	Chvala, Marie			14	IV	K	-	-	-	Chicago
210	1879	Unor	26	Cibulka, Berta	2	67					5		Chicago
1310	1882	Cerven	18	Cicera, Jan	10	41				-	-	-	Chicago
3805	1887	Zari	27	Cigrany, Nick	10	10				38			Nemecku
3654	1887	Cervenec	17	Ciha, Klara K.			11	III	G	1	2		Chicago
786	1881	Cerven	15	Cihak, Barbora	7	18					11		Chicago
3726	1887	Srpen	14	Cihak, Barbora			2	V	J		4	6	Chicago
2199	1884	Cervenec	16	Cihak, Bohumil			17	I	G	3	7	14	Chicago
2670	1885	Cervenec	25	Cihak, Bozena			17	I	G		8		Chicago
1263	1882	Kveten	16	Cihak, Franta			18	V	H	26			Cechach
625	1880	Prosinec	1	Cihak, Jan	5	66				-	-	-	Chicago
97	1878	Cervenec	5	Cihlar, Ana			1	I	L	52			Cechach
2614	1885	Cerven	9	Cihlar, Matous			1	I	L	63	10		Cechach
3421	1887	Unor	20	Cikanek, Bozena	2	34	2				4		Chicago
862	1881	Cervenec	24	Cilian, Elisabet	8	3	1				25		Chicago
84	1878	Kveten	22	Cilian, Franta	2	6					3		Chicago
467	1880	Cerven	16	Cilian, Jakub			70			9	31		Cechach
3879	1887	Listopad	8	Cilik, Ludmila			16	I	H		2		Chicago
3373	1887	Leden	15	Cilik, Marie			16	I	H	94	11		Cechach
2116	1884	Cerven	3	Cilik, Rozalie			16	I	H	6	11	27	Chicago
1830	1883	Zari	20	Cimbara, N.N.	12	78				-	-	-	Chicago
2433	1884	Prosinec	21	Cimbura, Alois			19	III	M		10		Chicago
2871	1886	Leden	13	Cimbura, Josef			19	III	M		2		Chicago
554	1880	Zari	5	Cinkl, Emilie			16	VI	K	-	-	-	Chicago
2286	1884	Zari	5	Cinkl, Franta			16	VI	K	7	7		Chicago
1782	1883	Srpen	11	Cipl, Marie			5	VI	H	72			Cechach

BUR #	DWELLING	DEATH DATE Yr	Mo	Da	C	UNDER-TAKER	REMARKS
746	139 Forquer St.	1881	Kveten	3		Mencl	
58	434 W. 17th St.	1878	Brezen	23		Seyk, W.	
63	434 W. 17th St.	1878	Duben	5		Seyk, W.	
1123	885 W. 19th St	1882	Leden	20		Seyk	
54	434 W. 17th St.	1878	Brezen	15		Seyk	
3380	597 Laflin	1887	Leden	16		Zajicek	
1545	885 W. 19th St.	1883	Leden	10		Seyk	
1568	466 W. 19th St.	1883	Unor***	31		Seyk	***[probably Leden]
3876	213 W. Taylor St.	1887	Listopad	4		Mencl	
1484	201 - 14th St.	1882	Listopad	3		Mencl	
317	448 Jefferson St.	1879	Zari	6		Seyk	
387	201 - 14th St.	1880	Unor	7		Mencl	
3852	12 Burlington St.	1887	Rijen	22		Firpach	[R.10-17 crossed out]
462	***	1880	Cerven	7	+	Mencl	***Zu Lave Michigan Joatuy St [??]
3156	79 Clayton St.	1886	Srpen	11		Cermak	
581	79 Wade St.	1880	Rijen	10		Mencl	
409	121 Dekoven St.	1880	Brezen	14		Mencl	
405	129 Dekoven St.	1880	Brezen	8		Mencl	
2802	221 Dekoven St	1885	Listopad	5		Schultz	
1206	209 Taylor St	1882	Duben	4		Mencl	
3273	Bunker St	1886	Rijen	28		Mencl	
210	157 Dekoven St.	1879	Unor	25		Mencl	
1310	1041 Van Horn	1882	Cerven	17		Seyk	
3805	Jefferson, Cook Co, Ill.	1887	Zari	25	+	Jeschke	
3654	735 Van Horn St.	1887	Cervenec	15		Zajicek	
786	153 Dekoven St.	1881	Cerven	13		Mencl	
3726	924 Van Horn St.	1887	Srpen	13		Zajieck	
2199	797 Allport St.	1884	Cervenec	15		Seyk	
2670	158 Dekoven St	1885	Cervenec	24		Mencl	
1263	883 W. 19th St	1882	Kveten	13		Seyk	
625	720 Morgan St.	1880	Prosinec	1		Seyk	
97	667 Allport St.	1878	Cervenec	4		Seyk	
2614	667 Allport St	1885	Cerven	7		Mencl	
3421	116 W. 19th St	1887	Unor	19		Urban	
862	461 Morgan St.	1881	Cervenec	23		Mencl	
84	461 Morgan St.	1878	Kveten	18		Seyk	
467	-	1880	Cerven	15		Seyk	11/28/1908 moved [from R.2-30]
3879	177 DeKoven St.	1887	Listopad	6		Schultz	
3373	177 Dekoven	1887	Leden	13		Schultz	
2116	737 Loomis St.	1884	Cerven	1		Profant	
1830	6 Selby Court [Shelby]	1883	Zari	19		Seyk	
2433	7 Shelby Ct.	1884	Prosinec	20		Seyk	
2871	7 Shelby Court	1886	Leden	12		Lusk	
554	72 Bunker St.	1880	Zari	3		Mencl	
2286	542 Laflin St.	1884	Zari	3		Mencl	
1782	77 Bunker St	1883	Srpen	10	+	Jaeger	

BUR #	BURIAL DATE Yr	Mo	Da	NAME	GRAVE LOCATION Row	No.	Lot	Blk	Sec	AGE Yr	Mo	Da	BIRTH PLACE
3889	1887	Listopad	18	Cisar, Marie			14	V	D	65			Cechach
1054	1881	Listopad	26	Cisek, Jan	4	6				29	5		Cechach
1386	1882	Srpen	13	Ciskovsky, Edward			28	IV	J	4	21		Chicago
2057	1884	Duben	27	Cisler, Richard			16	IV	G		2	5	Chicago
778	1881	Cerven	9	Civis, Ana			19	IV	G			8	Chicago
3038	1886	Kveten	15	Civis, Bozena			15	I	L		3		Chicago
3054	1886	Cerven	10	Civis, Emma			2	I	D	8			Chicago
2960	1886	Brezen	23	Civis, Marie			15	I	L	3	6		Chicago
477	1880	Cervenec	1	Civis, Matej			10	IV	H		6		Chicago
3493	1886	Duben	18	Civis, Milada T.			19	IV	G		6		Chicago
3370	1887	Leden	14	Civis, Otilie			19	IV	G	2	3		Chicago
2489	1885	Unor	15	Civis, Otokar			19	IV	G		4		Chicago
2937	1886	Brezen	8	Civis, Waclav			15	I	L	37			Cechach
1788	1883	Srpen	16	Cizek, Anton			5	3	H	37			Cechach
1117	1882	Leden	16	Cizek, Boumil T.	4	6					10		Chicago
3250	1886	Rijen	13	Cmunt, Josef	1	50	2				7		Chicago
1573	1883	Unor	6	Cmunt, Waclav	1	43					5		Chicago
128	1878	Srpen	19	Crkal, Anton	2	25				6	6	5	Chicago
1982	1884	Unor	19	Cuchna, Ana	6	13				69			Cechach
3865	1887	Listopad	1	Cudly, Anton	10	21				12	6		Rakousku
1922	1883	Prosinec	21	Cunat, Olka			16	I	G		7	14	Chicago
2533	1885	Brezen	27	Cvachoucek, Jiri			6	III	J	38			Cechach
698	1881	Brezen	15	Cvrcek, Katerina			27		5	47			Cechach

D

BUR #	BURIAL DATE Yr	Mo	Da	NAME	GRAVE LOCATION Row	No.	Lot	Blk	Sec	AGE Yr	Mo	Da	BIRTH PLACE
501	1880	Cervenec	16	Dames, Bozena	5	26					3	20	Chicago
508	1880	Cervenec	20	Dames, Emilie A.	5	27					4		Chicago
174	1878	Prosinec	3	Danes, Jiri Alb.	2	35					9		Chicago
819	1881	Cervenec	8	David, Eduard			20	III	L		8		Chicago
3773	1887	Zari	5	Davidek, Lillie			14	IV	E		5		Chicago
3040	1886	Kveten	19	Dedic, August	19	32					4		Chicago
811	1881	Cervenec	5	Dedic, Jan			5	I	N	1	6		Chicago
562	1880	Zari	14	Dedic, Jan			5	I	N	38			Cechach
2218	1884	Cervenec	24	Dekanofsky, Franta	6	28				28			Cechach
3560	1887	Cerven	1	Denemark, Emma			6	2	E	3	3		Chicago
3479	1887	Duben	1	Derbas, Franta	2	45	2			-	-	-	Chicago
1330	1882	Cervenec	10	Dezort, Franta	11	2				2	3		Chicago
3615	1887	Cervenec	4	Dibelka, Julie	3	18	2			4			Chicago
3596	1887	Cerven	25	Dik, Katerina			7	III	D	23			Cechach
3571	1887	Cerven	11	Dik, Otto	2	16	2			2			Chicago
2220	1884	Cervenec	24	Dikast, Rudolf	15	10				1	1		Chicago
3386	1887	Leden	23	Dinov, Rosalie	2	20	2			2	6		Chicago
3248	1886	Rijen	11	Dinov, Wilem	2	17				40			Cechach
2528	1885	Brezen	23	Dirsmid, Bela			17	V	G	1	2		Chicago
2882	1886	Leden	22	Dirsmid, Eduard	18	45				1			Chicago
3901	1887	Listopad	25	Dirsmid, Jarolim	10	25				30			Cechach

BUR #	DWELLING	\multicolumn{3}{c}{DEATH DATE}	C	UNDER-TAKER	REMARKS
		Yr	Mo	Da			
3889	175 W. 15th St.	1887	Listopad	16	+	Mencl	
1054	80 Dekoven	1881	Listopad	24		Mencl	
1386	189 Taylor St.	1882	Srpen	12		Mencl	
2057	267 - 31st St	1884	Duben	26		Seyk	
778	173 Ewing St.	1881	Cerven	7		Mencl	
3038	210 W 14th St	1886	Kveten	13		Mencl	
3054	Chicago River	1886	Cerven	4	+	Dignan	
2960	210 W 14th St	1886	Brezen	21		Mencl	
477	79 Clayton St.	1880	Cerven	30		Seyk	
3493	157 Forquer St.	1887	Duben	17		Mencl	
3370	159 Forquer	1887	Leden	12		Mencl	
2489	159 Forquer St	1885	Unor	13		Mencl	
2937	210 W 14th St	1886	Brezen	6		Mencl	
1788	667 Allport St	1883	Srpen	15		Seyk	4/10/1902 moved [from R.5-36]
1117	80 Dekoven St	1882	Leden	15		Mencl	
3250	461 W. 19th St	1886	Rijen	11		Zajicek	
1573	601 Centre St.	1883	Unor	5		Seyk	
128	658 S. Jefferson St.	1878	Srpen	18		Seyk	
1982	949 Van Horn St	1884	Unor	17		Fapier	
3865	8 Kimbell Av.	1887	Rijen	30		Pelikan	
1922	112 W. 18th St	1883	Prosinec	20		Seyk	
2533	654 W. 18th St	1885	Brezen	25		Mencl	
698	137 W. 19th St.	1881	Brezen	14		Seyk	3/29/1903 moved [from L.1-II-K]
501	177 Ewing St.	1880	Cervenec	15		Mencl	
508	177 Ewing St.	1880	Cervenec	19		Mencl	
174	115 Fisk St.	1878	Prosinec	2		Seyk	
819	-	1881	Cervenec	7		Mencl	
3773	133 Bunker St.	1887	Zari	3		Schultz	
3040	77 Wade St	1886	Kveten	18		Pelikan	
811	535 W. 18th St.	1881	Cervenec	4		Seyk	[R.7-28 crossed out]
562	75 Fisk St.	1880	Zari	13		Seyk	
2218	451 Desplaines St.	1884	Cervenec	23		Mencl	
3560	81 Clayton St.	1887	Kveten	30		Firpach	[R.2-70 crossed out]
3479	16 Barber St	1887	Brezen	31		Schultz	
1330	-	1882	Cervenec	8		-	[surname Dvorak was crossed out]
3615	605 Centre Av.	1887	Cervenec	3		Urban	
3596	449 Desplaines St.	1887	Cerven	23		Schultz	
3571	449 Desplaines St.	1887	Cerven	9		Schultz	
2220	1114 Van Horn St.	1884	Cervenec	23		Seyk	
3386	153 Bunker	1887	Leden	21		Schultz	
3248	Jefferson Hospital	1886	Rijen	9		Schultz	
2528	299 W. 20th St	1885	Brezen	21		Seyk	
2882	435 Jefferson St.	1886	Leden	21		Mencl	
3901	435 Jefferson St.	1887	Listopad	23		Mencl	

BUR #	BURIAL DATE Yr	Mo	Da	NAME	GRAVE LOCATION Row	No.	Lot	Blk	Sec	AGE Yr	Mo	Da	BIRTH PLACE
783	1881	Cerven	13	Dirsmid, Marie			17	V	G	3	3		Chicago
3478	1887	Duben	1	Dirsmidt, Ferdinand	9	21				33			Cechach
2236	1884	Cervenec	29	Dirz, James	5	66						1/2	Chicago
2252	1884	Srpen	5	Dite, Ana			12	I	M	22	9		Cechach
1457	1882	Rijen	13	Dite, Paulina			12	I	M		3		Chicago
3194	1886	Zari	5	Dite, Rosa			12	I	M	20	10	6	Cechach
9	1877	Listopad	7	Divis, Barbora			3	3	H	35			Cechach
1670	1883	Kveten	18	Divis, Josef	5	29				38			Cechach
3931	1887	Prosinec	18	Divis, Josef			2	V	C			3	Chicago
551	1880	Zari	2	Divis, Stasie	6	1				-	-	-	Chicago
1189	1882	Brezen	24	Dlouhy, Josef	4	25				79			Cechach
2820	1885	Listopad	20	Dlouhy, Wincene			3	V	L		3	16	Chicago
1834	1883	Zari	22	Dobes, Karel	12	79					8	20	Chicago
283	1879	Cervenec	27	Dobes, Karel	3	38					6		Chicago
3488	1887	Duben	11	Docaur, Josef			20	I	A			16	Chicago
3234	1886	Rijen	5	Dohnal, Franta			17	I	K	38			Cechach
2553	1885	Duben	14	Dohnal, Marie			17	I	K	63			Cechach
2720	1885	Srpen	31	Dokoupil, Anna M.	16	79					3	3	Rakousku
1717	1883	Cervenec	3	Dolezal, Ana	12	44	-			1			Chicago
3869	1887	Listopad	3	Dolezal, Baby M.	12	44	1			-	-	-	Chicago
3225	1886	Zari	28	Dolezal, Emilie	1	40		2		1	8		Chicago
3844	1887	Rijen	21	Dolezal, Marie	1	32				23			Cechach
3131	1886	Cervenec	29	Dolezal, Otto			5	3	D			10	Chicago
3331	1886	Prosinec	10	Dolezal, Stanislav	1	76		2		1	6		Chicago
3713	1887	Srpen	6	Doll, Karel			10	II	E		6	10	Chicago
1348	1882	Cervenec	26	Donat, Josef			4	I	K	-	-	-	Cechach
1894	1883	Listopad	25	Donat, Josef			4	I	K	-	-	-	Chicago
673	1881	Unor	2	Doskocil, Emma			1	VI	H	2	7		Chicago
2154	1884	Cerven	23	Dostal, Alexandr			9	V	L	2	4	2	Chicago
2578	1885	Kveten	5	Doubek, Martin			10	II	H	53			Cechach
2556	1885	Duben	18	Drab, Ana St.			17	IV	J	1			Chicago
823	1881	Cervenec	9	Drab, Jan			17	IV	J			14	Chicago
619	1880	Listopad	26	Drabek, Franta			5	VI	J	-	-	-	Chicago
1549	1883	Leden	16	Drabek, Jan			5	VI	J	-	-	-	Chicago
1936	1883	Prosinec	30	Drabek, Ruzena			5	VI	J	-	-	-	Chicago
2997	1886	Duben	18	Drahokoupil, Ana			55		11	2	4		Chicago
73	1878	Duben	26	Drardil, Otokar	1	26				-	-	-	Chicago
2060	1884	Duben	28	Drda, Cecilie	6	4				24			Cechach
877	1881	Cervenec	28	Drda, Franta	7	67				3	11	12	Chicago
1807	1883	Zari	7	Drda, Jan	5	39				56			Cechach
1097	1881	Prosinec	31	Drda, Tomas	9	45				1			Chicago
3085	1886	Cervenec	2	Dubsky, Eduard	13	78					3	16	Chicago
3138	1886	Srpen	1	Dubsky, Franta	19	71						1	Chicago
2452	1885	Leden	5	Dubsky, Karel	16	12					3	1	Chicago
3205	1886	Zari	12	Dubsky, Otokar F.	1	31		2		1	4	4	Chicago
2085	1884	Kveten	18	Dubsky, Otto	14	34					5	23	Chicago

BUR #	DWELLING	DEATH DATE Yr	Mo	Da	C	UNDER-TAKER	REMARKS
783	Fisk St.	1881	Cerven	12		Seyk	[R.7-17 crossed out]
3478	Cook County Hospital	1887	Brezen	30		Schultz	
2236	436 W. 17th St.	1884	Cervenec	27		Seyk	
2252	157 DeKoven St.	1884	Srpen	4		Mencl	
1457	157 Dekoven St.	1882	Rijen	12		Mencl	
3194	72 Bunker St	1886	Zari	2		Schultz	
9	--	1877	Listopad	7		Seyk	4/18/1908 moved [from R.1-7]
1670	12 Dussold St.	1883	Kveten	16		Mencl	
3931	849 Hoyne Av.	1887	Prosinec	17		Zajicek	[R.4-50 crossed out]
551	Fisk Court, 18th St	1880	Zari	1		Seyk	
1189	177 Ewing St	1882	Brezen	23		Seyk	
2820	661 Throop St	1885	Listopad	19		Zajicek	
1834	162 Dekoven St	1883	Zari	21		Mencl	
283	158 Bunker St.	1879	Cerven	-		Mencl	
3488	183 Dekoven St	1887	Duben	10		Mencl	[R.2-49 crossed out]
3234	1429 Harrison St	1886	Rijen	2		Zajicek	
2553	16 Kramer St	1885	Duben	11		Mencl	
2720	313 W. 20th St	1885	Srpen	30		Zajicek	
1717	1038 Van Horn St.	1883	Cervenec	2		Mencl	
3869	988 Van Horn	1887	Listopad	2		Zajicek	
3225	988 Van Horn St	1886	Zari	27		Vistein	
3844	436 W. 18th St.	1887	Rijen	19		Firpach	
3131	204 W 12th St	1886	Cervenec	26		Mencl	[R.19-69 crossed out]
3331	856 Wood St	1886	Prosinec	8		Vistein	
3713	35 Fisk St.	1887	Srpen	5		Urban	
1348	153 W. 19th St	1882	Cervenec	24		Mencl	
1894	153 W 19th St	1883	Listopad	23		Mencl	
673	441 Canal St.	1881	Unor	1		Mencl	
2154	743 S. Halsted	1884	Cerven	21		Mencl	
2578	May St	1885	Kveten	4		Seyk	
2556	141 Bunker St	1885	Duben	17		Mencl	
823	79 Bunker St.	1881	Cervenec	8		Mencl	[R.7-37 crossed out]
619	575 S. Canal St.	1880	Listopad	26		Seyk	
1549	25 Canalport Ave.	1883	Leden	15		Mencl	
1936	741 S Halsted St	1883	Prosinec	29		Mencl	
2997	102 W 19th St	1886	Duben	17		Urban	4/27/1906 moved [from R.19-12]
73	458 Canal St.	1878	Duben	25		Seyk	
2060	287 Robey St	1884	Duben	26	+	Seyk	
877	225 W. 20th St.	1881	Cervenec	26	+	Seyk	
1807	129 Liberty St	1883	Zari	5		Profant	
1097	-	1881	Prosinec	30		-	
3085	201 Forquer St	1886	Cervenec	1		Mencl	
3138	147 W. 19th St	1886	Cervenec	31		Urban	
2452	135 W. 19th St	1885	Leden	4		Seyk	
3205	147 W. 19th St	1886	Zari	10		Urban	
2085	403 Clinton St.	1884	Kveten	17		Seyk	

BUR #	Yr	Mo	Da	NAME	Row	No.	Lot	Blk	Sec	Yr	Mo	Da	BIRTH PLACE
189	1879	Leden	2	Ducek, Marie			14	III	L	6	9		Cechach
2679	1885	Cervenec	30	Duda, Ana	17	49				--	--	--	Chicago
3032	1886	Kveten	10	Duda, Katerina			8	V	G		6	19	Chicago
1760	1883	Cervenec	30	Dudar, Franta			13	IV	J	11	10		Chicago
2196	1884	Cervenec	15	Dudar, Matej			13	VI	J			1	Chicago
2735	1885	Zari	11	Dudek, Thomas			20	II	D	41			Cechach
2270	1884	Srpen	21	Dufala, Ruzena			11	VI	J		11		Chicago
2228	1884	Cervenec	27	Duha, Emil			4	III	M	1	8		Chicago
1056	1881	Listopad	28	Duha, Marie			4	III	M	–	–	–	Chicago
1698	1883	Cerven	19	Dusek, Ana			4	II	L	66	3		Cechach
375	1880	Leden	23	Dusek, Jan			14	III	K	40			Cechach
3537	1887	Kveten	16	Dusek, Johana			4	II	L		9		Chicago
3662	1887	Cervenec	18	Dusek, Marie			2	IV	G			1	Chicago
3228	1886	Zari	29	Dusek, Teresie			4	II	L	35			Cechach
3328	1886	Prosinec	9	Dusek, Waclav			9	6	N	67			Cechach
3247	1886	Rijen	11	Dusek, Wilem			15	VI	C			15	Chicago
1972	1884	Unor	7	Dvorak, A			16	VI	L	1	3		Pullman
271	1879	Cervenec	6	Dvorak, Alzbeta			16	VI	L			5	Chicago
2713	1885	Srpen	26	Dvorak, Ana	16	74					1	9	Chicago
1104	1882	Leden	6	Dvorak, Barbora	4	13				53			Cechach
1410	1882	Srpen	31	Dvorak, Bohumil	11	38					1	3	Chicago
2669	1885	Cervenec	25	Dvorak, Eduard	16	53					9	25	Chicago
2254	1884	Srpen	6	Dvorak, Emilie	15	27					1	6	Chicago
135	1878	Srpen	28	Dvorak, Emilie	1	47					1		Chicago
616	1880	Listopad	22	Dvorak, Franta	5	64					4	2	Chicago
2663	1885	Cervenec	21	Dvorak, Franta	16	50						1	Chicago
2232	1884	Cervenec	28	Dvorak, Ignac J.	15	18						1	Chicago
1334	1882	Cervenec	11	Dvorak, Jan	5	5				33			Cechach
1136	1882	Unor	2	Dvorak, Jan	4	17				19			Cechach
102	1878	Cervenec	17	Dvorak, Jan	1	18				50			Cechach
132	1878	Srpen	22	Dvorak, Jindrich			2	III	E	1	9		Chicago
3477	1887	Brezen	31	Dvorak, Johana			14	II	J	16			Chicago
2186	1884	Cervenec	11	Dvorak, Josef			18	I	G	1	2		Chicago
3213	1886	Zari	18	Dvorak, Julie			18	I	G	1			Chicago
875	1881	Cervenec	28	Dvorak, Marie	7	65					9	3	Chicago
2731	1885	Zari	6	Dvorak, Marie	17	74						3	Chicago
2950	1886	Brezen	15	Dvorak, Milada			19	2	L		7	14	Chicago
2081	1884	Kveten	17	Dvorak, Robert			15	III	G		4	21	Chicago
3740	1887	Srpen	20	Dvorak, Ruzena			16	VI	L		11		Chicago
978	1881	Zari	19	Dvorak, Waclav	8	66	1				2		Chicago
1221	1882	Duben	17	Dvorak, Zofie	10	25						14	Chicago

E

BUR #	Yr	Mo	Da	NAME	Row	No.	Lot	Blk	Sec	Yr	Mo	Da	BIRTH PLACE
2174	1884	Cervenec	5	Edringer, Ana	14	65				8			Chicago
71	1878	Duben	18	Edringer, Jan	1	20						21	Chicago
2172	1884	Cervenec	4	Edringer, Rosalie	14	64				5			Chicago

BUR #	DWELLING	DEATH DATE Yr	Mo	Da	C	UNDER-TAKER	REMARKS
189	256 W. 20th St.	1879	Leden	1		Seyk	
2679	2848 Poplar Ave	1885	Cervenec	29		Duda	
3032	667 Throop St	1886	Kveten	8		Zajicek	
1760	86 W 15th St	1883	Cervenec	29		Mencl	
2196	86 W. 15th St.	1884	Cervenec	14		Mencl	
2735	168 Dekoven St	1885	Zari	8		Mencl	
2270	66 W. 15th St.	1884	Srpen	20		Seyk	
2228	55 Tell Pl.	1884	Cervenec	26		Meister?	
1056	55 Fik [Fig/Fisk?] St	1881	Listopad	27		Kunkel	
1698	116 W. 15th St.	1883	Cerven	16		Mencl	
375	12 Shelby Court	1880	Leden	21		Seyk	
3537	114 W. 15th St.	1887	Kveten	15		Mencl	
3662	371 W. 16th St.	1887	Cervenec	17		Cermak	
3228	114 W. 15th St.	1886	Zari	27	+	Mencl	
3328	153 Dekoven St	1886	Prosinec	7		Schultz	[L.1-I-G crossed out]
3247	803 Allport St	1886	Rijen	9		Urban	[R.1-49 crossed out]
1972	670 Throop St	1884	Unor	6		Cermak	
271	728 Allport St.	1879	Cervenec	5		Seyk	
2713	1 Shelby Court	1885	Srpen	25		Seyk	
1104	158 Ewing St	1882	Leden	4		Mencl	
1410	-	1882	Srpen	30		-	
2669	144 Bunker St	1885	Cervenec	23		Mencl	
2254	110 W. 18th St.	1884	Srpen	5		Seyk	
135	122 W. 19th St.	1878	Srpen	28		Seyk	
616	211 Van Horn St.	1880	Listopad	21		Seyk	
2663	670 Throop St	1885	Cervenec	20		Zajicek	
2232	670 Throop St.	1884	Cervenec	27		Cermak	
1334	105 Maxwell St	1882	Cervenec	10		Mencl	
1136	-	1882	Unor	1		-	
102	Lumber Ward [Yard?]	1878	Cervenec	15	+	Seyk	
132	16 McMullen Court	1878	Srpen	22		Seyk	[R.1-44 crossed out]
3477	670 Throop St	1887	Brezen	29		Zajicek	
2186	693 W. 18th St.	1884	Cervenec	10		Seyk	
3213	640 W. 18th St	1886	Zari	17		Cermak	
875	-	1881	Cervenec	26		-	
2731	1 Shelby Court	1885	Zari	5		Profant	
2950	32 Humboldt St	1886	Brezen	14	+	Mencl	[L.19-III-L crossed out]
2081	1145 Genesee Ave.	1884	Kveten	15		Mencl	
3740	718 Loomis St.	1887	Srpen	18		Zajicek	
978	-	1881	Zari	18		-	
1221	75 Cornelia	1882	Duben	17		Kunkel	
2174	126 W. 15th St.	1884	Cervenec	4		Mencl	
71	51 Meagher St.	1878	Duben	17		Seyk	
2172	126 W. 15th St.	1884	Cervenec	3		Mencl	

BUR #	BURIAL DATE Yr	Mo	Da	NAME	GRAVE LOCATION Row	No.	Lot	Blk	Sec	AGE Yr	Mo	Da	BIRTH PLACE
2307	1884	Zari	26	Endrle, Emilie	15	50					8		Chicago
2623	1885	Cerven	19	Engelhart, Ana	16	45				--	--	--	Jefferson
3137	1886	Cervenec	31	Engelthaler, Jiri	19	70						2	Chicago
3214	1886	Zari	19	Engelthaler, Waclav	1	35	2			--	--	--	***
2895	1886	Unor	2	Enger, Ana	8	4				36	9	1	Prusku
2876	1886	Leden	16	Enger, Baby	8	4				--	--	--	Chicago
1737	1883	Cervenec	15	Englthaler, Emilie			19	V	K		7		Chicago
215	1879	Brezen	4	Englthaler, Franta			18	V	K			5	Chicago
792	1881	Cerven	23	Englthaler, Josef			9	V	K	34			Cechach
1228	1882	Duben	21	Englthaler, Josef			19	V	K		3		Chicago
338	1879	Rijen	26	Englthaler, Marie			19	V	K			21	Chicago
2041	1884	Duben	15	Erhard, Kaspar			15	I	H	76			Cechach
1430	1882	Zari	19	Ernest, Marie			2	IV	K		2		Chicago
3801	1887	Zari	23	Esztecko, Bertha			18	III	E	18			Uhersku

F

BUR #	BURIAL DATE Yr	Mo	Da	NAME	Row	No.	Lot	Blk	Sec	Yr	Mo	Da	PLACE
1958	1884	Leden	20	Faber, Wilem			2	VI	J	6			Chicago
968	1881	Zari	14	Fabran, Barbora	8	56	1				10	14	Chicago
2851	1885	Prosinec	20	Fait, Emanuel	8	3				24			Cechach
874	1881	Cervenec	27	Falout, Eduard	7	64					6	20	Chicago
1969	1884	Unor	1	Fanta, Bozena	13	51					9		Chicago
2976	1886	Duben	1	Fanta, Franta			1	2	W	32			Cechach
3575	1887	Cerven	13	Fanta, Josef			41	2	W	40			Cechach
2217	1884	Cervenec	24	Fanta, Marie	15	8					1	11	Chicago
2004	1884	Brezen	13	Fara, Marie			19	IV	J	--	--	--	Chicago
2983	1886	Duben	6	Farkan, Josef			15	IV	G	1	9	18	Chicago
799	1881	Cerven	29	Fausek, Jan ***			11	II	K	38			Cechach
801	1881	Cerven	30	Fefr, Ana	7	24					7		Chicago
244	1879	Kveten	12	Fencl, Emilie			6	VI	F		3		Chicago
3855	1887	Rijen	27	Fencl, Franta			4	V	L	10	4		Chicago
3282	1886	Listopad	3	Fencl, Marie			13	IV	K	1	9		Chicago
1375	1882	Srpen	5	Fencl, Oldrich			6	VI	F		9	14	Chicago
1974	1884	Unor	10	Fencl, Prokop			4	I	M	30			Cechach
3861	1887	Rijen	30	Fencl, Rosa			4	V	L	5	5	16	Chicago
896	1881	Srpen	5	Fencl, Ruzena			6	VI	F	1	3		Chicago
859	1881	Cervenec	22	Fenzl, Katerina Al.			4	V	L		8	15	Chicago
3035	1886	Kveten	12	Fernoch, Frantiska	19	30					9		Chicago
1455	1882	Rijen	11	Fiala, Ana			20	II	K	47			Cechach
3198	1886	Zari	8	Fiala, Blanka			11	IV	H		7		Chicago
2427	1884	Prosinec	19	Fiala, Bozena	16	14					1		Chicago
965	1881	Zari	11	Fiala, Eduard	8	55	1				5	25	Chicago
790	1881	Cerven	19	Fiala, Franta			11	IV	H		2		Chicago
735	1881	Duben	29	Fiala, Franta			11	IV	H	22			Cechach
1150	1882	Unor	14	Fiala, Franta	9	65					14		Chicago
1783	1883	Srpen	12	Fiala, Franta	12	55					6		Chicago
3665	1887	Cervenec	18	Fiala, Jan			4	VI	E	45			Cechach

BUR #	DWELLING	DEATH DATE Yr	Mo	Da	C	UNDER-TAKER	REMARKS
2307	946 W. 19th St.	1884	Zari	25		Profant	
2623	Fullerton Ave	1885	Cerven	18		Engelhart	
3137	702 Canal St	1886	Cervenec	29		Mencl	
3214	4847 Loomis St	1886	Zari	18		[Meyers?]	*** Town of Lake, Ill.
2895	622 N Wells St	1886	Leden	30		Mueller	
2876	622 N Wells St	1886	Leden	13		***	*** Miller [Mueller?]
1737	647 Throop St.	1883	Cervenec	14		Seyk	
215	11 Seward St.	1879	Brezen	3		Seyk, W.	
792	W. 18th St.	1881	Cerven	21		Mencl	
1228	-	1882	Duben	20		-	
338	***	1879	Rijen	24		Seyk	***129 North 18th St., 16th St.
2041	442 Clinton St	1884	Duben	13		F. Mencl	
1430	Centre Ave.	1882	Zari	18		-	
3801	Cook County Hospital	1887	Zari	21		Carey	
1958	279 Mohawk St	1884	Leden	18		Mencl	
968	-	1881	Zari	13		-	
2851	Cook County Hospital	1885	Prosinec	18		Urban	
874	-	1881	Cervenec	26		-	
1969	525 W 18th St	1884	Unor	1		Seyk	
2976	142 Bunker St	1886	Brezen	31		Zajicek	11/09/1902 moved [from R.8-14]
3575	22 Burlington St.	1887	Cerven	12		Urban	12/21/1902 moved [from R.9-31]
2217	11 Burlington St.	1884	Cervenec	23		Seyk	
2004	490 Sout[h] Canal St	1884	Brezen	12		Seyk	
2983	4753 Loomis St	1886	Duben	4		***	*** Luerney [McInerney?]
799	Ewing St.	1881	Cerven	28		Mencl	*** [see Foucek]
801	96 Bunker St.	1881	Cerven	29		Mencl	
244	448 Clinton St.	1879	Kveten	11		Mencl	[R.3-9 crossed out]
3855	171 Ewing St.	1887	Rijen	25		Mencl	
3282	34 Zion Place	1886	Rijen	31		Zajicek	
1375	210 W. 14th	1882	Srpen	4		Mencl	[R.11-21 crossed out]
1974	166 W 19th St	1884	Unor	8	+	Cermak	
3861	171 Ewing St.	1887	Rijen	29		Mencl	
896	210 - 14th St.	1881	Srpen	3		Mencl	[R.8-13 crossed out]
859	133 Bunker St.	1881	Cervenec	20		Mencl	
3035	210 Taylor St	1886	Kveten	11		Mencl	
1455	-	1882	Rijen	9		-	
3198	134 W. 19th	1886	Zari	7		Urban	
2427	939 Van Horn St.	1884	Prosinec	18		Seyk	
965	-	1881	Zari	9		-	
790	53 Burlington St.	1881	Cerven	18		Seyk	
735	732 Morgan St.	1881	Duben	28		Seyk	
1150	931 W. 18th St	1882	Unor	14		Seyk	
1783	202 W 20th St	1883	Srpen	10		Seyk	
3665	734 Loomis St.	1887	Cervenec	17		Zajicek	

BUR #	BURIAL DATE Yr	Mo	Da	NAME	GRAVE LOCATION Row	No.	Lot	Blk	Sec	AGE Yr	Mo	Da	BIRTH PLACE
1383	1882	Srpen	12	Fiala, Jirina	11	24						20	Chicago
3013	1886	Duben	30	Fiala, Josef	19	20						10	Chicago
2067	1884	Kveten	6	Fiala, Josef Jan			11	IV	H			7	Chicago
733	1881	Duben	27	Fiala, Josefa			11	IV	H	16			Cechach
2122	1884	Cerven	7	Fiala, Karel	14	46				–	–	–	Chicago
525	1880	Srpen	4	Fiala, Karel	5	35						10	Chicago
1598	1883	Brezen	4	Fiala, Karel	3	55				–	–	–	Chicago
2066	1884	Kveten	5	Fiala, Marie	14	28						10	Chicago
412	1880	Brezen	26	Fiala, Marie			129		1	45			Cechach
1483	1882	Listopad	3	Fiala, Rosalie			11	IV	H	1	3		Chicago
2340	1884	Rijen	10	Fiala, Vaclav	15	66					2	2	Chicago
3166	1886	Srpen	19	Fiala, Waclav	1	11	2					9	Chicago
729	1881	Duben	19	Fiklik, Josef	5	71				–	–	–	Chicago
1209	1882	Duben	8	Fiklik, Marie	10	21				–	–	–	Chicago
2192	1884	Cervenec	13	Fiklik, Marie	14	74					1	7	Chicago
2914	1886	Unor	21	Fikrle, Bozena	18	39						4	Chicago
3284	1886	Listopad	5	Fikrle, Karel	1	61	2			2	7		Chicago
2925	1886	Brezen	1	Fikrle, Ruzena	18	40						11	Chicago
1855	1883	Rijen	10	Filas, Karel			9	IV	L		5	10	Chicago
1861	1883	Rijen	17	Filek, Alsbeta			14	III	G		9	4	Chicago
1740	1883	Cervenec	16	Filek, Josef	18	72					1	16	Chicago
3149	1886	Srpen	8	Filek, Lidmila			202		11	1	6		Chicago
2251	1884	Srpen	4	Filek, Wiliam	18	73					11	14	Chicago
3185	1886	Srpen	29	Filip, Franta	1	21	2					17	Chicago
2618	1885	Cerven	13	Filip, Jakub	17	39					3	14	Chicago
935	1881	Srpen	18	Firham, Marie	8	39	1			1	2		Chicago
3906	1887	Listopad	27	Fiser, Gustav			12		1			4	Chicago
759	1881	Kveten	20	Fiser, Johana	7	10						1	Chicago
221	1879	Brezen	17	Fiser, Josefina	2	50						11	Chicago
1325	1882	Cervenec	3	Fiser, Marie	10	60				3	6		Chicago
3860	1887	Rijen	30	Fiser, Marie			60		12	16			Chicago
2867	1886	Leden	11	Fisk, Ottokar			1		16	1	3		Chicago
1765	1883	Srpen	2	Fisl, Augustin	13	22						1	Chicago
834	1881	Cervenec	13	Fisl, Josefa	7	45					1	2	Chicago
219	1879	Brezen	16	Fisman, Jan			5	VI	H	6	4		Morave
1048	1881	Listopad	19	Fitek, Lingoln E. [Lincoln?]	–	–	–	–	–	1	6	21	Chicago
1093	1881	Prosinec	29	Fitnik, Majtey	9	42				1	1		Chicago
3393	1887	Leden	30	Fivek, Karel A.	2	31	2			1	2		Chicago
1415	1882	Zari	4	Flegel, Franta	5	13				–	–	–	Chicago
1420	1882	Zari	7	Flegel, Katerina	5	13				22			Chicago
2590	1885	Kveten	13	Florian, Franta			6	VI	D			1	Chicago
1368	1882	Srpen	2	Florian, Frantisek	11	19					1	3	Chicago
2912	1886	Unor	18	Florian, Mikolas			3	I	J	28			Cechach
1857	1883	Rijen	11	Forejt, Ana	13	38						5	Chicago
3718	1887	Srpen	10	Forejt, Josef	3	60	2			1		21	Chicago

BUR #	DWELLING	Yr	Mo	Da	C UNDER-TAKER	REMARKS
1383	107 Dekoven	1882	Srpen	11	Mencl	
3013	137 Bunker St	1886	Duben	29	Mencl	
2067	715 Morgan St	1884	Kveten	5	Seyk	
733	732 Morgan St.	1881	Duben	26	Seyk	
2122	2542 Wentworth Ave.	1884	Cerven	5	Seyk	
525	2311 Hanover St.	1880	Srpen	3	Seyk	
1598	133 W. 19th St.	1883	Brezen	3	Seyk	
2066	557 Jefferson St	1884	Kveten	4	Mencl	
412	732 Morgan St.	1880	Brezen	25	Seyk	4/25/1908 moved [from R.2-22]
1483	629 Centre Ave.	1882	Listopad	2	Seyk	
2340	2542 Wentworth Ave.	1884	Rijen	9	Seyk	
3166	51 Elgin St	1886	Srpen	18	Adams	
729	911 W. 19th St.	1881	Duben	17	Seyk	
1209	2995 Archer Av	1882	Duben	7	Fiklik	
2192	897 W. 19th St.	1884	Cervenec	12	Seyk	
2914	429 W 18th St	1886	Unor	20	Lusk	
3284	702 May St	1886	Listopad	4	Cermak	
2925	429 W 18th St	1886	Unor	28	Lusk	
1855	453 Desplaines St	1883	Rijen	9	Mencl	
1861	151 W. 19th St	1883	Rijen	16	Seyk	
1740	437 W 18th St	1883	Cervenec	15	Mencl	
3149	644 W. 18th St	1886	Srpen	6	Vistein	11/11/1906 moved [from R.1-2-2]
2251	Colehour [Illinois]	1884	Srpen	3	Mencl	[L.16-V-M crossed out]
3185	685 Morgan St	1886	Srpen	28	Urban	
2618	171 Bunker St	1885	Cerven	12	Mencl	
935	-	1881	Srpen	16	-	
3906	168 Bunker St.	1887	Listopad	26	Mencl	4/11/1907 moved [from L.15-6-G and L.12-IV-K]
759	-	1881	Kveten	19	Mencl	
221	78 Fisk St.	1879	Brezen	14	Seyk	
1325	-	1882	Cervenec	1	-	
3860	294 W. 20th St.	1887	Rijen	29	Firpach	4/30/1904 moved [from R.10-19]
2867	755 Loomis St	1886	Leden	9	Zajicek	4/18/1915 moved [from L.13-V-M]
1765	65 Fisk St	1883	Cervenec	31	Seyk	
834	-	1881	Cervenec	11	-	[last name "Filek" was crossed out]
219	446 S. Jefferson St.	1879	Brezen	13	Gallistel	
1048	81 Wricht [Wright] St	1881	Listopad	18	Mencl	[grave location not given]
1093	-	1881	Prosinec	28	-	
3393	811 Ashland Av	1887	Leden	29	Cermak	
1415	-	1882	Zari	2	-	
1420	-	1882	Zari	6	-	
2590	3149 Butler St	1885	Kveten	12	Jana	[R.17-28 crossed out]
1368	-	1882	Cervenec	31	-	
2912	84 W 15th St	1886	Unor	16	Mencl	
1857	211 Maxwell St	1883	Rijen	10	Taraba	
3718	969 Van Horn St.	1887	Srpen	9	Zajicek	

BUR #	Yr	Mo	Da	NAME	Row	No.	Lot	Blk	Sec	Yr	Mo	Da	BIRTH PLACE
2293	1884	Zari	11	Forman, Rosalie	6	32				71			Cechach
2943	1886	Brezen	12	Forsberg, Henry R.			3	III	J		2	11	Chicago
246	1879	Kveten	15	Fort, Ana	3	11					4	6	Chicago
2336	1884	Rijen	7	Fort, Barbora			17	I	H	24			Cechach
3610	1887	Cervenec	2	Fort, Barbora	10	1				38			Cechach
1534	1882	Prosinec	26	Fort, Franta			3	VI	L	26			Cechach
2825	1885	Listopad	26	Fort, Waclav	18	28					2		Chicago
1419	1882	Zari	7	Fortova, Ana			3	VI	L	4			Chicago
3494	1887	Duben	18	Foschinbaur, Waclav			9	IV	D	56			Cechach
1089	1881	Prosinec	26	Foucek, Franta ***			11	II	K	1	9		Chicago
1546	1883	Leden	12	Frana, Franta ***			20	V	M		4	22	Chicago
2151	1884	Cerven	20	France, Anton			13	II	D	3	6		Chicago
2749	1885	Zari	23	France, Bohumil			13	II	D		9	14	Chicago
3509	1887	Duben	28	France, Julie			13	II	D		7		Chicago
1877	1883	Listopad	5	France, Otilie			13	II	D			14	Chicago
1822	1883	Zari	17	Frank, Ruzena	12	74					5	7	Chicago
3847	1887	Rijen	22	Fraunecht, Barbora			12	I	K	20	8		Chicago
268	1879	Cervenec	3	Freml, Bozena	3	23					11		Chicago
3398	1887	Unor	4	Freml, Emil			4	IV	D		2		Chicago
3007	1886	Duben	24	Fremr, Bohumil			5	IV	D		9		Chicago
692	1881	Brezen	1	Fricek, Franta	7	7				1	3		Chicago
3864	1887	Listopad	1	Fricek, Katerina	10	20				21	7		Cechach
3372	1887	Leden	14	Frid, Franta			1	VI	D	1	1	9	Chicago
3381	1887	Leden	21	Frid, Karel			1	VI	D	4	1		Chicago
2637	1885	Cervenec	7	Fridcel, N.	--	--	--	--	--	--	--	--	Chicago
3191	1886	Zari	4	Fridl, Emily	1	23		2			2	8	Chicago
1082	1881	Prosinec	18	Fridl, Franta	9	38				1	3		Chicago
2305	1884	Zari	24	Fridl, Franta			3	I	M	52			Cechach
2864	1886	Leden	8	Fridl, Josef			2	I	J	39			Cechach
3077	1886	Cerven	25	Fridrich, Ana	8	25				64			Cechach
2377	1884	Listopad	4	Fridrich, Barbora	15	82					2	2	Chicago
3730	1887	Srpen	15	Fridrich, Frank	3	65		2				1	Chicago
1656	1883	Kveten	4	Fris, Ana	12	24				-	-	-	Chicago
1975	1884	Unor	13	Fris, Jan	8	1					3		Chicago
3660	1887	Cervenec	17	Fris, Jan	3	34		2				14	Chicago
1313	1882	Cerven	23	Fris, Josef	8	1					7		Chicago
3422	1887	Unor	20	Fritch, Wiliam			14	II	E	32			Nemecku
1499	1882	Listopad	23	Frnoch, Frantiska			14	VI	H		5		Chicago
2316	1884	Zari	28	Frnoch, Waclav	15	54					4		Chicago
3430	1887	Brezen	1	Frolian, Ana			3	I	J	1	6		Chicago
3434	1887	Brezen	2	Frolian, Franta			6	VI	D		2		Chicago
1903	1883	Listopad	30	Frolian, Franta			3	I	J		11		Chicago
2269	1884	Srpen	20	Fronek, Franta	6	30				53			Cechach
926	1881	Srpen	13	Fronek, Josef	8	33	1			1	2	14	Chicago
1216	1882	Duben	14	Fronek, Marie	4	30				30			Cechach
1321	1882	Cerven	29	Frundl, Emilie			9	II	H		11		Chicago

BUR #	DWELLING	DEATH DATE Yr	Mo	Da	C	UNDER-TAKER	REMARKS
2293	Kimball Ave.	1884	Zari	10		Stiebeiner	
2943	178 W 12th St	1886	Brezen	10		Mencl	
246	15 Nutt Court	1879	Kveten	14		Seyk	
2336	448 Jefferson St.	1884	Rijen	5		Mencl	
3610	456 N. 20th St.	1887	Cerven	30		Zajicek	
1534	152 W. 14th St.	1882	Prosinec	25		Seyk	
2825	701 May St	1885	Listopad	24		Cermak	
1419	152 W. 19th St.	1882	Zari	6		Mencl	
3494	64 W. 15th St.	1871	Unor	14		Buss	Moved from Graceland Cemetery
1089	194 Ewing St	1881	Prosinec	25		Mencl	*** [see Fausek]
1546	592 Canal St.	1883	Leden	10		Mencl	*** [see Wrana]
2151	666 Throop St.	1884	Cerven	19		Seyk	[R.14-53 crossed out]
2749	727 Allport St.	1885	Zari	22		Cermak	[R.18-6 crossed out]
3509	727 Allport St.	1887	Duben	27		Firpach	
1877	575 W 21st St	1883	Listopad	4		Seyk	[R.13-44 crossed out]
1822	675 Loomis St	1883	Zari	16		Cermak	
3847	208 W. 14th St.	1887	Rijen	20		Schultz	
268	366 Allport St.	1879	Cervenec	2		Seyk	
3398	636 Laflin St	1887	Unor	3		Zajicek	
3007	621 W 18th St	1886	Duben	23		Zajicek	
692	437 Canal St.	1881	Brezen	1		Mencl	
3864	71 Emma St.	1887	Rijen	30		Pelikan	
3372	366 - 26th	1887	Leden	12		Jana	
3381	366 - 26th	1887	Leden	20		Jana	
2637	589 Larrabee St	1885	Cervenec	6		Birren	[grave location not given]
3191	164 Ewing St	1886	Zari	2		Schultz	
1082	89 Clayton St.	1881	Prosinec	17		Seyk	
2305	612 W. 17th St.	1884	Zari	23		Seyk	
2864	575 W 19th St	1886	Leden	6		Mencl	
3077	1090 Van Horn	1886	Cerven	23	+	Cermak	
2377	1 Clayton St.	1884	Listopad	3		Seyk	
3730	1 Clayton St.	1887	Srpen	14		Urban	
1656	222 Johnson St.	1883	Kveten	4		Mencl	
1975	222 Johnson St	1884	Unor	12		Mencl	
3660	222 Johnson St.	1887	Cervenec	16		Mencl	
1313	111 W. 15th St	1882	Cerven	20		Mencl	
3422	St Luke's Hospital	1887	Unor	17	+	Dignan	
1499	746 Allport St.	1882	Listopad	23		Seyk	
2316	210 Taylor St.	1884	Zari	27		Seyk	
3430	84 W. 15th St	1887	Unor	27		Mencl	
3434	583 Butler St	1887	Brezen	1		Jana	[R.2-8 crossed out]
1903	561 - 27th St	1883	Listopad	29		Mencl	
2269	86 Barber St.	1884	Srpen	18	+	Seyk	
926	674 May St.	1881	Srpen	12		W. Seyk	
1216	462 W. 19th St	1882	Duben	12		Seyk	
1321	-	1882	Cerven	27		-	

BUR #	Yr	Mo	Da	NAME	Row	No.	Lot	Blk	Sec	Yr	Mo	Da	BIRTH PLACE
572	1880	Zari	28	Frundl, Josefa			9	II	H	56			Cechach
744	1881	Kveten	5	Frundl, Karel			9	II	H	2	6		Chicago
1245	1882	Kveten	6	Fuchman, Wincenc			5	III	H	73			Cechach
1811	1883	Zari	11	Fucik, Franta			18	IV	G			2	Chicago
1930	1883	Prosinec	25	Fucik, Josef Ant.			3	V	H		9	18	Chicago
3766	1887	Zari	3	Fuhs, Bohumir			32	1	H		8		Chicago
3453	1887	Brezen	16	Fuhs, Waclav			32	1	H	4	6		Chicago
3245	1886	Rijen	10	Fuk, Franta			1		16	40			Cechach
150	1878	Rijen	5	Fuk, Franta			1		16	-	-	-	Chicago
1466	1882	Rijen	18	Fuk, Mina			1		16	2	7		Chicago
4	1877	Listopad	1	Fuk, Otakar			1		16			4	Chicago
1779	1883	Srpen	8	Fuxa, Emilie			2	VI	D	1	6	16	Chicago
964	1881	Zari	11	Fuxa, Josef			2	VI	D	1	6		Chicago
3346	1886	Prosinec	25	Fuxa, Marie			2	VI	D	2	8		Chicago
861	1881	Cervenec	24	Fuxova, Barbora	3	24				52			Cechach

G

BUR #	Yr	Mo	Da	NAME	Row	No.	Lot	Blk	Sec	Yr	Mo	Da	BIRTH PLACE
1175	1882	Brezen	12	Gallistel, Marie Anez			7	VI	L	2	1	10	Chicago
3824	1887	Rijen	11	Gardner, Leo	4	33		2			2	16	Chicago
167	1878	Listopad	17	Gastilo, Alois	1	63						4	Chicago
3260	1886	Rijen	19	Gerhart, Emilie			18	I	M	4	2		Chicago
1275	1882	Kveten	23	Gerhart, Marie	4	35				45			Cechach
893	1881	Srpen	4	Gerhart, Waclav	8	11		1		-	-	-	Chicago
2525	1885	Brezen	20	Geringer, Adela J			2	V	M	4	9		Chicago
1180	1882	Brezen	17	Gilbert, Ana	10	9				7			Chicago
1993	1884	Brezen	1	Gindorf, Wilem			10	6	J	2	11		***
377	1880	Leden	28	Giskra, Ana ***			10	IV	H	1	3		Chicago
2636	1885	Cervenec	6	Glick, Katerina ***			128		12	13	2		Cechach
1951	1884	Leden	15	Golmit, Andrias			19	III	H			1	Chicago
3779	1887	Zari	6	Goztecka, Bertha	4	12		2		--	--	--	Chicago
756	1881	Kveten	15	Green, Katezina			20	II	L	24			Cechach
2441	1884	Prosinec	28	Gril, Jan			18	V	G		7	27	Chicago
214	1879	Brezen	4	Gril, Wojtech	1	31				35			Cechach
2841	1885	Prosinec	9	Gross, Jan			3	II	K	38			Cechach
1247	1882	Kveten	6	Gross, Paulina			3	II	K	3	2	18	Chicago
3064	1886	Cerven	19	Gula, Andrev	19	41						21	Chicago

H

BUR #	Yr	Mo	Da	NAME	Row	No.	Lot	Blk	Sec	Yr	Mo	Da	BIRTH PLACE
199	1879	Unor	1	Habenicht, Amalie	2	65						10	Chicago
1916	1883	Prosinec	17	Hach, Zoc			19	IV	D		4	8	Chicago
3443	1887	Brezen	11	Hacha, Bozena			19	IV	D		4		Chicago
2516	1885	Brezen	12	Haidlberg, N.N.	16	19				--	--	--	Chicago
2977	1886	Duben	1	Hais, Babi F.	18	66				-	-	-	Chicago
1823	1883	Zari	17	Haisman, Barbora	12	75					10		Chicago
1191	1882	Brezen	25	Haisman, Marie	10	13					3		Chicago

BUR #	DWELLING	DEATH DATE Yr	Mo	Da	C UNDER- TAKER	REMARKS
572	-	1880	Zari	26	Seyk	
744	-	1881	Kveten	3	Seyk	
1245	-	1882	Kveten	4	-	
1811	436 Jefferson St	1883	Zari	9	Mencl	
1930	362 S 26th St	1883	Prosinec	23	Seyk	
3766	169 Bunker St.	1887	Zari	1	Mencl	3/11/1906 moved [from R.4-6 B.2]
3453	169 Bunker St	1887	Brezen	14	Mencl	3/11/1906 moved [from R.2-24-B.2]
3245	502 W. 19th St	1886	Rijen	7	Urban	4/18/1915 moved [from L.13-V-M]
150	193 Taylor St.	1878	Rijen	5	Mencl	4/18/1915 moved [from L.13-V-M]
1466	-	1882	Rijen	17	-	4/18/1915 moved [from L.13-V-M]
4	177 Ewing St.	1877	Rijen	31	Seyk	4/18/1915 moved [from L.13-V-M]
1779	448 W 19th St	1883	Srpen	7	Seyk	[R.13-29 crossed out]
964	-	1881	Zari	9	-	[R.8-54 crossed out]
3346	586 Throop St	1886	Prosinec	24	Zajicek	
861	-	1881	Cervenec	22	-	
1175	Colehour [Illinois]	1882	Brezen	10	Seyk	
3824	141 Johnson St.	1887	Rijen	10	Mueller	
167	121 Barber St.	1878	Listopad	16	Seyk	
3260	604 Jefferson	1886	Rijen	17	Mencl	
1275	69 Fisk St	1882	Kveten	22	Mencl	
893	527 Will Av.	1881	Srpen	3	Mencl	
2525	463 Canal St	1885	Brezen	19	Mencl	
1180	184 Dekoven	1882	Brezen	16	Mencl	
1993	487 Canal St	1884	Unor	28	Mencl	*** Florence, Kansas
377	278 W. 20th St.	1880	Leden	27	Seyk	*** [see Jiskra]
2636	24 Burlington St	1885	Cervenec	5	Seyk	11/05/1905 moved [from R.7-19]
						*** [see Klik]
1951	483 Canal St	1884	Leden	13	Mencl	
3779	733 Loomis St.	1887	Zari	5	Carey	
756	Cook County Hospital	1881	Kveten	13	Seyk	
2441	187 Division St	1884	Prosinec	26	Profant	
214	30 Seward St.	1879	Brezen	3	Mencl, F.	
2841	738 Allport St	1885	Prosinec	7	Zajicek	
1247	S. Jefferson St	1882	Kveten	4	Mencl	
3064	669 Centre Ave	1886	Cerven	19	Profant	
199	58 Burlington St	1879	Leden	30	Heitman, J.	
1916	169 Bunker St	1883	Prosinec	16	Mencl	
3443	748 Allport St	1887	Brezen	10	Zajicek	
2516	204 Brown St	1885	Brezen	11	Seyk	
2977	131 W. 19th St	1886	Brezen	31	Urban	
1823	98 Fisk St	1883	Zari	16	Profant	
1191	-	1882	Brezen	25	Mencl	

BUR #	Yr	Mo	Da	NAME	Row	No.	Lot	Blk	Sec	Yr	Mo	Da	BIRTH PLACE
1809	1883	Zari	9	Hajda, Jan	5	40				70			Cechach
586	1880	Rijen	17	Hajek, Ana			19	V	H	88			Cechach
3653	1887	Cervenec	16	Hajek, Ana	3	33	2					1	Chicago
1148	1882	Unor	14	Hajek, Emil			19	V	H	1	8	3	Chicago
2047	1884	Duben	23	Hajek, Franta	13	66				1	6		Cechach
1508	1882	Prosinec	3	Hajek, Franta			8	VI	J	38			Cechach
2014	1884	Brezen	26	Hajek, Marie	13	55						3	Chicago
119	1878	Srpen	3	Hajek, Richard			19	V	H			8	Chicago
2513	1885	Brezen	9	Hajek, Tomas	13	55				--	--	--	Chicago
205	1879	Unor	11	Hajek, Wilem	2	57				-	-	-	Chicago
3944	1887	Prosinec	25	Hajek, Wilhem			16	6	N	44			Cechach
2309	1884	Zari	26	Hakova, Marie	6	33				71			Cechach
2285	1884	Zari	5	Hala, Franta			10	III	J	63			Cechach
3036	1886	Kveten	13	Hala, Katerina			13	I	J	3	9		Chicago
152	1878	Rijen	9	Halaburt, Jan	1	22				49	3		Cechach
2919	1886	Unor	29	Halek, Eduard	18	34				6			Chicago
3200	1886	Zari	8	Halek, Ottokar	1	26	2					7	Chicago
1565	1883	Leden	31	Halla, Franta	5	20				39			Cechach
2463	1885	Leden	13	Hallman, Adolf S.	7	2				78	9		Svedsku
2782	1885	Rijen	18	Hamer, Waclav	17	65						23	Chicago
1222	1882	Duben	18	Hamernik, Josafa	4	31				10	6		Cechach
185	1878	Prosinec	28	Hamernik, Josef	2	60					1		Chicago
1766	1883	Srpen	2	Hamernik, Karel	13	23					1	6	Chicago
104	1878	Cervenec	18	Hamous, Waclav	2	20						4	Chicago
936	1881	Srpen	18	Hamr, Emilie	8	40	1				10		Chicago
1271	1882	Kveten	20	Hamrsmid, Jan	10	40				3			Chicago
3258	1886	Rijen	17	Han, Ana	1	51	2					14	Chicago
1304	1882	Cerven	12	Han, Franta	10	55						12	Chicago
765	1881	Kveten	25	Han, Franta	6	64				-	-	-	Chicago
1141	1882	Unor	9	Hana, Ana	6	31					7		Chicago
629	1880	Prosinec	7	Hana, Katerina	6	32				1	3		Chicago
3814	1887	Rijen	5	Hana, Otto	4	28	2					8	Chicago
7	1877	Listopad	3	Hanis, Katerina	2	39				1			Chicago
1465	1882	Rijen	18	Hanis, Waclav	11	62				1	9		Chicago
3118	1886	Cervenec	20	Hankinson, Theodor	19	61					7	3	Chicago
3916	1887	Prosinec	6	Hankison, John A.	4	47	2			-	-	-	Jefferson
943	1881	Srpen	22	Hansen, Franta	3	29						14	Chicago
2794	1885	Rijen	27	Hansen, Henry	18	18				-	-	-	Chicago
910	1881	Srpen	9	Hansen, Marie	3	29				39	4		Cechach
2235	1884	Cervenec	29	Hansl, Jan	15	21				3	5		Chicago
1961	1884	Leden	25	Hanslik, Jan			19	I	G	-	-	-	Chicago
2832	1885	Listopad	29	Hantak, Josef	7	39				27			Cechach
396	1880	Unor	26	Hanus, Woytech			3	II	L	70			Cechach
1726	1883	Cervenec	7	Hanzl, Edward	13	1					2		Chicago
2821	1885	Listopad	22	Hanzlik, Ana			3		16	54	9	20	Cechach
1599	1883	Brezen	5	Hanzlik, Emma	6	66					2	9	Chicago

BUR #	DWELLING	Yr	Mo	Da	C	UNDER-TAKER	REMARKS
1809	446 W 21st St	1883	Zari	–		Seyk	
586	139 Taylor St.	1880	Rijen	15		Mencl	
3653	109 Forquer St.	1887	Cervenec	15		Schultz	
1148	139 W. Taylor	1882	Unor	13		Mencl	
2047	80 Dekoven St	1884	Duben	22		Mencl	
1508	251 Butler St.	1882	Prosinec	2		Seyk	
2014	35 Emma St	1884	Brezen	24		Kunkel	
119	177 Forquer St.	1878	Srpen	2		Seyk	
2513	35 Emma St	1885	Brezen	8		Kunkel	
205	424 W. 17th St.	1879	Unor	10		Seyk	
3944	939 Simons [Lyman?] St.	1887	Prosinec	22	+	[Donoghue?]	4/20/1906 moved [from R.10-32]
2309	500 Ashland Ave.	1884	Zari	25		Stiebeiner	
2285	505 - 22nd St.	1884	Zari	4		Cermak	
3036	433 W 17th St	1886	Kveten	11		Cermak	
152	Braeyn [Brain?] Hospt.	1878	Rijen	8		Mencl	
2919	206 W 20th St	1886	Unor	23		Mencl	
3200	206 W. 20th St	1886	Zari	7		Urban	
1565	435 W. 17th St.	1883	Leden	30		Seyk	
2463	Jefferson [Illinois]	1885	Leden	12		P.J. Anderson	
2782	740 W. 18th St	1885	Rijen	17		Zajicek	
1222	780 W. 18th St	1882	Duben	17		Seyk	
185	105 Dekoven St.	1878	Prosinec	26		Gallistel	
1766	728 W 18th St	1883	Cervenec	31		Seyk	
104	124 W. 19th St.	1878	Cervenec	18		Seyk	
936	80 Dekoven St.	1881	Srpen	17		Mencl	
1271	63 Fisk St	1882	Kveten	19		Seyk	
3258	101 W. 18th St	1886	Rijen	16		Zajicek	
1304	11 Seward St	1882	Cerven	11		Seyk	
765	–	1881	Kveten	24		–	
1141	2902 Daschild [Dashiell]	1882	Unor	7		W. Seyk	
629	S. Hanover St.	1880	Prosinec	5		Seyk	
3814	101 W. 18th St.	1887	Rijen	2		Zajicek	
7	701 Centre Av.	1877	Listopad	3		Seyk	
1465	344 Rebecca St.	1882	Rijen	17		Cermak	
3118	Jefferson, Ill.	1886	Cervenec	19		Hankinson	
3916	Jefferson, Cook Co., Ill.	1887	Prosinec	5		Hankison	
943	–	1881	Srpen	21		–	
2794	683 S. Halsted St	1885	Rijen	26		Seyk	
910	525 Will Av.	1881	Srpen	7		Klaner	
2235	391 W. 16th St.	1884	Cervenec	27		Seyk	
1961	109 W 13th St	1884	Leden	23		Kolbaba	
2832	Misigen Republik ***	1885	Listopad	25		Urban	*** [state of Michigan]
396	723 Union St.	1880	Unor	24		Mencl	
1726	391 W. 16th St.	1883	Cervenec	6		Seyk	
2821	252 Rebecca St	1885	Listopad	20		Zajicek	2/04/1915 moved [from L.15-V-M]
1599	97 - 21 Alleich [21st Av.?]	1883	Brezen	4		Mencl	

BUR #	Yr	Mo	Da	NAME	Row	No.	Lot	Blk	Sec	Yr	Mo	Da	BIRTH PLACE
3674	1887	Cervenec	20	Hanzlik, Katerina	3	39	2			--	--	--	Chicago
3165	1886	Srpen	18	Harasek, Ana	1	10	2				4		Chicago
2538	1885	Duben	1	Harasek, Ana	16	24					6		Chicago
212	1879	Brezen	2	Harden, Ana	3	3						21	Chicago
1825	1883	Zari	18	Harvat, Albina ***			8	III	A	1	7		Chicago
2965	1886	Brezen	24	Has, Josef	19	3					4	12	Chicago
385	1880	Unor	7	Hasman, Josef F.			20	V	K	2	9		Chicago
2903	1886	Unor	8	Hasova, Julie			12	V	L	--	--	--	Chicago
2046	1884	Duben	22	Hausner, Jan ***			9	I	L		7		Chicago
404	1880	Brezen	7	Haut, Josef	2	11					1		Chicago
2642	1885	Cervenec	10	Havel, Ana			8	3	W		4		Chicago
3586	1887	Cerven	19	Havel, Ana			11	VI	A		10		Chicago
2072	1884	Kveten	13	Havel, Eduard			5	I	M	2	1		Chicago
2957	1886	Brezen	21	Havel, Franta			3	V	D	32			Cechach
1435	1882	Zari	23	Havlatka, Waclav			7	IV	D	46			Cechach
2568	1885	Duben	24	Havlice, Josef			16	5	F	60	6		Cechach
1119	1882	Leden	19	Havlice, Josefa	8	31					11	4	Chicago
370	1880	Leden	15	Havlicek, Eduard Jan			2	II	L	2	3		Chicago
1426	1882	Zari	15	Havlik, Anezka	11	44					8		Chicago
2077	1884	Kveten	15	Havlik, Franta	14	33					10		Chicago
3593	1887	Cerven	24	Havlik, Jaroslav	3	6	2			3			Chicago
3321	1886	Prosinec	6	Havlin, Jaroslav	1	19				14	4		***
2686	1885	Srpen	3	Hayc, Emma			13	III	G	1	6	7	Chicago
1339	1882	Cervenec	20	Haynis, George	11	6				2	7	6	Chicago
3341	1886	Prosinec	19	Hazel, Franta	3	6	1				14		Chicago
3119	1886	Cervenec	21	Haznedl, Jan	19	62					10		Chicago
2202	1884	Cervenec	18	Hed, Franta	15	1					7		Cechach
2260	1884	Srpen	11	Heda, Anezka	15	29					1	6	Chicago
1398	1882	Srpen	19	Heden, Helena	5	11				36			Cechach
1360	1882	Cervenec	29	Hegndl, Helena			11	5	N	1	3		Chicago
1687	1883	Cerven	10	Hegner, Josef			3	II	G	63			Cechach
1443	1882	Zari	29	Heindl, Franta			11	5	N	2	10		Chicago
973	1881	Zari	16	Heinis, George	8	61	1			1	3	14	Chicago
988	1881	Zari	26	Heinis, Johana K.	8	70	1			3	7		Chicago
176	1878	Prosinec	5	Hejdak, Franta	2	37					6		Chicago
2644	1885	Cervenec	10	Hejdanek, Filomena			13	III	G		8		Chicago
2313	1884	Zari	27	Hejdanek, Filomena F.			13	III	G	2			Chicago
267	1879	Cervenec	3	Hejdanek, Franta	3	22				1	3		Chicago
291	1879	Srpen	4	Hejdanek, Magdalena			11	I	K	23			Cechach
2132	1884	Cerven	13	Hejdanek, Marie	14	50				2	9		Chicago
3174	1886	Srpen	24	Hejhal, Bozena			8	4	E	4	5		Chicago
1372	1882	Srpen	4	Hejhal, Josef	7	41					14		Chicago
3210	1886	Zari	17	Hejna, Josef F.	1	33	2				16		Chicago
2215	1884	Cervenec	23	Hejnis, Johana K.	15	6					6		Chicago
1926	1883	Prosinec	23	Hekl, Josef	14	13				1	10		Chicago
1178	1882	Brezen	15	Hekr, Josef	10	8				2			Chicago

BUR #	DWELLING	Yr	Mo	Da	C	UNDER-TAKER	REMARKS
3674	21 Albert St.	1887	Cervenec	19		Vistein	
3165	109 Fisk St	1886	Srpen	17		Urban	
2538	109 Fisk St	1885	Brezen	30		Seyk	
212	481 Canal St.	1879	Brezen	1		Gallistel	
1825	824 Allport St	1883	Zari	17		Cermak	[R.12-76 crossed out] ***[see Charvat]
2965	615 Throop St	1886	Brezen	23		Mencl	
385	722 Morgan St.	1880	Unor	6		Seyk	
2903	135 W 19th St	1886	Unor	8		Urban	
2046	Errier St [Erie?]	1884	Duben	21		Kunkel	*** [see Housner]
404	43 Dussold St.	1880	Brezen	6		Mencl	
2642	504 S. 29th St.	1885	Cervenec	8		Jana	11/07/1908 moved [from L.8-IV-J]
3586	834 Allport St.	1887	Cerven	18		Zajicek	[R.19-17 crossed out]
2072	16 Shelby Court	1884	Kveten	12		Seyk	
2957	185 Blackhawk St	1886	Brezen	17		Sigmund	
1435	766 Allport St.	1882	Zari	22		Seyk	[R.5-15 crossed out]
2568	897 W. 19th St	1885	Duben	22		Lusk	1908 moved [from R.7-11]
1119	18 McMullen Ct	1882	Leden	19		Seyk	
370	530 W. 16th St.	1880	Leden	14		Mencl	
1426	-	1882	Zari	14		-	
2077	208 Brown St.	1884	Kveten	14		Seyk	
3593	822 W. 17th St.	1887	Cerven	23		Zajicek	
3321	598 Centre Av	1886	Prosinec	4		Profant	***Madison Ajova [Madison Iowa??]
2686	232 - 25th Place	1885	Srpen	1		Jana	
1339	-	1882	Cervenec	18		Mencl	
3341	11 McMullen Ct	1886	Prosinec	18		Firpach	
3119	14 Zion Place	1886	Cervenec	20		Zajicek	
2202	364 W. 18th St.	1884	Cervenec	17		Profant	
2260	446 W. 21st St.	1884	Srpen	10		Seyk	
1398	230 Wilmot Ave.	1882	Srpen	17	+	Bartnolsky	
1360	77 Clayton	1882	Cervenec	28		Mencl	[R.11-15 crossed out]
1687	216 W. 20th St.	1883	Cerven	4		Mencl	
1443	77 Clayton St.	1882	Zari	27		Profant	[R.11-53 crossed out]
973	-	1881	Zari	15		-	
988	-	1881	Zari	24		-	
176	414 W. 18th St.	1878	Prosinec	4		Seyk	
2644	574 Centre Ave	1885	Cervenec	9		Seyk	
2313	574 Centre Ave.	1884	Zari	26		Seyk	
267	266 Van Horn St.	1879	Cervenec	2		Seyk	
291	117 W. 15th St.	1879	Srpen	4		Seyk	
2132	[Ambrose] St.	1884	Cerven	12		Seyk	
3174	443 W. 19th St	1886	Srpen	23		Zajicek	[R.1-14 crossed out]
1372	-	1882	Srpen	3		-	
3210	451 Canal St	1886	Zari	16		Mencl	
2215	177 Ambrose St.	1884	Cervenec	22		Seyk	
1926	12 Seward St	1883	Prosinec	22		Seyk	
1178	-	1882	Brezen	14		-	

BUR #	Yr	Mo	Da	NAME	Row	No.	Lot	Blk	Sec	Yr	Mo	Da	BIRTH PLACE
2126	1884	Cerven	9	Helebrand, Ana			13	II	D	2	10		Chicago
3893	1887	Listopad	21	Helebrand, Jan			1	III	E	35	3		Cechach
3458	1887	Brezen	20	Helebrandt, Albert			13	II	D	1	2	5	Chicago
510	1880	Cervenec	21	Helebrant, Anton			13	II	D			1	Chicago
3047	1886	Kveten	30	Hell, Jan			2	4	G			17	Chicago
3732	1887	Srpen	15	Hell, Marie			2	IV	G			17	Chicago
2725	1885	Zari	3	Heller, Jan			11	V	G	--	--	--	Chicago
2042	1884	Duben	16	Hellerova, Rosalie	13	62				--	--	--	Chicago
2770	1885	Rijen	9	Hemalik, Ignac	7	32				54			Cechach
3209	1886	Zari	17	Hemzacek, Marie	1	32	3			1	10		Chicago
3275	1886	Rijen	31	Henich, Hermina	1	57	2				11		Chicago
3605	1887	Cervenec	1	Henich, Josef	3	14	2				3	14	Chicago
2769	1885	Rijen	8	Hercik, Josef	17	62					6		Chicago
2277	1884	Srpen	28	Herda, Frolian			3	IV	L	76			Cechach
1724	1883	Cervenec	6	Herda, Karel			9	IV	J	18			Cechach
3512	1887	Duben	30	Herda, Matous			11	I	M	60			Cechach
2909	1886	Unor	14	Herda, Waclav			20	I	J	1	6		Chicago
2015	1884	Brezen	26	Herda, Wojtech			11	I	M		11		Chicago
2610	1885	Cerven	6	Herda, Wojtech			11	I	M		11		Chicago
3715	1887	Srpen	8	Herman, Emilie	3	59	2			1	8		Chicago
866	1881	Cervenec	25	Herman, N. N.	8	7	1				3		Chicago
1812	1883	Zari	12	Hermanek, Alois	4	5				1	2		Chicago
294	1879	Srpen	7	Hermanek, Anna	3	47					12		Chicago
3093	1886	Cervenec	7	Hermanek, Bozena			10	II	H		3		Chicago
3220	1886	Zari	24	Hermanek, Frantiska	1	38	2			1	5		Chicago
3269	1886	Rijen	25	Hermanek, Marie	1	54	2			2	6		Chicago
1653	1883	Duben	29	Hermanek, Marie	12	22				--	--	--	Chicago
808	1881	Cervenec	4	Hernich, Ana	7	30				1			Chicago
1142	1882	Unor	10	Hernigl, Alois			12	VI	L	2			Chicago
1133	1882	Leden	27	Hernigl, Marie			12	VI	L	32			Cechach
479	1880	Cervenec	4	Herold, Hohana ***			1	IV	L		11		Chicago
3609	1887	Cervenec	2	Herold, Lois			1	IV	L	3	2		Chicago
754	1881	Kveten	14	Herout, Jan			14	III	K	23			Cechach
3161	1886	Srpen	14	Herout, Marie			1	V	E		2		Chicago
2365	1884	Rijen	26	Hesik, Franta			10	IV	K		14		Chicago
2372	1884	Listopad	2	Hesik, Marie			10	IV	K		21		Chicago
663	1881	Leden	20	Hess, Josef			12	V	L	1			Chicago
3697	1887	Cervenec	31	Hess, Josef	3	48	2				9		Chicago
2051	1884	Duben	25	Heukendorf, Ana	6	18				30			Cechach
158	1878	Rijen	24	Hever, Ana			155		10		11		Chicago
81	1878	Kveten	18	Hever, Josef			155		10	33			Cechach
3708	1887	Srpen	5	Hibl, Bohumil	3	41	2				10		Chicago
3542	1887	Kveten	21	Hibl, Franta			3	III	D	1	9		Chicago
3540	1887	Kveten	19	Hibl, Kabriela			3	III	D	3	6		Chicago
3144	1886	Srpen	4	Hill, Jiri			11	I	E	2	8		Chicago
488	1880	Cervenec	8	Hinous, Franta	5	20					11		Chicago

BUR #	DWELLING	Yr	Mo	Da	C	UNDER-TAKER	REMARKS
2126	59 Fisk St.	1884	Cerven	8		Seyk	[R.14-48 crossed out]
3893	55 Fisk St.	1887	Listopad	19		Urban	
3458	59 Fisk St	1887	Brezen	17		Firpach	
510	722 Allport St.	1880	Cervenec	20		Seyk	
3047	390 W 16th St	1886	Kveten	29		Vistein	
3732	371 W. 16th St.	1887	Srpen	14		Cermak	
2725	141 Meagher St	1885	Zari	2		Mencl	
2042	87 W 15th St	1884	Duben	15		W. Seyk	
2770	33 Zion Place	1885	Rijen	8		Zajicek	
3209	108 Fisk St	1886	Zari	15		Urban	
3275	683 Throop St	1886	Rijen	29		Zajicek	
3605	683 Throop St.	1887	Cerven	29		Zajicek	
2769	70 Kramer St	1885	Rijen	6		Schultz	
2277	518 S. 29th St	1884	Srpen	26		Seyk	
1724	111 - 18th Place	1883	Cervenec	5	+	Seyk	
3512	380 W. 18th St.	1886	Prosinec	8		Firpach	Moved from Ces. Pol. Kat. Cem.
2909	703 Throop St	1886	Unor	13		Zajicek	
2015	380 W 18th St	1884	Brezen	24		Seyk	
2610	687 Throop St	1885	Cerven	4		Seyk	
3715	794 W. 18th St.	1887	Srpen	7		Zajicek	
866	361 Desplaines St.	1881	Cervenec	24		Mencl	
1812	121 Bunker St	1883	Zari	11		Mencl	
294	83 Liberty St.	1879	Srpen	6		Mencl	
3093	482 Centre Ave	1886	Cervenec	6		Cermak	
3220	513 W. 18th St	1886	Zari	23		Cermak	
3269	271 W. 20th St	1886	Rijen	24		Cermak	
1653	-	1883	Duben	28		-	
808	-	1881	Cervenec	3		-	
1142	388 W. 20th St	1882	Unor	9		Seyk	
1133	388 W. 20th St	1882	Leden	26		Seyk	
479	565 - 47th St.	1880	Cervenec	3		Mencl	***[Johanna?]
3609	121 - 43rd St.	1887	Cerven	30		Podolsky	
754	-	1881	Kveten	13		Seyk	
3161	273 Blue Island Av	1886	Srpen	13		Cermak	
2365	14 Ruble St.	1884	Rijen	24		Cermak	
2372	14 Ruble St.	1884	Listopad	1		Cermak	
663	74 Fisk St.	1881	Leden	19		Zunsel	
3697	78 Dekoven St.	1887	Cervenec	29		Firpach	
2051	145 W. 15th St	1884	Duben	23		Mencl	
158	--	1878	Rijen	23		Seyk	1/21/1906 moved [from L.4-V-M]
81	257 W. 20th St.	1878	Kveten	17		Mery	1/31/1916 moved [from L.4-V-M]
3708	611 Throop St.	1887	Srpen	4		Zajicek	
3542	584 W. 18th St.	1887	Kveten	20		Vistein	
3540	584 W. 18th St.	1887	Kveten	18		Vistein	
3144	753 Allport St	1886	Srpen	3		Zajicek	[L.20-IV-J crossed out]
488	14 Shelby Court	1880	Cervenec	8		Seyk	

BUR	BURIAL DATE			NAME	GRAVE LOCATION				AGE			BIRTH
#	Yr	Mo	Da		Row	No.	Lot	Blk	Sec	Yr	Mo	Da	PLACE
2439	1884	Prosinec	25	Hinous, Franta	16	26						16	Chicago
1688	1883	Cerven	12	Hinous, Rosalie	5	32				80			Cechach
1907	1883	Prosinec	7	Hirman, Emilie			22	2	H	2	6		Chicago
1963	1884	Leden	26	Hirsch, Antonie	6	11				30			Uhrich
546	1880	Srpen	27	Hlaucal, Jaroslav	5	49					2	14	Chicago
3162	1886	Srpen	15	Hlava, Ana			8	V	H		1	15	Chicago
2275	1884	Srpen	27	Hlava, Ana			8	V	H		2	14	Chicago
1712	1883	Cerven	29	Hlava, Jan			8	V	H	3	6		Chicago
2680	1885	Cervenec	30	Hlava, Jan			8	V	H		1	3	Chicago
1585	1883	Unor	16	Hlavac, Antoine	11	77					4	11	Chicago
1007	1881	Rijen	11	Hlavac, Jan	9	3					1	6	Chicago
3055	1886	Cerven	12	Hlavac, Josef	19	38					4	2	Chicago
2147	1884	Cerven	19	Hlavackova, Barbora			6	IV	M	72			Cechach
1500	1882	Listopad	25	Hlavaty, Ana	4	39						1hr.	Chicago
76	1878	Kveten	8	Hlavaty, Ana			6	III	L	60			Cechech
2025	1884	Duben	6	Hlavaty, Barbora			6	III	L		2	20	Chicago
217	1879	Brezen	9	Hlavaty, Jan			6	III	L	66			Cechach
3076	1886	Cerven	24	Hlavaty, Loisa			1	V	K	1	4		Chicago
1220	1882	Duben	17	Hlavaty, Woytech			1	V	K			10	Chicago
502	1880	Cervenec	17	Hlavin, Emilie			3	V	E	2			Chicago
3188	1886	Zari	2	Hlavka, Eduard	1	22		2		4	6		Chicago
389	1880	Unor	12	Hlavka, Franta	4	24					8		Chicago
2402	1884	Listopad	23	Hlavka, Katerina			7	I	K	30			Cechach
1446	1882	Rijen	1	Hlinak, Waclav	11	54					4		Chicago
3817	1887	Rijen	6	Hlinka, Matej			27	3	U	74			Cechach
2646	1885	Cervenec	13	Hlizova, Filomena	17	45				3			Chicago
3688	1887	Cervenec	27	Hloucal, Wincenc	3	44		2		1	3		Chicago
1357	1882	Cervenec	29	Hloucek, Josef	10	66				1	1		Chicago
461	1880	Cerven	8	Hloucek, Rosalie	5	13					11	3	Chicago
2575	1885	Kveten	3	Hloucek, Ruzena	17	21					9		Chicago
1476	1882	Rijen	29	Hlusticka, Josefa			9	3	Y	17			Chicago
934	1881	Srpen	18	Hnis, Emilie	8	38		1		1			Chicago
716	1881	Duben	6	Hnis, Waclav	1	11				25			Cechach
368	1880	Leden	13	Hnis, Wiktor			3	II	L	45			Cechach
2869	1886	Leden	12	Hocha, N.	17	81				–	–	–	Chicago
929	1881	Srpen	15	Hodan, Eduard			2	III	L		4	14	Chicago
1192	1882	Brezen	27	Hodous, Franta			17	I	A	–	–	–	Chicago
218	1879	Brezen	10	Hodous, N.N.			17	I	A	–	–	–	Chicago
2522	1885	Brezen	18	Hodoval, Josef			11	I	H	--	--	--	Chicago
2204	1884	Cervenec	18	Hodoval, Waclav			1	I	H	35			Cechach
2078	1884	Kveten	15	Hoff, Willi			9	II	H		8		Chicago
27	1877	Prosinec	29	Hoffman, Ana	1	23				–	–	–	Chicago
33	1878	Leden	28	Hoffman, James	1	24				2			Chicago
3474	1887	Brezen	31	Hoffman, Jan			6	III	G	26			Cechach
682	1881	Unor	14	Hoffman, Josef	3	11				52			Cechach
1980	1884	Unor	18	Hoffman, Ladislav			6	III	G	11			Chicago

BUR #	DWELLING	\multicolumn{3}{c	}{DEATH DATE}	C	UNDER-TAKER	REMARKS
		Yr	Mo	Da			
2439	5 Shelby Ct	1884	Prosinec	24		Seyk	
1688	5 Shelby Court	1883	Cerven	11		Seyk	
1907	122 W 15th St	1883	Prosinec	6	+	Mencl	11/12/1905 moved [from R.14-1]
1963	523 Wabash Av	1884	Leden	24		Mencl	
546	-	1880	Srpen	26		Seyk	
3162	442 W. 19th St	1886	Srpen	14		Zajicek	
2275	442 W. 19th St.	1884	Srpen	26		Seyk	
1712	442 W. 19th St.	1883	Cerven	28		Seyk	
2680	442 W. 19th St	1885	Cervenec	30		Zajicek	
1585	750 W. 18th St.	1883	Unor	16		Cermak	
1007	-	1881	Rijen	10		-	
3055	798 W 18th St	1886	Cerven	11		Cermak	
2147	74 Johnson St.	1884	Cerven	18		Mencl	
1500	12 Shelby Court	1882	Listopad	23		Seyk	
76	28 Dussold St.	1878	Kveten	6		Seyk, W.	
2025	391 W 16th St	1884	Duben	5		Seyk	
217	658 Jefferson St.	1879	Brezen	8		Gallistel	
3076	674 Throop St	1886	Cerven	23		Zajicek	
1220	48 W. Bunker St	1882	Duben	15		[Meisler?]	
502	Hospital	1880	Cervenec	16		Mencl	
3188	613 Throop St	1886	Srpen	31		Zajicek	
389	111 Dekoven St.	1880	Unor	11		Mencl	
2402	92 Johnson St.	1884	Listopad	22		Mencl	
1446	-	1882	Zari	30		-	
3817	170 Ewing St.	1887	Rijen	4		Mencl	4/16/1902 moved [from L.20-V-J]
2646	102 Fisk St	1885	Cervenec	12		Seyk	
3688	877 W. 19th St.	1887	Cervenec	26		Zajicek	
1357	Johnson St	1882	Cervenec	28		Profant	
461	249 W. 20th St.	1880	Cerven	7		Seyk	
2575	207 Johnson St	1885	Kveten	1		Profant	
1476	105 Bunker St.	1882	Rijen	25		Mencl	11/19/1899 moved [from R.3-36]
934	-	1881	Srpen	16		-	
716	Crovlt Slip	1881	Duben	3	+	Seyk	
368	512 Morgan St.	1880	Leden	12		Mencl	
2869	752 Allport St	1886	Leden	11		Zajicek	
929	95 Forqner St.	1881	Srpen	14		Mencl	
1192	30 Zion Place	1882	Brezen	26		Seyk	[R.2-45 crossed out]
218	883 W. 19th St.	1879	Brezen	9		Mencl	[R.2-41 crossed out]
2522	895 W. 19th St	1885	Brezen	16		Seyk	
2204	679 Throop St.	1884	Cervenec	16		Cermak	
2078	611 Throop St.	1884	Kveten	13		Cermak	
27	91 Clayton St.	1877	Prosinec	28		Bauer	
33	90 Clayton St.	1878	Leden	28		Bauer	
3474	100 Fisk St	1887	Brezen	28	+	Urban	
682	100 Fisk St.	1881	Unor	13		Seyk	
1980	295 W 21st St	1884	Unor	17		Seyk	

BUR #	Yr	Mo	Da	NAME	Row	No.	Lot	Blk	Sec	Yr	Mo	Da	BIRTH PLACE
2508	1885	Brezen	6	Hoffman, Marie			6	III	G	62			Cechach
1102	1882	Leden	3	Hoffman, Waclav	9	48					1	8	Chicago
2971	1886	Brezen	29	Hofman, Baby A.	18	65				–	–	–	Chicago
3232	1886	Rijen	1	Hoker, Franta	1	42	2				3		Chicago
998	1881	Rijen	5	Holan, Antonie	8	75	1			1		18	Chicago
499	1880	Cervenec	16	Holan, Bohumil	4	59				4	1	10	Chicago
3102	1886	Cervenec	13	Holan, Helena			8	IV	E	2	8		Chicago
3626	1887	Cervenec	8	Holan, Helena			8	IV	E		8		Chicago
1227	1882	Duben	21	Holan, Josef			8	IV	E		2	14	Chicago
2296	1884	Zari	16	Holan, Marie	15	43					1	10	Chicago
1451	1882	Rijen	6	Holcingl, Anezka	11	56					7		Chicago
3171	1886	Srpen	22	Holek, Katerina	8	32				66			Cechach
3141	1886	Srpen	3	Hollan, Emma	8	28				21			Sweden
997	1881	Rijen	4	Holland, Elisa	8	37	1			37			–
3907	1887	Listopad	27	Holpuch, Eddie			12	3	N		2	14	Chicago
2090	1884	Kveten	23	Holpuch, Eman.	14	38				4	4		Chicago
3082	1886	Cerven	28	Holpuch, Lili			3		12		11		Chicago
2110	1884	Cerven	1	Holub, Ana			8	I	L		10		Chicago
559	1880	Zari	8	Holub, Anton	2	34				14			Cechach
2043	1884	Duben	20	Holub, Emilie	13	64						14	Na Mori
2294	1884	Zari	13	Holub, Franta			2	IV	J	29			Cechach
1912	1883	Prosinec	12	Holub, Franta			18	VI	K	–	–	–	Chicago
3044	1886	Kveten	25	Holub, Franta	19	34				–	–	–	Chicago
1921	1883	Prosinec	20	Holub, Frantiska			18	VI	K	19	10		Cechach
2149	1884	Cerven	19	Holub, Josef			8	I	L	3			Chicago
3427	1887	Unor	24	Holub, Marie			14	I	D	31			Cechach
1379	1882	Srpen	7	Holub, Wilhemina			14	I	D		8		Chicago
870	1881	Cervenec	27	Holy, Eduard	7	62					5		Chicago
1636	1883	Duben	8	Holy, Edward			18	VI	J			14	Chicago
2052	1884	Duben	25	Holy, Hetti	14	22				6	1		Wiskonsin
2425	1884	Prosinec	16	Holy, Hugo			9	IV	M	2	2		Chicago
2453	1885	Leden	6	Holy, Josefa			18	VI	J	8	1		Chicago
1677	1883	Kveten	27	Holy, Marie			18	VI	J	40			Cechach
2380	1884	Listopad	7	Holy, Willie			18	VI	J	–	–	–	Chicago
2225	1884	Cervenec	26	Homer, Josef			2	VI	F		21		Chicago
2690	1885	Srpen	9	Homer, Josef	38	70	3			1	21		Chicago
2683	1885	Cervenec	31	Homolka, Ana	16	58					4		Chicago
3492	1887	Duben	17	Homolka, Josef	2	50	2				1	6	Chicago
3046	1886	Kveten	29	Homorous, Beby	19	35				–	–	–	Chicago
770	1881	Kveten	30	Hondl, Ana			6	IV	K	6			Chicago
359	1879	Prosinec	19	Hondl, Henry			6	IV	K	1	6		Chicago
1425	1882	Zari	11	Hondl, Jan			6	IV	K	41			Cechach
2357	1884	Rijen	20	Honel, Frantiska	15	70					1	2	Chicago
3440	1887	Brezen	6	Honel, Wladislav			4	VI	D			15	Chicago
29	1878	Leden	12	Honomichl, Franta			14	V	L			7	Chicago

BUR #	DWELLING	DEATH DATE Yr	Mo	Da	C	UNDER- TAKER	REMARKS
2508	100 Fisk St	1885	Brezen	4		Seyk	
1102	-	1882	Leden	2		-	
2971	261 W 20th St	1886	Brezen	27		Zajicek	
3232	403 W. 16th St	1886	Zari	30		Urban	
998	-	1881	Rijen	4		-	
499	177 Ewing St.	1880	Cervenec	15		Mencl	
3102	755 Loomis St	1886	Cervenec	12		Urban	[R.19-55 crossed out]
3626	755 Loomis St.	1887	Cervenec	7		Urban	
1227	Throop	1882	Duben	20		Seyk	[R.10-27 crossed out]
2296	924 W. 19th St.	1884	Zari	15		Seyk	
1451	80 Dekoven St.	1882	Rijen	5		Mencl	
3171	988 Van Horn St	1886	Srpen	21		Vistein	
3141	Cook County Hospital	1886	Cervenec	31		Birren	
997	-	-	-	-		-	
3907	634 W. 17th St.	1887	Listopad	25		Firpach	[R.4-42 crossed out]
2090	560 W. 20th St.	1884	Kveten	22		Cermak	
3082	435 W 17th St	1886	Cerven	27		Urban	4/26/1907 moved [from L.11-V-K]
2110	734 W. 18th St.	1884	Kveten	31		Seyk	
559	St. Lukes Hospital	1880	Zari	5	+	Klaner	
2043	24 Kremer St [Kramer]	1884	Duben	19		Taraba	
2294	251 W. 20th St.	1884	Zari	10		Cermak	
1912	140 Bunker St	1883	Prosinec	12		Mencl	[R.4-22 crossed out]
3044	200 Dekoven St	1886	Kveten	24		Holub	
1921	140 Bunker St	1883	Prosinec	17		Mencl	
2149	734 W. 18th St.	1884	Cerven	18		Seyk	
3427	575 - 21st St	1887	Unor	22		Zajicek	
1379	-	1882	Srpen	6		-	[R.11-23 crossed out]
870	61 Clayton St.	1881	Cervenec	25	+	Seyk	
1636	-	1883	Duben	7		-	
2052	111 Fisk St	1884	Duben	23		Seyk	
2425	378 Johnson St.	1884	Prosinec	14		Mencl	
2453	23 Gadner [Gardner] St	1885	Leden	4		Kunkel	
1677	23 Gardner	1883	Kveten	25		Burmaster**	**[Burmeister]
2380	23 Gardner St.	1884	Listopad	6		Formaistr**	**[Burmeister?]
2225	761 Allport St.	1884	Cervenec	25		Profant	[R.18-12 crossed out]
2690	607 W. 18th St	1885	Srpen	6		Cermak	11/12/1902 moved [from L.2-VI-F and R.16-60]
2683	149 W. 14th St.	1885	Cervenec	30		Mencl	
3492	145 W. 14th St.	1887	Duben	16		Mencl	
3046	723 Loomis St	1886	Kveten	24		Zajicek	
770	Cook County Hospital	1881	Kveten	26		Hulman	
359	52 Canalport Av.	1879	Prosinec	18		Mencl	
1425	-	1882	Zari	10		-	
2357	123 DeKoven St.	1884	Rijen	18		Mencl	
3440	456 S. Clinton	1887	Brezen	4		Mencl	
29	135 Bunker St.	1878	Leden	12		Seyk	

BUR #	Yr	Mo	Da	NAME	Row	No.	Lot	Blk	Sec	Yr	Mo	Da	BIRTH PLACE
2870	1886	Leden	12	Honomichl, Klement	8	5				17			Cechach
2639	1885	Cervenec	8	Honomichl, Lillie			14	V	L			4	Chicago
2207	1884	Cervenec	19	Honsa, Jan			10	III	H	7	10	14	Chicago
1346	1882	Cervenec	25	Hora, Adolf	11	10					3	14	Chicago
3254	1886	Rijen	17	Hora, Albina			1	II	H		7		Chicago
1423	1882	Zari	10	Hora, Ana	11	42					6		Chicago
1001	1881	Rijen	6	Hora, Anezka	9	2	1				9		Chicago
1516	1882	Prosinec	8	Hora, August	11	70					9		Chicago
3559	1887	Cerven	1	Hora, Baby M.	2	69	2			--	--	--	Chicago
3361	1887	Leden	7	Hora, Barbora			18	II	E	14	6		Cechach
760	1881	Kveten	20	Hora, Eduard	7	14				1	2		Chicago
1612	1883	Brezen	14	Hora, Jan	5	23				40			Cechach
1581	1883	Unor	12	Hora, Marie	5	23					6		Chicago
3339	1886	Prosinec	16	Hora, Rudolph			11	V	D		8		Chicago
2036	1884	Duben	11	Hora, Tomas	14	17					5	9	Chicago
2811	1885	Listopad	15	Hora, Wojtech	18	25				2	2		Chicago
3316	1886	Prosinec	2	Horacek, Marie			11	I	D		1	10	Chicago
3266	1886	Rijen	22	Horacek, Waclav			19	IV	M	47	3		Cechach
584	1880	Rijen	15	Horak, Josef			45		8	46			Cechach
587	1880	Rijen	17	Horak, Katerina			45		8	48			Cechach
1029	1881	Rijen	28	Horal, Jan			3	I	K	1	7		Chicago
411	1880	Brezen	20	Horazdovska, Josefa			15	I	A	1	1		Cechach
1802	1883	Zari	5	Horazdovsky, Eduard	12	64					4		Chicago
3053	1886	Cerven	10	Horazdovsky, Eduard			15	I	A		2	21	Chicago
133	1878	Srpen	23	Horazdovsky, Franta			15	I	A	1	6		Chicago
2483	1885	Unor	4	Horazdovsky, Frantiska			15	I	A	1	1		Chicago
2702	1885	Srpen	16	Horazdovsky, Jan			12	3	R		11		Chicago
3845	1887	Rijen	21	Horazdovsky, Karel	2	24	1			--	--	--	Chicago
567	1880	Zari	20	Horazdovsky, Waclav			12	3	R		6		Chicago
2577	1885	Kveten	5	Horazdovsky, Waclav			14	I	A	2	7		Chicago
3689	1887	Cervenec	27	Horazdovsky, Waclav			12	3	R	5	8		Chicago
2322	1884	Rijen	1	Horejs, Marie	15	56					1		Chicago
3347	1886	Prosinec	25	Horejsi, Marie			183		6	62			Cechach
3946	1887	Prosinec	28	Horna, Johana	4	58	2				6		Chicago
577	1880	Rijen	8	Hornat, Julie	6	10				1			Chicago
134	1878	Srpen	27	Hornoff, Justina	1	46				1	6		Chicago
2952	1886	Brezen	17	Hosek, Ana	18	62					7		Chicago
1501	1882	Listopad	26	Hosek, Blazenka			17	IV	H		5		Chicago
615	1880	Listopad	21	Hosek, Felix			17	IV	H	-	-	-	Chicago
1938	1884	Leden	2	Hosek, Franta			17	IV	H	-	-	-	Chicago
356	1879	Prosinec	10	Hosek, Marie			17	IV	H	-	-	-	Chicago
3704	1887	Srpen	3	Hosna, Marie	3	52	2			1	6		Chicago
2996	1886	Duben	18	Hospes, Frantiska	19	11					6		Chicago
1331	1882	Cervenec	10	Hospes, Leopold	5	4				30			Cechach
39	1878	Unor	12	Hospes, Marie	1	21				1	3		Chicago
433	1880	Duben	25	Houcek, Jiri			6	I	K		4		Chicago

BUR #	DWELLING	DEATH DATE Yr	Mo	Da	C	UNDER-TAKER	REMARKS
2870	Cook County Hospital	1886	Leden	10		Mencl	
2639	135 Bunker St	1885	Cervenec	7		Mencl	
2207	96 Bunker St.	1884	Cervenec	17		Mencl	
1346	-	1882	Cervenec	24		-	
3254	949 W. 19th St	1886	Rijen	14		Zajicek	
1423	-	1882	Zari	9		-	
1001	11 Seward St.	1881	Rijen	4		Mencl	
1516	242 Centre St.	1882	Prosinec	7		Kunkel	
3559	638 Milwaukee Av.	1887	Kveten	31		Kunkel	
3361	164 Ewing St	1887	Leden	5		Mencl	[L.19-IV-G crossed out]
760	33 Gretteden St ***	1881	Kveten	19		Kunkel	***[Crittenden]
1612	715 Morgan St.	1883	Brezen	13	+	Seyk	
1581	W. 19th St.	1883	Unor	11		Seyk	
3339	11 Seward St	1886	Prosinec	15		Urban	[R.3-6 crossed out]
2036	773 W. 18th St	1884	Duben	10		Seyk	
2811	683 Milwaukee Av.	1885	Listopad	14		Kunkel	
3316	743 W. 17th St	1886	Listopad	30		Zajicek	
3266	779 Allport Av	1886	Rijen	20		Mencl	
584	Povells Distillery	1880	Rijen	15	+	[Camlott]	4/16/1910 moved [from R.2-37]
587	Povells Distillery	1880	Rijen	15	+	[Camlott]	4/16/1910 moved [from R.2-38]
1029	399 - 22nd	1881	Rijen	27		Heitman	
411	451 Des Plaines St.	1880	Brezen	18		Mencl	
1802	836 Ashland Ave	1883	Zari	4		Seyk	
3053	139 Bunker St	1886	Cerven	9		Mencl	[R.18-75 crossed out]
133	451 S. Desplaines St.	1878	Srpen	22		Seyk	[R.1-45 crossed out]
2483	141 Bunker St	1885	Unor	2		Mencl	
2702	241 W. 20th St	1885	Srpen	14		Seyk	[R.16-67 crossed out]
3845	761 Allport St.	1887	Rijen	20		Zajicek	
567	241 W. 20th St.	1880	Zari	20		Seyk	[R.6-7 crossed out]
2577	241 W. 20th St	1885	Kveten	4		Seyk	[R.17-23 crossed out]
3689	12 Shelby Court	1887	Cervenec	26		Urban	[R.3-45 crossed out]
2322	2926 Sten [Stein/Stone?]	1884	Zari	30		Seyk	
3347	2860 Poplar St	1886	Prosinec	23		Cermak	3/31/1906 moved [from R.9-2]
3946	634 Centre St.	1887	Prosinec	26		Urban	
577	58 Finnell St.	1880	Rijen	7		Seyk	
134	55 Burlington	1878	Srpen	26		Seyk	
2952	65 Tell Place	1886	Brezen	15		Kunkel	
1501	73 Bunker St.	1882	Listopad	25		Mencl	
615	151 Forquer St.	1880	Listopad	20		Mencl	
1938	157 Dekoven St	1884	Leden	1		Mencl	
356	157 Forquer St.	1879	Prosinec	9		Mencl	
3704	36 Burlington St.	1887	Srpen	1		Zajicek	
2996	535 Throop St	1886	Duben	17		Cermak	
1331	-	1882	Cervenec	9		-	
39	397 W. 16th St.	1878	Unor	12		Ludenberg	
433	6 Nutt Court	1880	Duben	25		Seyk	

BUR #	Yr	Mo	Da	NAME	Row	No.	Lot	Blk	Sec	Yr	Mo	Da	BIRTH PLACE
2422	1884	Prosinec	8	Houd, Eduard			4	VI	K	3	6	2	Chicago
144	1878	Zari	22	Houd, Josef	1	51				5	11		Chicago
2290	1884	Zari	8	Houd, Waclav	15	40					1	6	Chicago
536	1880	Srpen	17	Houda, Albina			4	VI	K	3	6		Chicago
465	1880	Cerven	13	Houda, Bozena			18	V	H		3		Chicago
2478	1885	Unor	1	Houda, Bozena			18	V	H	1	6		Chicago
2407	1884	Listopad	28	Houda, Eleonora			18	V	H	45			Cechach
40	1878	Unor	14	Houdek, Franta	1	30					11		Chicago
1111	1882	Leden	15	Houdek, Wratislav	9	52					4		Chicago
2630	1885	Cervenec	1	Houlik, Antonie	16	47					4		Chicago
871	1881	Cervenec	27	Hour, Ana	8	9	1					7	Chicago
3611	1887	Cervenec	2	Housa, Josef	3	16	2			1	6		Chicago
360	1879	Prosinec	23	Houser, Karel	4	10				1	7		Chicago
3666	1887	Cervenec	18	Houser, Ruzena	14	77				3			Chicago
2113	1884	Cerven	2	Houska, Tomas			8	III	G	40			Cechach
266	1879	Cerven	29	Houska, Wojtech			15	I	L	50			Cechach
610	1880	Listopad	11	Housknecht, Eduard	5	47				2			Chicago
549	1880	Srpen	31	Housknecht, Josef			7	VI	K	2	2		Chicago
340	1879	Rijen	28	Housknecht, Oskar	4	2						3	Chicago
1318	1882	Cerven	27	Housknecht, Waclav			7	VI	K	1	9		Chicago
1660	1883	Kveten	6	Housknecht, Waclav			7	VI	K	-	-	-	Chicago
1530	1882	Prosinec	22	Housner, Ana ***			9	I	L	1	2		Chicago
3583	1887	Cerven	18	Housner, Marie	4	40				77			Cechach
1161	1882	Unor	23	Housner, Wlasta	9	70				1	1		Chicago
927	1881	Srpen	15	Houtova, Bozena	8	34	1			1	11	10	Chicago
1254	1882	Kveten	11	Hovorka, Eduard	10	35					7		Chicago
631	1880	Prosinec	8	Hovorka, Matej	2	3				35			Cechach
3921	1887	Prosinec	10	Hrabak, Ana	17	70	1			-	-	-	Chicago
3309	1886	Listopad	28	Hrabak, Isodor	1	69	2					1	Chicago
2058	1884	Duben	28	Hrabak, Zani	14	25					6		Cechach
630	1880	Prosinec	7	Hrabik, Emilie	6	22				1	2		Chicago
1816	1883	Zari	14	Hrabik, Josef	12	71				1	1	12	Chicago
2710	1885	Srpen	24	Hrabik, Marie	16	72						18	Chicago
3459	1887	Brezen	20	Hrach, Marie	2	28	2				3		Chicago
2703	1885	Srpen	17	Hradek, Marie			13	III	J	1	6		Chicago
2094	1884	Kveten	25	Hradek, N.N.	13	68				-	-	-	Chicago
70	1878	Duben	16	Hraka, Ana	1	3				52			Cechach
1496	1882	Listopad	21	Hrdina, Ana			10	II	J	36			Cechach
3167	1886	Srpen	20	Hrdina, Bozena	1	12	2					8	Chicago
882	1881	Srpen	1	Hrdina, Marie	3	24					10		Chicago
3769	1887	Zari	4	Hrdina, Marie			18	I	H			10	Chicago
1518	1882	Prosinec	12	Hrdina, Waclav	11	71				-	-	-	Chicago
3672	1887	Cervenec	19	Hrdina, Wojtech			18	I	H	30	3		Cechach
2744	1885	Zari	16	Hrdlicka, Ervin			1	IV	D		10	11	Chicago
1738	1883	Cervenec	15	Hrdlicka, Franstiska			17	II	G	24			Cechach
1181	1882	Brezen	18	Hrdlicka, Franta			19	II	L	34			Cechach

BUR #	DWELLING	DEATH DATE Yr	Mo	Da	C	UNDER-TAKER	REMARKS
2422	147 W. 19th St.	1884	Prosinec	7		Seyk	
144	4 Jefferson St.	1878	Zari	21		Seyk	
2290	122 Taylor St.	1884	Zari	6		Mencl	
536	168 Ewing St.	1880	Srpen	15		Seyk	
465	175 Forquer St.	1880	Cerven	12		Mencl	
2478	879 W. 19th St	1885	Leden	29		Seyk	
2407	418 W. 18th St.	1884	Listopad	24	+	Seyk	
40	627 Centre Av.	1878	Unor	13	+	Seyk	
1111	142 Bunker St.	1882	Leden	14		Mencl	
2630	544 Throop St	1885	Cervenec	1		Cermak	
871	-	1881	Cervenec	26		-	
3611	347 W. 18th St.	1887	Cerven	30		Zajicek	
360	658 Jefferson St.	1879	Prosinec	22		Mencl	
3666	347 W. 18th St.	1887	Cervenec	16		Firpach	
2113	197 Forquer St.	1884	Kveten	31	+	Mencl	
266	--	1879	Cerven	27		Mencl	
610	86 Taylor St.	1880	Listopad	10		Seyk	
549	391 W. 16th St.	1880	Srpen	30		Seyk	
340	756 W. 18th St.	1879	Rijen	28		Seyk	
1318	-	1882	Cerven	26		-	
1660	-	1883	Kveten	5		-	
1530	-	1882	Prosinec	21		-	*** [see Hausner]
3583	149 Bunker St.	1887	Cerven	16		Mencl	
1161	140 Bunker St	1882	Unor	22		Mencl	
927	-	1881	Srpen	14		-	
1254	372 W. 18th St	1882	Kveten	10		Seyk	
631	Bunker St.	1880	Prosinec	5	+	Seyk	
3921	234 W. 14th St.	1887	Prosinec	8		Mencl	
3309	234 W. 14th St	1886	Listopad	27		Mencl	
2058	685 Jefferson St	1884	Duben	27		Seyk	
630	108 Marble Pl.	1880	Prosinec	6		Mencl	
1816	279 Jefferson St	1883	Zari	12		Mencl	
2710	103 Mather St	1885	Srpen	23		Mencl	
3459	89 Clayton St	1887	Brezen	18		Urban	
2703	427 W. 18th St	1885	Srpen	16		Seyk	
2094	88 Barber St.	1884	Kveten	24		Mencl	
70	162 Dekoven St.	1878	Duben	14	+	Seyk	
1496	392 W. 18th St.	1882	Listopad	20		Seyk	
3167	473 W. 20th St	1886	Srpen	19		Zajicek	
882	-	1881	Srpen***	30		-	***[probably Cervenec]
3769	473 W. 20th St.	1887	Zari	2		Zajicek	
1518	-	1882	Prosinec	11		-	
3672	473 W. 20th St.	1887	Cervenec	17		Zajicek	
2744	30 Humboldt St	1885	Zari	15		Mencl	[R.18-3 crossed out]
1738	152 E. 26th St	1883	Cervenec	13		Seyk	
1181	114 Bunker St	1882	Brezen	17		Mencl	

BUR #	Yr	Mo	Da	NAME	Row	No.	Lot	Blk	Sec	Yr	Mo	Da	BIRTH PLACE
1432	1882	Zari	19	Hrdlicka, Franta			13	IV	G	43			Cechach
2628	1885	Cerven	29	Hrdlicka, Karel			8	II	D		4	8	Chicago
1874	1883	Listopad	1	Hrdlicka, N.			17	I	F	--	--	--	Chicago
3616	1887	Cervenec	4	Hrdlicka, Ruzena			17	I	F	--	--	--	Chicago
226	1879	Brezen	31	Hrdlicka, Waclav	3	1				--	--	--	Chicago
164	1878	Listopad	11	Hrdlicka, Waclav	1	62					2	2	Chicago
2134	1884	Cerven	13	Hrejsa, Jani			4	VI	H	1			Chicago
3081	1886	Cerven	28	Hrejsa, Franta J.			4	VI	H		4		Chicago
2661	1885	Cervenec	20	Hrejsa, Hugo A.			4	VI	H	--	--	--	Chicago
1739	1883	Cervenec	15	Hrejsa, Oscar Franta			5	VI	H	2	1		Chicago
482	1880	Cervenec	5	Hrejsa, Oskar			4	VI	H	1	1		Chicago
3177	1886	Srpen	27	Hrisny, Bartholomy			16	2	W		8		Chicago
1354	1882	Cervenec	28	Hrncir, Ana	10	65						21	Chicago
1353	1882	Cervenec	28	Hrncir, Frantiska	10	64					3	6	Chicago
2745	1885	Zari	19	Hrncir, Frantiska	18	4					2	6	Chicago
1366	1882	Srpen	1	Hrncir, Tomas	11	18						26	Chicago
2887	1886	Leden	25	Hrobar, Ana			17	IV	G	45			Cechach
2130	1884	Cerven	11	Hrodil, Frantisek			69	2			6		Chicago
485	1880	Cervenec	7	Hronek, Alois	4	54						25	Chicago
478	1880	Cervenec	4	Hronek, Josef	4	54						21	Chicago
2742	1885	Zari	15	Hronek, Marie	7	30				27			Cechach
3755	1887	Srpen	28	Hronek, Matej	3	77	2				9		Chicago
3134	1886	Cervenec	30	Hrstka, Wilhemina	18	20					2		Chicago
2714	1885	Srpen	26	Hrubes, Josefa	16	75						6	Chicago
3122	1886	Cervenec	21	Hrubes, Kamil			17	V	G	2			Chicago
1036	1881	Listopad	3	Hruby, Anezka			155	16			11		Chicago
3886	1887	Listopad	16	Hruby, Baby A.	4	38	2			--	--	--	Chicago
1920	1883	Prosinec	19	Hruby, Jan			155	16		2	2		Chicago
1328	1882	Cervenec	9	Hruby, Josef			37	1	Z	28			Cechach
261	1879	Cerven	17	Hruby, Magdalena			155	16		19			Cechach
2244	1884	Srpen	2	Hruby, Martin			155	16			8		Chicago
3378	1887	Leden	16	Hruby, N.N.	2	13	2			--	--	--	Chicago
1897	1883	Listopad	25	Hruby, N.N.			155	16		--	--	--	Chicago
1676	1883	Kveten	26	Hruby, Oskar	12	30				1	3	20	Chicago
1487	1882	Listopad	5	Hruby, Robert			155	16		2	7		Chicago
16	1877	Listopad	28	Hruby, Wojtech			155	16			5		Chicago
3787	1887	Zari	9	Hrusa, Karel	4	16	2				5		Chicago
3877	1887	Listopad	7	Hruska, Adolph	4	37	2			2	6		Chicago
3601	1887	Cerven	28	Hruska, Alois W.	3	12	2				2		Chicago
3056	1886	Cerven	13	Hruska, Martin			4	I	D	67			Cechach
1145	1882	Unor	12	Hrusticka, Jan			9	3	Y	52			Cechach
2351	1884	Rijen	17	Hrutka, Josef			174	4		17	8		Cechach
3	1877	Listopad	1	Hubacek, Ann			1	I	K	55			Cechach
1748	1883	Cervenec	22	Hubal, Barbora			7	I	M	--	--	--	Chicago
1337	1882	Cervenec	18	Hubal, Franta			7	I	M	--	--	--	Chicago
803	1881	Cerven	30	Hubal, N. N.			7	I	M	--	--	--	Chicago

BUR #	DWELLING	DEATH DATE Yr	Mo	Da	C	UNDER-TAKER	REMARKS
1432	-	1882	Zari	18		-	[R.5-14 crossed out]
2628	162 Dekoven St	1885	Cerven	--		Mencl	[R.17-43 crossed out]
1874	758 Allport St	1883	Listopad	1		Seyk	11/24/1901 moved [from L.13-IV-G]
3616	758 Allport St.	1887	Cervenec	3		Zajicek	11/24/1901 moved [from L.13-IV-G]
226	82 W. Taylor	1879	Brezen	31		Heitman	
164	111 Bunker St.	1878	Listopad	10		Seyk	
2134	147 Bunker St.	1884	Cerven	12		Seyk	
3081	446 S Jefferson St	1886	Cerven	26		Mencl	
2661	147 Bunker St	1885	Cervenec	18		Mencl	
1739	446 Jefferson St	1883	Cervenec	13		Mencl	[2 people?]
482	446 Jefferson St.	1880	Cervenec	4		Mencl	
3177	130 Newberry Av	1886	Srpen	25		O'Brien	4/18/1901 moved [from L.1-15-2]
1354	77 Liberty St	1882	Cervenec	27		Mencl	
1353	77 Liberty St	1882	Cervenec	27		Mencl	
2745	32 Dussold St	1885	Zari	17		Mencl	
1366	77 Liberty St	1882	Cervenec	31		Mencl	
2887	Cook County Hospital	1886	Leden	24		Urban	
2130	168 Ewing St.	1884	Cerven	9		Mencl	12/19/1902 moved [from L.6-I-H]
485	2408 La Salle	1880	Cervenec	6		Mencl	
478	2408 Arnold St.	1880	Cervenec	1		Mencl	
2742	41 Burlington St.	1885	Zari	14		Seyk	
3755	2952 Fale [Fall?] St.	1887	Srpen	26		Urban	
3134	454 W 19th St	1886	Cervenec	29		Zajicek	
2714	31 Burlington St	1885	Srpen	25		Seyk	
3122	452 Jefferson St	1886	Cervenec	20	+	Mencl	
1036	Hospital	1881	Listopad	1		Mencl	1/31/1916 moved [from L.11-V-M]
3886	811 W. 18th St.	1887	Listopad	9		Urban	
1920	153 Bunker St	1883	Prosinec	18		Mencl	1/31/1906 moved [from L.11-V-M]
1328	-	1882	Cervenec	7		-	4/25/1908 moved [from R.5-3]
261	149 Dekoven St.	1879	Cerven	16		Mencl	1/31/1916 moved [from L.11-V-M]
2244	609 Centre Ave.	1884	Cervenec	31		Mencl	1/31/1916 moved [from L.11-V-M]
3378	811 - 18th	1887	Leden	13		Urban	
1897	153 Bunker St	1883	Listopad	24		Mencl	1/31/1916 moved [from L.11-V-M]
1676	-	1883	Kveten	25		-	
1487	422 W. 17th St.	1882	Listopad	4		Mencl	1/31/1916 moved [from L.II-V-M]
16	101 Dekoven St.	1877	Listopad	27		Seyk	1/31/1916 moved [from L.II-V-M]
3787	486 W. 18th St.	1887	Zari	8		Urban	
3877	Wood St.	1887	Listopad	5		***	*** Sana [Jana?]
3601	608 Throop St.	1887	Cerven	27		Zajicek	
3056	2715 Portland Ave	1886	Cerven	8	+	Adams	
1145	Bunker St	1882	Unor	10		Mencl	11/19/1899 moved [from R.4-14]
2351	174 DeKoven St.	1884	Rijen	15		Mencl	04/06/1919 moved [from L.12-V-K]
3	434 Halsted St.	1877	Rijen	31		Seyk	
1748	173 Forquer St	1883	Cervenec	21		Mencl	
1337	173 Forquer St	1882	Cervenec	16		Mencl	
803	153 Dekoven St.	1881	Cerven	29		Mencl	

BUR #	Yr	Mo	Da	NAME	Row	No.	Lot	Blk	Sec	Yr	Mo	Da	BIRTH PLACE
573	1880	Rijen	2	Hubal, Rudolf			7	I	M			4	Chicago
2824	1885	Listopad	26	Hubeny, Josef	18	27					1	10	Chicago
475	1880	Cerven	28	Hubr, Prokop			7	VI	H	30			Cechach
2924	1886	Unor	28	Hudek, Prokop			8	IV	M	42			Cechach
2369	1884	Rijen	30	Hudek, Prokop Wik.			8	IV	M		3	14	Chicago
2687	1885	Srpen	6	Hula, Ana			1	III	J		11		Chicago
1345	1882	Cervenec	25	Hula, Antonie	11	9					11	7	Chicago
1155	1882	Unor	19	Hula, Barbora	4	19				50			Cechach
622	1880	Listopad	27	Hula, Emilie	6	46					10		Chicago
5	1877	Listopad	1	Hula, Emilie	2	46				1			Chicago
1006	1881	Rijen	11	Hulanek, Josef	3	39				41			Cechach
280	1879	Cervenec	23	Hulka, Alois	3	35					7	14	Chicago
3189	1886	Zari	3	Hulka, Franta			12	II	H	48			Cechach
795	1881	Cerven	27	Hulka, Josef			12	II	H	13			Chicago
3618	1887	Cervenec	4	Hulka, N. N.	3	20	2			--	--	--	Chicago
2103	1884	Kveten	29	Humernik, Marie	13	73					4	6	Chicago
2836	1885	Prosinec	6	Humpal, Wratislav			6	I	K			16	Chicago
2002	1884	Brezen	12	Hupka, Ana			6	II	H	29	1		Cechach
1859	1883	Rijen	16	Hupka, Anton			13	I	K	3	5		Chicago
1439	1882	Zari	26	Hupka, Eduard			6	II	H			11	Chicago
930	1881	Srpen	15	Hupka, Jan	8	36	1				11		Chicago
3541	1887	Kveten	19	Hupka, Jan			6	II	H			5	Chicago
2142	1884	Cerven	17	Hupka, Jiri			6	II	H		5	20	Chicago
1101	1882	Leden	2	Hupka, Josef			6	II	H	2	6		Chicago
1174	1882	Brezen	12	Hupka, Marie	10	7				3	1	10	Chicago
1069	1881	Prosinec	13	Hupka, Matej	9	30						2	Chicago
2289	1884	Zari	7	Hupka, Waclav			6	II	H			6	Chicago
295	1879	Srpen	8	Hurt, Anna Stazie	3	48					11	10	Chicago
3690	1887	Cervenec	27	Hurt, August			5	VI	G	1	7		Chicago
1557	1883	Leden	23	Hurt, Bohumil	4	1				-	-	-	Chicago
2783	1885	Rijen	18	Hurt, Eduard			7	I	J		8		Chicago
3554	1887	Kveten	28	Hurt, Jan			2	II	J		9	21	Chicago
3950	1887	Prosinec	30	Hurt, Jiri F.	4	56	2					1	Chicago
3261	1886	Rijen	20	Hurt, Marie			5	III	H	56	7		Cechach
2779	1885	Rijen	17	Hurt, Waclav			2	2	J	1	1		Chicago
3219	1886	Zari	22	Husa, Albert			10	I	M		5		Chicago
1984	1884	Unor	20	Husa, Antonie			10	I	M		7		Chicago
1846	1883	Rijen	1	Husa, Marie			10	I	M	21			Chicago
347	1879	Listopad	13	Husak, Ana			17	I	L		4		Chicago
693	1881	Brezen	8	Husak, Frantiska			17	I	L	-	-	-	Chicago
2815	1885	Listopad	17	Husak, Katerina			17	I	L	9	6		Chicago
3637	1887	Cervenec	10	Husar, Eduard			1	IV	D		2	6	Chicago
3531	1887	Kveten	13	Husar, Marie			1	IV	D	26			Cechach
1818	1883	Zari	14	Husar, N.N.	12	72						1	Chicago
3702	1887	Srpen	2	Hyde, Oskar A.			14	II	E	--	--	--	Chicago

BUR #	DWELLING	DEATH DATE Yr	Mo	Da	C	UNDER-TAKER	REMARKS
573	160 Ewing St.	1880	Rijen	1		Mencl	
2824	261 W 20th St	1885	Listopad	24		Seyk	
475	99 Wood	1880	Cerven	28		Mencl	
2924	585 Centre Ave	1886	Unor	25		Urban	
2369	585 Centre Ave.	1884	Rijen	29		Seyk	
2687	381 W. 18th St	1885	Srpen	5		Seyk	
1345	381 W. 18th St	1882	Cervenec	24		Profant	
1155	590 Canal St	1882	Unor	19		Mencl	
622	68 Walle St. [Waller?]	1880	Listopad	26		Mencl	
5	68 - 6th Ward	1877	Rijen	31		Seyk	
1006	-	1881	Rijen	9		-	
280	911 W. 19th St.	1879	Cervenec	21		Seyk	
3189	887 W. 19th St	1886	Zari	1		Zajicek	
795	W. 19th St.	1881	Cerven	25		Seyk	
3618	911 W. 19th St.	1887	Cervenec	3		Vistein	
2103	736 W. 18th St.	1884	Kveten	28		Seyk	
2836	652 W 18th St	1885	Prosinec	5		Vistein	
2002	2877 Acerod Ave [Archer?]	1884	Brezen	11		Koch	
1859	732 Halsted St	1883	Rijen	15		Seyk	
1439	2729 Archer Ave.	1882	Zari	25		Roch	
930	222 Taylor St.	1881	Srpen	14		Buss	
3541	461 S. Union St.	1887	Kveten	18		Schultz	
2142	2896 Archer Ave.	1884	Cerven	16		Koch	
1101	19 Bunker St	1882	Leden	2		Mencl	[R.9-47 crossed out]
1174	142 Bunker St	1882	Brezen	12		-	
1069	-	1881	Prosinec	12		-	
2289	2896 Archer Ave.	1884	Zari	6		Koch	
295	903 W. 19th St.	1879	Srpen	7		Seyk	
3690	2665 Clybourn Av.	1887	Cervenec	26		Schultz	
1557	441 W. 19th St.	1883	Leden	22		Seyk	
2783	943 W. 19th St	1885	Rijen	16		Seyk	
3554	753 Allport St.	1887	Kveten	26		Zajicek	
3950	80 Clayton St.	1887	Prosinec	28		Vistein	
3261	616 W. 18th St	1886	Rijen	18		Vistein	
2779	557 Allport St	1885	Rijen	15		Zajicek	
3219	249 N. Centre Av	1886	Zari	22		Pelikan	
1984	61 Elston Ave	1884	Unor	19		Kunkel	
1846	249 Centre Av	1883	Zari	30		Klaner	
347	88 Emma St.	1879	Listopad	12		Zuavechs	
693	88 Emma St.	1881	Brezen	6		Mencl	
2815	566 Noble St	1885	Listopad	16		Mueller	
3637	37 Humboldt St.	1887	Cervenec	9		Mencl	
3531	37 Humboldt St.	1887	Kveten	11		Mencl	
1818	175 W. 12th St	1883	Zari	13		Mencl	
3702	76 Curtis St.	1887	Srpen	1		Dignan	

BUR #	Yr	Mo	Da	NAME	Row	No.	Lot	Blk	Sec	Yr	Mo	Da	BIRTH PLACE
				I									
2426	1884	Prosinec	17	Illich, Ana	16	13				1	4		Chicago
				J									
112	1878	Cervenec	26	Jaburek, Ana			19	IV	J			8	Chicago
1850	1883	Rijen	3	Jaburek, Eva	4	21				66			Cechach
1985	1884	Unor	20	Jaburek, Jan			19	IV	J	72			Cechach
1804	1883	Zari	6	Jaburek, Waclav	5	38				71			Cechach
79	1878	Kveten	15	Jahorka, Josef	2	4				1	3		Chicago
2776	1885	Rijen	13	Jakes, Prokop			9	3	L	81			Cechach
3178	1886	Srpen	27	Jakoubek, Ernestina	1	16		2		2		26	Widni***
38	1878	Unor	11	Jakubka, Anton	1	29					7		Chicago
301	1879	Srpen	19	Jakubka, Charlota	3	52					7		Chicago
1422	1882	Zari	9	Jakubka, Franta			5	IV	G		2		Chicago
1477	1882	Rijen	29	Jancik, Alzbeta			4	VI	J	–	–	–	Chicago
2137	1884	Cerven	14	Jancik, Vratislav Jos.			4	VI	J			1	Chicago
2205	1884	Cervenec	19	Jandus, Amalie	6	25					2	6	Chicago
57	1878	Brezen	21	Jandus, Antonie	1	8				5	7		Chicago
3786	1887	Zari	9	Jandus, Emil	4	15		2		1	2		Chicago
361	1879	Prosinec	26	Jandus, Emilie	4	27					7	2	Chicago
2638	1885	Cervenec	7	Jandus, Emilie	1	38					7		Chicago
3871	1887	Listopad	4	Jandus, Josef			10		1	73			Cechach
2120	1884	Cerven	6	Jandus, Julie	14	45					10	5	Chicago
2180	1884	Cervenec	9	Jandus, Julie	6	25				19			Cechach
2632	1885	Cervenec	3	Jandus, Julie	16	48					9		Cechach
3590	1887	Cerven	21	Janecek, Marie			2	VI	L	1	3	8	Chicago
3264	1886	Rijen	21	Janecek, Ruzena	1	52		2			1	5	Chicago
3169	1886	Srpen	20	Janesovsky, Francis			11	I	L	83			Cechach
1143	1882	Unor	10	Janesovsky, Jan			11	I	L			3	Chicago
358	1879	Prosinec	16	Janesovsky, Jan			11	I	L	–	–	–	Chicago
2760	1885	Zari	30	Janhoknsn, Oskar	17	57						1	Jefferson
3237	1886	Rijen	8	Jankieviel, Beby F.	1	45		2		–	–	–	Chicago
2835	1885	Prosinec	6	Jankovska, Dorota			9	VI	H	55			Cechach
239	1879	Kveten	1	Jankovsky, Eduard			17	II	G			2	Chicago
906	1881	Srpen	8	Jankovsky, Josef			17	II	G		6		Chicago
201	1879	Unor	6	Jankovsky, Josef			17	II	G	2	2		Chicago
1319	1882	Cerven	28	Jankovsky, Karel			17	II	G	61			Cechach
3848	1887	Rijen	23	Jankovsky, Karel			9	III	D	32			Cechach
3003	1886	Duben	22	Jankovsky, Marie	19	17	11	II	D		2	14	Chicago
1842	1883	Zari	29	Jankovsky, Otokar	13	33				6	1		Cechach
3452	1887	Brezen	16	Janos, Josefa	2	23		2			10		Chicago
1869	1883	Rijen	28	Janota, Anna			1	I	M	35			Cechach
1866	1883	Rijen	24	Janota, N.N.			1	I	M	–	–	–	Chicago
1474	1882	Rijen	25	Janousek, Alois	11	64					2	6	Chicago
1672	1883	Kveten	18	Janousek, Aloisie	12	27					1	4	Chicago

BUR #	DWELLING	Yr	Mo	Da	C	UNDER-TAKER	REMARKS
2426	535 Throop St.	1884	Prosinec	16		Cermak	
112	146 Bunker St.	1878	Cervenec	24		Seyk	[R.2-24 crossed out]
1850	758 Van Horn St	1883	Rijen	1	+	Seyk	
1985	703 S. Canal St	1884	Unor	18		Seyk	
1804	Van Horn St	1883	Zari	4		Seyk	
79	733 Morgan St.	1878	Kveten	14	+	Seyk, W.	
2776	129 Barber St	1885	Rijen	11		Schultz	
3178	167 W. 14th St	1886	Srpen	26		Schultz	*** [Viden?]
38	158 W. Taylor St.	1878	Unor	10		Seyk	
301	158 W. Taylor St.	1879	Srpen	19		Seyk	
1422	191 Bunker	1882	Zari	8		F. Mencl	
1477	760 Allport	1882	Rijen	28		Seyk	[R.5-21 crossed out]
2137	760 Allport St.	1884	Cerven	13		Seyk	
2205	198 W. 20th St.	1884	Cervenec	18		Seyk	
57	121 W. 19th St.	1878	Brezen	20		Seyk, W.	
3786	1001 Van Horn St.	1887	Zari	8		Vistein	
361	198 W. 20th St.	1879	Prosinec	25		Mencl	
2638	1000 Van Horn St	1885	Cervenec	6		Cermak	
3871	190 W. 20th St.	1887	Listopad	2		Urban	12/29/1907 moved [from R.10-22]
2120	188 W. 20th St.	1884	Cerven	5		Seyk	
2180	198 W. 20th St.	1884	Cervenec	7		Seyk	
2632	911 Van Horn St	1885	Cervenec	2		Cermak	
3590	79 W. 15th St.	1887	Cerven	19		Mencl	
3264	632 Van Horn St	1886	Rijen	19		Vistein	
3169	158 Samuel St	1886	Srpen	19		Stiebeiner	
1143	-	1882	Unor	9		Kunkel	
358	68 Emma St.	1879	Prosinec	15		Mencl	
2760	***	1885	Zari	29		Hermn	***Jefferson, Cook County, Illinois
3237	85 W. 15th St	1886	Rijen	8		Schultz	
2835	8 Shelby Court	1885	Prosinec	5		Urban	
239	17 Clayton St.	1879	Kveten	1		Seyk	
906	Fisk St.	1881	Srpen	7		Seyk	
201	15 Nutt Court	1879	Unor	5		Seyk	
1319	-	1882	Cerven	26		-	
3848	785 Allport St.	1887	Rijen	21		Urban	
3003	732 Loomis St	1886	Duben	21		Zajicek	[none of the lot numbers are crossed out]
1842	577 S. Jefferson St	1883	Zari	27		Seyk	
3452	1110 Van Horn	1887	Brezen	15		Urban	
1869	475 W 20th St	1883	Rijen	26		Cermak	
1866	475 W 20th St	1883	Rijen	22		Cermak	
1474	669 S. Mlay [May/Emily?]	1882	Rijen	24		Seyk	
1672	669 May St.	1883	Kveten	18		Seyk	

BUR #	BURIAL DATE Yr	Mo	Da	NAME	GRAVE LOCATION Row	No.	Lot	Blk	Sec	AGE Yr	Mo	Da	BIRTH PLACE
505	1880	Cervenec	19	Janousek, Bohumil	4	63				1	6		Chicago
103	1878	Cervenec	18	Janousek, Eduard	2	19				1	6		Chicago
3628	1887	Cervenec	8	Janousek, Josef	3	33	1				1	14	Chicago
1309	1882	Cerven	18	Janousek, Sofie	4	38				34			Cechach
140	1878	Zari	10	Janousek, Tomas	1	16				35			Cechach
1848	1883	Rijen	2	Janousek, Woytech	6	2				46			Cechach
791	1881	Cerven	20	Janovsky, Waclav	7	20						7	Chicago
2759	1885	Zari	29	Janska, Cecilie			10	III	L	26			Cechach
2574	1885	Kveten	3	Jansky, Ana			11	II	E	42			Cechach
3872	1887	Listopad	4	Jansky, Bessie			3	III	G	2	7		Chicago
2099	1884	Kveten	27	Jansky, Josef			3	III	G	4	8	15	Chicago
3812	1887	Rijen	5	Jansky, Rosie			3	III	G	4	6		Chicago
183	1878	Prosinec	22	Jansky, Ruzena	2	59						5	Chicago
1015	1881	Rijen	17	Jansky, Waclav			10	III	L		5	14	Chicago
2445	1885	Leden	1	Jansky, Waclav			11	II	E	2	6		Chicago
2537	1885	Brezen	30	Jarka, Max	17	13				1	3		Chicago
2942	1886	Brezen	11	Jarolim, Robert		57		6			3		Chicago
603	1880	Listopad	1	Jaros, Alois			18	IV	H	5			Chicago
2214	1884	Cervenec	21	Jaros, Ana St.			18	IV	H	1	2	9	Chicago
1169	1882	Brezen	2	Jaros, Emilie W.			18	IV	H			10	Chicago
2366	1884	Rijen	27	Jaros, Kristina		156		10		1	10		Chicago
1442	1882	Zari	28	Jaros, N. N.	11	52				-	-	-	Chicago
1671	1883	Kveten	18	Jaros, Tekla	5	38				40			Cechach
3937	1887	Prosinec	22	Jarubsky, Waclav			3	V	E	34			Cechach
3476	1887	Brezen	31	Jebavy, Karel			5	VI	E	45			Cechach
3183	1886	Srpen	29	Jech, Ana			14	IV	D	46			Cechach
948	1881	Srpen	31	Jecmen, Ana	8	47	1			1	3		Chicago
2206	1884	Cervenec	19	Jedlicka, Amalie			16	3	W			7	Chicago
3423	1887	Unor	21	Jedlicka, Bohumil	2	36	2				1	20	Chicago
2494	1885	Unor	20	Jedlicka, Eduard			1	II	G	1	4	14	Chicago
3663	1887	Cervenec	18	Jedlicka, Frank			16	3	W		1	14	Chicago
1404	1882	Srpen	25	Jedlicka, Franta			16	3	W		9		Chicago
115	1878	Cervenec	28	Jedlicka, Jan			16	3	W	1	2		Chicago
121	1878	Srpen	5	Jedlicka, Josef			16	3	W	2	6		Chicago
3133	1886	Cervenec	30	Jedlicka, Karel			9	VI	J		5		Chicago
2148	1884	Cerven	19	Jedlicka, Marie			16	3	W	1	5		Chicago
2995	1886	Duben	16	Jedlicka, Ruzena			16	3	W		10		Chicago
1013	1881	Rijen	13	Jelinek, Anton			13	IV	H	3	2		Chicago
1852	1883	Rijen	5	Jelinek, Josef			14	III	M	2	2		Chicago
3058	1886	Cerven	14	Jelinek, Josef	47	25	3				8	14	Chicago
512	1880	Cervenec	21	Jelinek, Lotti	4	67					4		Chicago
1258	1882	Kveten	13	Jelinek, Wojtech	10	36				-	-	-	Chicago
2819	1885	Listopad	19	Jensik, Ana			18	III	J	46			Cechach
1820	1883	Zari	16	Jensik, Josef	12	73						5	Chicago
3074	1886	Cerven	24	Jensik, Waclav	12	73					9		Chicago
982	1881	Zari	23	Jerabek, Anton			15	V	N	23	6		Cechach

BUR #	DWELLING	Yr	Mo	Da	C	UNDER-TAKER	REMARKS
505	145 W. 19th St.	1880	Cervenec	18		Seyk	
103	198 W. 20th St.	1878	Cervenec	16		Mencl	
3628	159 W. 18th St.	1887	Cervenec	6		Urban	
1309	386 W. 18th St	1882	Cerven	16		Seyk	
140	Cook County Hospital	1878	Zari	9		Seyk	
1848	649 Centre Av	1883	Rijen	1		Seyk	
791	-	1881	Cerven	18		Seyk	
2759	129 Barber St	1885	Zari	26		Seyk	
2574	75 Meagher St	1885	Kveten	1		Seyk	
3872	699 Allport St.	1887	Listopad	2		Vistein	
2099	61 Fisk St.	1884	Kveten	26		Seyk	
3812	699 Allport St.	1887	Rijen	4		Vistein	
183	93 Seward St.	1878	Prosinec	20		Seyk	
1015	-	1881	Rijen	16		-	
2445	75 Mather St	1884	Prosinec	30		Seyk	[R.16-25 crossed out]
2537	79 Wade St	1885	Brezen	28		Kunkel	
2942	206 Brown St	1886	Brezen	10		Lusk	11/29/1913 moved [from L.16-III-J]
603	190 Taylor St.	1880	Listopad	1		Mencl	
2214	190 Taylor St.	1884	Cervenec	19		Mencl	
1169	190 Taylor St	1882	Brezen	1		Mencl	
2366	692 May St.	1884	Rijen	26		Mencl	01/20/1907 moved [from R.15-76]
1442	-	1882	Zari	27		-	
1671	125 W. 19th St.	1883	Kveten	16		Seyk	
3937	140 DeKoven St.	1887	Prosinec	20		Schultz	
3476	2924 Stearns St	1887	Brezen	29		Mencl	
3183	727 Loomis St	1886	Srpen	23		Mencl	
948	-	1881	Srpen	30		-	
2206	222 Kossuth St.	1884	Cervenec	18		Seyk	11/01/1901 moved [from L.9-VI-J]
3423	427 W. 17th St	1887	Unor	20		Urban	
2494	44 Bunker St	1885	Unor	17		Mencl	
3663	222 - 25th Place	1887	Cervenec	17		Havel	11/01/1901 moved [from L.9-VI-J]
1404	-	1882	Srpen	24		Cermak	11/01/1901 moved [from L.9-VI-J]
115	236 Kossuth St.	1878	Cervenec	26		Seyk	11/01/1901 moved [from L.9-VI-J]
121	236 Kossuth St.	1878	Srpen	4		Seyk	11/01/1901 moved [from L.9-VI-J]
3133	560 Centre St	1886	Cervenec	29		Cermak	
2148	222 Kossuth St.	1884	Cerven	17		Seyk	11/01/1901 moved [from L.9-VI-J]
2995	222 - 25th Place	1886	Duben	15		Zajicek	11/01/1901 moved [from L.9-VI-J]
1013	397 Canal St.	1881	Rijen	12		Mencl	
1852	202 W 20th St	1883	Rijen	4		Seyk	
3058	783 Allport St	1886	Cerven	13		Profant	10/11/1906 moved [from R.18-77]
512	457 Jefferson St.	1880	Cervenec	21		Mencl	
1258	-	1882	Kveten	11		Mencl	
2819	49 Bunker St	1885	Listopad	17		Mencl	
1820	18 Dussold St	1883	Zari	15		Mencl	
3074	174 Bunker St	1886	Cerven	23		Mencl	
982	Cook County Hospital	1881	Zari	21	+	Mencl	1/11/1908 moved [from R.3-34]

BUR #	Yr	Mo	Da	NAME	Row	No.	Lot	Blk	Sec	Yr	Mo	Da	BIRTH PLACE
3033	1886	Kveten	10	Jerabek, Dora			16	V	G	23			Cechach
3080	1886	Cerven	27	Jerabek, Frantiska			18	IV	M	63			Cechach
1261	1882	Kveten	15	Jerebek, Anton			19	4	L			9	Chicago
757	1881	Kveten	16	Jetek, August ***			4	IV	L			15	Chicago
94	1878	Cerven	25	Jezek, Franta	2	15						1	Chicago
2198	1884	Cervenec	15	Jicha, Josef	6	27				29			Cechach
341	1879	Rijen	29	Jilek, Ana	4	3				3	3		Chicago
251	1879	Kveten	28	Jilek, Franta	2	8				63			Cechach
1125	1882	Leden	22	Jilek, Jiri ***			13	II	H	41			Cechach
2564	1885	Duben	21	Jilek, Josefa			2	III	H	36			Cechach
247	1879	Kveten	18	Jilek, Katerina	2	7				65			Cechach
3793	1887	Zari	17	Jilek, Ottokar			8	4	N			4	Chicago
1072	1881	Prosinec	14	Jindra, Ana	9	32					11	5	Chicago
2665	1885	Cervenec	22	Jindrak, Charles E.	7	21				45			Cechach
35	1878	Unor	2	Jindrich, Bozena	1	25						7	Chicago
1393	1882	Srpen	16	Jiracek, Franta			7	VI	J		11		Cechach
3226	1886	Zari	28	Jiracek, Marie			6	II	J	22	5		Chicago
274	1879	Cervenec	16	Jiral, Eduard	3	2					7	9	Chicago
2221	1884	Cervenec	25	Jiran, Bohumil			7	1	H	1	3	10	Chicago
14	1877	Listopad	21	Jirasek, Anton			11	6	N	37			Cechach
850	1881	Cervenec	19	Jirasek, Matej	6	71					1	21	Chicago
3287	1886	Listopad	8	Jirikovic, Josef	1	63		2			3	14	Chicago
3034	1886	Kveten	11	Jirka, Edvard			14	IV	L	13			Chicago
1112	1882	Leden	15	Jirka, Franta			14	IV	L	98			Cechach
3617	1887	Cervenec	4	Jirka, Willi			14	IV	L	8	6		Chicago
42	1878	Unor	17	Jirmasek, Katerina	1	31						21	Chicago
3912	1887	Listopad	30	Jirousek, Josef	4	46		2				14	Chicago
2314	1884	Zari	28	Jirovec, Ana	15	53						19	Chicago
3015	1886	Kveten	2	Jirovec, Anton	19	22				1			Chicago
1699	1883	Cerven	19	Jirovec, Barbora	12	35				-	-	-	Chicago
3292	1886	Listopad	14	Jirsa, Paulina	1	65		2		8			Cechach
66	1878	Duben	12	Jisa, Milada	1	17					1	9	Chicago
1030	1881	Rijen	30	Jiskra, Wratislav ***			10	IV	H			6	Chicago
3445	1887	Brezen	12	Joachimstal, Jiri			12	I	D			1	Chicago
2197	1884	Cervenec	15	Joha, Antonie			6	V	G	22			Cechach
2193	1884	Cervenec	13	Joha, Johana			6	V	G		2		Chicago
699	1881	Brezen	15	Joha, Josef	6	36				-	-	-	Chicago
3536	1887	Kveten	16	Joha, Josefa			6	2	D	33			Cechach
2829	1885	Listopad	27	Joha, Karel			12	VI	K	-	-	-	Chicago
1454	1882	Rijen	9	Joha, Waclav	11	58				1	1	8	Chicago
3816	1887	Rijen	5	Johnson, Baby	4	30		2		--	--	--	Chicago
1814	1883	Zari	13	Jonas, Franta	12	69				1	3		Chicago
981	1881	Zari	23	Jordan, Jakub			18	II	H	51			Cechach
1390	1882	Srpen	16	Jordan, Waclav			18	II	H			5	Chicago
2616	1885	Cerven	12	Jorout, Josef	17	37					3		Chicago
2969	1886	Brezen	29	Jral, Franta			3	I	L	57			Cechach

BUR #	DWELLING	DEATH DATE Yr	Mo	Da	C	UNDER-TAKER	REMARKS
3033	736 W 18th St	1886	Kveten	8		Cermak	
3080	204 W 20th St	1886	Cerven	25	+	Mencl	
1261	-	1882	Kveten	14		-	
757	135 Bunker St.	1881	Kveten	15		Mencl	***[see Zelek]
94	143 Bunker St.	1878	Cerven	25		Seyk	
2198	Van Horn St.	1884	Cervenec	14		Seyk	
341	56 Burlington St.	1879	Rijen	28		Seyk	
251	56 Burlington St	1879	Kveten	27		Seyk	
1125	142 Taylor St	1882	Leden	20		Mencl	*** [see Zitek]
2564	2063 Kadeskrov ***	1885	Duben	19		Seyk	*** [Cottage Grove]
247	56 Burlington St.	1879	Kveten	16		Seyk	
3793	82 W. Taylor St.	1887	Zari	15		Schultz	[R.4-19 crossed out]
1072	75 Liberty St	1881	Prosinec	13		Kunkel	
2665	Cook County Hospital	1885	Cervenec	20		Mencl	
35	300 W. 20th St.	1878	Unor	1		Seyk	
1393	32 Division St.	1882	Srpen	15		***	*** Hunkel [Kunkel]
3226	498 - 29th St	1886	Zari	26		Jana	
274	233 Johnson St.	1879	Cervenec	15		Seyk	
2221	79 Clayton St.	1884	Cervenec	24		Seyk	
14	383 - 5th Avenue	1877	Listopad	20	+	[Schneider]	12/29/1907 moved [from R.1-8]
850	-	1881	Cervenec	18		-	
3287	75 Fisk St	1886	Listopad	7		Urban	
3034	49 Obrayn [O'Brien]	1886	Kveten	9	+	Schultz	
1112	148 Bunker St	1882	Leden	14		Mencl	
3617	49 O'Brien St.	1887	Cervenec	2		Schultz	
42	122 W. 15th St.	1878	Unor	15	+	Seyk	
3912	536 W. 20th St.	1887	Listopad	29		Urban	
2314	907 W. 19th St.	1884	Zari	27		Seyk	
3015	907 W 19th St	1886	Duben	30		Zajicek	
1699	907 W. 19th St.	1883	Cerven	18		Seyk	
3292	585 Centre Av	1886	Listopad	13		Cermak	
66	440 Canal St.	1878	Duben	12	+	Seyk, W.	
1030	-	1881	Rijen	28		-	*** [see Giskra]
3445	401 - 26th St	1887	Brezen	10		Havel	
2197	730 Allport St.	1884	Cervenec	14		Seyk	[R.6-26 crossed out]
2193	730 Allport St.	1884	Cervenec	12		Cermak	[R.6-26 crossed out]
699	155 Bunker St.	1881	Brezen	14		Mencl	
3536	157 Bunker St.	1887	Kveten	13		Mencl	
2829	157 Bunker St	1885	Listopad	25		Mencl	
1454	-	1882	Rijen	8		-	moved from Bohemian Polish Cath. Cem.
3816	485 Morgan St.	1887	Rijen	1		Mencl	
1814	49 Obrayn St [O'Brien]	1883	Zari	12		Mencl	
981	-	1881	Zari	20		-	
1390	-	1882	Srpen	15		-	
2616	558 W. 19th St	1885	Cerven	11		Cermak	
2969	577 Laflin St	1886	Brezen	27		Zajicek	

BUR #	BURIAL DATE Yr	Mo	Da	NAME	GRAVE LOCATION Row	No.	Lot	Blk	Sec	AGE Yr	Mo	Da	BIRTH PLACE
650	1881	Leden	13	Jungk, Waclav	6	49				–	–	–	Chicago
2226	1884	Cervenec	27	Jungr, Franta	15	13						7	Chicago
2019	1884	Duben	1	Jungr, Josef	13	58					1	9	Chicago
437	1880	Kveten	1	Jungr, Josef	5	3						10	Chicago
3538	1887	Kveten	18	Jungr, Marie			16	4	E			14	Chicago
49	1878	Brezen	7	Jurka, Franta	1	2				68			Cechach
43	1878	Unor	17	Jurka, Fridrich	1	9				34			Nemecku
1232	1882	Duben	24	Jurka, Josef			91		12	42			Cechach
3553	1887	Kveten	24	Jurka, Josefa			12	V	E	67			Cechach

K

BUR #	BURIAL DATE Yr	Mo	Da	NAME	GRAVE LOCATION Row	No.	Lot	Blk	Sec	AGE Yr	Mo	Da	BIRTH PLACE
1381	1882	Srpen	9	Kaack, Henri			6	III	N	2			Cechach
3835	1887	Rijen	17	Kabat, Bohumila			13	5	D			13	Chicago
2662	1885	Cervenec	21	Kabat, Henry			13	I	G		11		Chicago
3060	1886	Cerven	15	Kabes, Franta			13	3	H	19			Cechach
429	1880	Duben	19	Kabon, Frantiska	2	18					9		Chicago
3748	1887	Srpen	22	Kabrna, Franta			15	IV	D	19	3		Chicago
34	1878	Leden	29	Kacer, Franta			10	IV	H	53			Cechach
483	1880	Cervenec	6	Kacin, Anton			14	VI	H	3	3		Chicago
2345	1884	Rijen	14	Kacin, Eduard			14	VI	H			5	Chicago
193	1879	Leden	13	Kacin, Julie			14	VI	H		3		Chicago
1137	1882	Unor	3	Kacin, Marie			20	IV	J		3		Chicago
637	1880	Prosinec	21	Kacin, Marie			20	IV	J		2		Chicago
293	1879	Srpen	6	Kaddatz, Karel	3	46						7	Nalante
1396	1882	Srpen	18	Kaderabek, Ana	11	29					9	15	Chicago
1827	1883	Zari	19	Kaderabek, Marie			13	VI	G		11		Chicago
3783	1887	Zari	7	Kaderabek, Marie	4	14	2					21	Chicago
3379	1887	Leden	17	Kadic, Jaroslav			7	II	K	6			Chicago
2989	1886	Duben	11	Kadlec, Ana			13	I	E	2	11	24	Chicago
3767	1887	Zari	3	Kadlec, Baby R.	4	7	2			--	--	--	Chicago
640	1880	Prosinec	27	Kadlec, Gustav			154		10	1	10		Chicago
3280	1886	Listopad	1	Kadlec, Josef	1	60	2			1			Chicago
2486	1885	Unor	10	Kadlec, Josef	17	11				1		2	Chicago
2476	1885	Leden	31	Kadlec, Karel	16	17						14	Chicago
685	1881	Unor	19	Kadlec, Lidie G.			154		10		4		Chicago
1364	1882	Cervenec	31	Kadlec, Marie	11	17					14		Chicago
1638	1883	Duben	9	Kadlec, Marie	12	13						1	Chicago
2894	1886	Unor	1	Kadlec, Marie			13	I	E	1	1		Chicago
3822	1887	Rijen	8	Kaffka, Franta			3	VI	K			3	Chicago
1515	1882	Prosinec	7	Kafka, Josef			3	VI	K		11		Chicago
1657	1883	Kveten	4	Kafka, Mathilda			3	VI	K		3	16	Chicago
2843	1885	Prosinec	11	Kafka, Waclav			3	VI	K	–	–	–	Chicago
3123	1886	Cervenec	22	Kahoun, Karel			20	5	S	2	6		Chicago
730	1881	Duben	20	Kahoun, Marie	5	68				4	5		Chicago
1130	1882	Leden	26	Kahoun, Martin			17	VI	L	85			Cechach
392	1880	Unor	17	Kaifr, Jan			13	III	K	52			Cechach

BUR #	DWELLING	DEATH DATE Yr	Mo	Da	C	UNDER-TAKER	REMARKS
650	627 Centre Av.	1881	Leden	13		Seyk	
2226	32 Fisk St.	1884	Cervenec	25		Seyk	
2019	32 Fisk St	1884	Brezen	31		S. Seyk	
437	230 Van Horn	1880	Duben	29		Ahlgrim	
3538	939 Van Horn St.	1887	Kveten	16		Zajicek	[R.2-64 crossed out]
49	208 Taylor St.	1878	Brezen	7		Seyk	
43	S. Canal St.	1878	Unor	15	+	Seyk	
1232	148 Canalport	1882	Duben	22		Mencl	5/04/1907 moved [from L.12-V-K]
3553	488 S. Canal St.	1887	Kveten	22		Mencl	
1381	443 Des Plaines	1882	Srpen	7		Mencl	[L.8-IV-G crossed out]
3835	140 Bunker St.	1887	Rijen	16		Mencl	
2662	272 W. 20th St.	1885	Cervenec	20		Mencl	
3060	500 Union St	1886	Cerven	13	+	Goldbohm	
429	52 Emma St.	1880	Duben	17		Mencl	
3748	107 De Koven St.	1887	Srpen	21		Mencl	
34	287 W. 20th St.	1878	Leden	29	+	Seyk, W.	
483	100 Canalport Av.	1880	Cervenec	4		Mencl	
2345	195 W. 19th St.	1884	Rijen	13		Seyk	
193	100 Canal Port St.	1879	Leden	10		Mencl	
1137	92 Canalport Av	1882	Unor	3		Mencl	
637	100 Canalport Ave.	1880	Prosinec	21		Mencl	
293	Cook Co., Jefferson	1879	Srpen	4		Seyk	
1396	-	1882	Srpen	16		-	
1827	84 W. 15th St	1883	Zari	18		Seyk	
3783	955 W. 19th St.	1887	Zari	6		Zajicek	
3379	Nebraska Colfax [sic]	1887	Leden	13		Schultz	
2989	97 Wade St	1886	Duben	10		Pelikan	[R.19-8 crossed out]
3767	60 Tell Place	1887	Zari	1		Kunkel	
640	136 - 12th St.	1880	Prosinec	25		Mencl	1/21/1916 moved [from L.1-V-M]
3280	142 Taylor St	1886	Rijen	31		Mencl	
2486	142 Taylor St	1885	Unor	7		Mencl	
2476	683 Milwaukee Av	1885	Leden	28		Kunkel	
685	136 W. 12th St.	1881	Unor	17		Mencl	1/31/1916 moved [from L.1-V-M]
1364	-	1882	Cervenec	30		Profant	
1638	1061 W. 18th. St.	1883	Duben	7		Seyk	
2894	97 Wade St	1886	Leden	31		Pelikan	[R.18-50 crossed out]
3822	374 Lomten [Langdon?] St	1887	Rijen	6		Zajicek	
1515	-	1882	Prosinec	6		-	
1657	762 - 18th St.	1883	Kveten	3		Seyk	
2843	784 W 18th St	1885	Prosinec	9		Blazek	
3123	101 W 16th St	1886	Cervenec	21		Mencl	[R.19-64 crossed out]
730	174 W. 19th St.	1881	Duben	19		Seyk	
1130	116 Taylor St	1882	Leden	25		Mencl	
392	57 Emma St.	1880	Unor	15		Mencl	

BUR #	Yr	Mo	Da	NAME	Row	No.	Lot	Blk	Sec	Yr	Mo	Da	BIRTH PLACE
1555	1883	Leden	22	Kaifr, Jan			13	III	K	29			Cechach
86	1878	Cerven	1	Kaifr, Jan			13	III	K	–	–	–	Chicago
458	1880	Cerven	4	Kainon, Minie *	5	10				5			Chicago
3681	1887	Cervenec	22	Kakac, Franta			19	VI	F	3	10		Braidwood
2459	1885	Leden	11	Kakacek, Ana	16	15				--	--	--	Chicago
806	1881	Cervenec	3	Kakacek, August	7	29					6		Chicago
1554	1883	Leden	21	Kakacek, N. N.	11	78				–	–	–	Chicago
3221	1886	Zari	24	Kakuska, Ana			2	IV	E	40			Cechach
3101	1886	Cervenec	13	Kakuska, Anton			2	IV	E	44			Cechach
3840	1887	Rijen	19	Kakuska, Franta	4	35	2				8	15	Chicago
588	1880	Rijen	17	Kakuska, Jakub			14	5	S	36			Cechach
3623	1887	Cervenec	6	Kakuska, Marie			2	IV	E	20	10		Chicago
2963	1886	Brezen	23	Kakuska, Teresie			18	I	J	71			Cechach
192	1879	Leden	12	Kakuska, Vavrinec	2	43					1		Chicago
2418	1884	Prosinec	5	Kalal, Ana	3	67				1	5	6	Chicago
336	1879	Rijen	20	Kalal, Ana			17	V	L		1		Chicago
1906	1883	Prosinec	5	Kalal, Barbora	11	4				–	–	–	Chicago
181	1878	Prosinec	19	Kalal, Bohumil			17	V	L		1		Chicago
3203	1886	Zari	9	Kalal, Emilie	1	29	2			1	9		Chicago
726	1881	Duben	16	Kalal, Franta			16	III	L	32			Cechach
337	1879	Rijen	26	Kalal, Jan	3	67					5		Chicago
1504	1882	Prosinec	1	Kalal, Jan	3	68				1	8		Chicago
1889	1883	Listopad	21	Kalapsa, Bohumil			4	V	H	3			Chicago
1890	1883	Listopad	21	Kalapsa, Franta			4	V	H		9		Chicago
41	1878	Unor	17	Kalapsa, Jan	1	32				–	–	–	Chicago
1225	1882	Duben	20	Kalat, Anton			6	II	K		4		Chicago
354	1879	Prosinec	3	Kalat, Barbora			6	II	K	1	9		Chicago
540	1880	Srpen	22	Kalat, Bozena	5	44				1	8		Chicago
621	1880	Listopad	27	Kalat, Franta			6	II	K		3		Chicago
3029	1886	Kveten	8	Kalibera, Bebi [Baby]	19	29				–	–	–	Chicago
2373	1884	Listopad	2	Kalina, Alois	15	80					6	2	Chicago
2027	1884	Duben	7	Kalina, Marie	14	11					2	6	Chicago
784	1881	Cerven	13	Kalina, Matej			16	IV	H	63	3		Cechach
3762	1887	Zari	2	Kalisek, Marie	4	3	2				3		Chicago
2872	1886	Leden	13	Kalny, Franta	18	35				4			Chicago
2990	1886	Duben	15	Kalus, Anton			14	V	O	48			Cechach
2096	1884	Kveten	26	Kalus, Johana	13	69				3		16	Chicago
3317	1886	Prosinec	3	Kamis, Alois			1	III	D	8	6		Chicago
3333	1886	Prosinec	11	Kamis, Bozena			1	III	D	4	6		Chicago
3520	1887	Kveten	3	Kanak, Bohumil			13	VI	K		3	11	Chicago
2823	1885	Listopad	24	Kanak, Marie			13	VI	K			13	Chicago
2246	1884	Srpen	2	Kanak, Matej			8	V	J	25	7		Cechach
2706	1885	Srpen	19	Kanak, Ruzena	16	69					20		Chicago
2320	1884	Zari	30	Kanak, Waclav	15	55					4		Chicago
2496	1885	Unor	21	Kanak, Waclav			8	V	J	1	2		Chicago
2697	1885	Srpen	10	Kandlik, Emilie			1	II	G		3	20	Chicago

BUR #	DWELLING	\multicolumn{3}{c	}{DEATH DATE}	C	UNDER-TAKER	REMARKS
		Yr	Mo	Da			
1555	***	1883	Leden	20		Mencl	***683 [Mill or Milwaukee] Av.
86	65 Emma St.	1878	Cerven	1		Kunkel	
458	712 Lake	1880	Cerven	2		***	* [see Kaynon] ***Chettn [Sheldon?]
3681	5 Shelby Ct.	1887	Cervenec	21		Urban	[L.5-VI-H crossed out]
2459	1026 George St	1885	Leden	9		Biln	
806	14 Augusta St.	1881	Cervenec	2		Mencl	
1554	53 Tell Pl.	1883	Leden	17		Seyk	
3221	414 W. 18th St	1886	Zari	22		Firpach	
3101	414 W 18th St	1886	Cervenec	11		Urban	
3840	832 W. 18th St.	1887	Rijen	18		Urban	
588	408 - 18th St.	1880	Rijen	15	+	Seyk	
3623	414 W. 18th St.	1887	Cervenec	3		Firpach	
2963	412 W 18th St	1886	Brezen	21		Urban	
192	743 May St.	1879	Leden	11		Gallistel	
2418	20 Seward St.	1884	Prosinec	4		Profant	
336	589 Centre Av.	1879	Rijen	20		Seyk	
1906	584 W 18th St	1883	Prosinec	3		Seyk	
181	449 W. 20th St.	1878	Prosinec	18		Seyk	
3203	584 W. 18th St.	1886	Zari	8		Zajicek	
726	273 W. 20th St.	1881	Duben	14		Seyk	
337	145 W. 15th St.	1879	Rijen	24		Seyk	
1504	–	1882	Prosinec*	30		–	* [probably Listopad]
1889	190 W 20th St	1883	Listopad	20		Seyk	
1890	190 W 20th St	1883	Listopad	20		Seyk	
41	--	1878	Unor	16		Kalapsa	
1225	–	1882	Duben	19		–	
354	44 Bunker St.	1879	Prosinec	–		Seyk	
540	119 W. 19th St.	1880	Srpen	21		Seyk	
621	278 W. 20th St.	1880	Listopad	26		Seyk	
3029	883 W 19th St	1886	Kveten	2		Zajicek	
2373	68 Emma St.	1884	Listopad	1		Kunkel	
2027	3940 Wentworth Av	1884	Duben	5		Mencl	
784	–	1881	Cerven	12		Seyk	
3762	256 N. Curtis Av.	1887	Zari	1		Pelikan	
2872	502 W 19th St	1886	Leden	12		Zajicek	
2990	604 - 17th St	1886	Duben	13		Zajicek	[R.18-15 crossed out]
2096	911 Van Horn St.	1884	Kveten	24		Seyk	
3317	79 Liberty St	1886	Prosinec	1		Mencl	
3333	79 Liberty St	1886	Prosinec	11		Mencl	
3520	137 Bunker St.	1887	Kveten	2		Mencl	
2823	79 Obrayn St [O'Brien]	1885	Listopad	23		Mencl	[DBN]
2246	107 Taylor St.	1884	Cervenec	31		Mencl	
2706	146 Taylor St	1885	Srpen	18		Mencl	
2320	107 Taylor St.	1884	Zari	29		Mencl	
2496	139 Canal St	1885	Unor	19		Mencl	
2697	1512 Milwaukee Ave	1885	Srpen	9		Seyk	

BUR #	\multicolumn{3}{c}{BURIAL DATE}	NAME	\multicolumn{4}{c}{GRAVE LOCATION}	\multicolumn{3}{c}{AGE}	BIRTH
	Yr	Mo	Da		Row	No.	Lot	Blk	Sec	Yr	Mo	Da	PLACE
1385	1882	Srpen	13	Kanka, Antonie			12	4	J	81			Cechach
2756	1885	Zari	27	Kanka, Antonin	18	9					4		Chicago
2117	1884	Cerven	3	Kanka, Paulina	14	43					2	5	Rakousku
1743	1883	Cervenec	18	Kapek, Emilie	12	51					8	14	Chicago
2167	1884	Cervenec	3	Kapek, Josef	14	62					–	–	–	Chicago
208	1879	Unor	19	Kapek, Rudolf	2	55					2	20	Chicago
1642	1883	Duben	15	Kaplanek, Josef			1	II	L		1		Chicago
2485	1885	Unor	8	Kapsa, Ana	10	3					7		Chicago
1754	1883	Cervenec	25	Kapsa, Bozena			14	IV	J	1		5	Chicago
1865	1883	Rijen	22	Kapsa, Franta			14	IV	J			1	Chicago
2985	1886	Duben	8	Kara, Josefa A.			16	I	J			22	Chicago
2837	1885	Prosinec	8	Karasek, Franta			1	II	D		9	17	Chicago
2503	1885	Brezen	1	Karasek, Jan			17	V	J	34			Cechach
1427	1882	Zari	16	Karasek, Marie	11	45					1		Chicago
3212	1886	Zari	17	Karel, Josef	8	35				25			Cechach
260	1879	Cerven	15	Kares, Jiri	3	18						15	Chicago
3757	1887	Srpen	29	Karlovsky, Franta	4	1	2			1		14	Chicago
435	1880	Duben	26	Karnatz, Berta	5	1					1	1	Cook Co.
1151	1882	Unor	15	Kasal, Marie	9	66					1		Chicago
2993	1886	Duben	15	Kasal, Petr	19	10					2		Chicago
1453	1882	Rijen	8	Kasal, Waclav	11	57					1		Chicago
2978	1886	Duben	2	Kase, Ana	18	67				2	10		Chicago
915	1881	Srpen	11	Kase, Anton	8	25	1			1	2		Chicago
95	1878	Cerven	26	Kase, Jan	2	14					14		Chicago
3120	1886	Cervenec	21	Kase, Wilem	19	63					3		Chicago
1580	1883	Unor	12	Kasl, Ruzena	3	60					1	10	Chicago
2536	1885	Brezen	30	Kaspar, Ana Stasie			3	VI	H	4	8		Chicago
1571	1883	Unor	4	Kaspar, August			1		14	1	1		Chicago
1297	1882	Cerven	10	Kaspar, Bozena	10	51				1	2	2	Chicago
2796	1885	Rijen	28	Kaspar, Eduard			15	II	D	2			Chicago
769	1881	Kveten	30	Kaspar, Emil	1	22					4		Chicago
867	1881	Cervenec	26	Kaspar, Emilie	8	8	1				8		Chicago
3327	1886	Prosinec	9	Kaspar, Franta	1	75	2			1	9		Chicago
902	1881	Srpen	7	Kaspar, Jan			3	VI	H	2	5		Chicago
460	1880	Cerven	8	Kaspar, Josef	5	12					1	21	Chicago
3874	1887	Listopad	4	Kaspar, Julie			1		14	41	9	26	Cechach
3313	1886	Prosinec	1	Kaspar, Marie	1	70	2				7		Chicago
3883	1887	Listopad	14	Kaspar, Waclav			6	II	L	84			Cechach
2722	1885	Zari	1	Kaspar, Waclav	16	81					1	6	Chicago
1418	1882	Zari	7	Kasprovic, Josef			10	VI	L		3	17	Chicago
365	1880	Leden	5	Kasprovic, Marie			10	VI	L			22	Chicago
307	1879	Srpen	29	Kastl, Barbora	2	11				30			Cechach
2482	1885	Unor	3	Kastl, Karel			13	V	J	1	10		Chicago
1722	1883	Cervenec	5	Kastl, Marie	12	48					8	14	Chicago
1734	1883	Cervenec	13	Kastlova, Marie	13	6					1	12	Chicago
1349	1882	Cervenec	26	Kastner, Frantiska			12	IV	H	1	2	10	Chicago

BUR #	DWELLING	DEATH DATE Yr	Mo	Da	C UNDER-TAKER	REMARKS
1385	187 Wright St.	1882	Srpen	12	Mencl	1/05/1908 moved [from R.5-8-L.81]
2756	197 Dekoven St	1885	Zari	25	Mencl	
2117	169 Bunker St.	1884	Cerven	2	Mencl	
1743	491 W 20th St	1883	Cervenec	17	Seyk	
2167	491 W. 20th St.	1884	Cervenec	1	Seyk	
208	80 Clayton St.	1879	Unor	18	Seyk, W.	
1642	451 Desplaines St.	1883	Duben	14	Mencl	
2485	697 Loomis St	1885	Unor	7	Cermak	
1754	232 W 12th St	1883	Cervenec	24	Mencl	
1865	232 W 12th St	1883	Rijen	21	Mencl	
2985	760 Halsted St	1886	Duben	7	Zajicek	
2837	202 W. 14th St	1885	Prosinec	6	Mencl	[L.15-V-H crossed out]
2503	454 Canal St	1885	Unor	28	Mencl	
1427	790 Allport	1882	Zari	15	Profant	
3212	538 S. Clark St	1886	Zari	16	Kunkel	
260	139 Forquer St.	1879	Cerven	14	Mencl	
3757	987 Van Horn St.	1887	Srpen	28	Vistein	
435	County Jefferson***	1880	Duben	25	Karnatz	***[Town of Jefferson in Cook Co.?]
1151	214 Van Horn St	1882	Unor	15	Seyk	
2993	257 Maxwell St	1886	Duben	13	Urban	
1453	-	1882	Rijen	7	-	
2978	291 W 20th St	1886	Duben	1	Lusk	
915	430 W. 18th St.	1881	Srpen	10	Seyk	
95	15 Shelby Court	1878	Cerven	25	Seyk	
3120	587 W 19th St	1886	Cervenec	20	Zajicek	
1580	905 Van Horn St.	1883	Unor	12	Seyk	
2536	W. 22nd St	1885	Brezen	29	Lusk	
1571	479 Canal St.	1883	Unor	3	Mencl	3/17/1924 moved [from L.17-VI-H]
1297	929 W. Horn St***	1882	Cerven	9	Seyk	***[Van Horn?]
2796	372 W 18th St	1885	Rijen	26	Seyk	
769	W. 19th St.	1881	Kveten	29	Seyk	
867	-	1881	Cervenec	25	-	
3327	650 Van Horn St	1886	Prosinec	7	Vistein	
902	-	1881	Srpen	5	Seyk	
460	9 Clayton St.	1880	Cerven	7	Mencl	
3874	479 S. Canal St.	1887	Listopad	2	Mencl	3/17/1924 moved [from L.17-VI-H]
3313	552 W. 20th	1886	Listopad	29	Zajicek	
3883	592 Centre Av.	1887	Listopad	12	Mencl	
2722	591 Laflin St	1885	Srpen	31	Seyk	
1418	153 W. 19th St.	1882	Zari	6	Seyk	
365	147 W. 19th St.	1880	Leden	4	Seyk	
307	Cook County Hospital	1879	Srpen	22	Seyk	
2482	687 Throop St.	1885	Unor	1	Seyk	
1722	687 Throop St.	1883	Cervenec	4	Seyk	
1734	905 Van Horn St.	1883	Cervenec	12	Seyk	
1349	Taylor St	1882	Cervenec	24	Mencl	

BUR #	\multicolumn{3}{c}{BURIAL DATE}	NAME	\multicolumn{5}{c}{GRAVE LOCATION}	\multicolumn{3}{c}{AGE}	BIRTH
	Yr	Mo	Da		Row	No.	Lot	Blk	Sec	Yr	Mo	Da	PLACE
1193	1882	Brezen	27	Kaukalik, Ana	10	14					1	6	Chicago
3259	1886	Rijen	18	Kaula, Teresie			8	IV	D	68	7		Cechach
3481	1887	Duben	2	Kavka, Waclav *			3	VI	K	1	7	17	Chicago
459	1880	Cerven	4	Kaynon, Wilder *	5	11				3			Chicago
1900	1883	Listopad	29	Kazda, Franta			15	II	L	1	6		Chicago
657	1881	Leden	17	Kazda, Franta	6	59				3			Chicago
2674	1885	Cervenec	26	Kazda, Marie			15	II	L	2	8		Chicago
1681	1883	Cerven	4	Kazda, Matej			15	II	L	24			Cechach
2606	1885	Kveten	29	Kazda, Ottokar ***			9	V	G	1	5		Chicago
852	1881	Cervenec	20	Kazda, Waclav	7	59				2	9		Chicago
450	1880	Kveten	28	Kehanek, Waclav	2	28	5			56			Cechach
3382	1887	Leden	21	Kehler, W.			12	IV	D	2	7		Chicago
388	1880	Unor	9	Kejsar, Waclav	4	23						2	Chicago
2947	1886	Brezen	14	Kelly, Klara	18	59				3	3		Chicago
3922	1887	Prosinec	11	Kernel, Josef			1	V	K			10	Chicago
1315	1882	Cerven	24	Kerner, Eduard			I	V	K	3			Chicago
3521	1887	Kveten	4	Kerner, Helena			1	V	K	1	4	8	Chicago
1808	1883	Zari	8	Kerner, Weronika			114		1	56			Cechach
2315	1884	Zari	28	Kerner, Wojtech			114		1	54			Cechach
2101	1884	Kveten	28	Kershou, Marie	13	71				1	8		Chicago
2328	1884	Rijen	4	Kesl, Anezka	15	61				1		21	Chicago
1480	1882	Rijen	31	Kesl, Franta	2	8					11	6	Chicago
1355	1882	Cervenec	28	Kidrman, Marie	11	12					9		Chicago
2792	1885	Rijen	27	Kidrman, Tomas	18	17					6		Chicago
2080	1884	Kveten	16	Kilberger, Waclav			17	V	H	1		21	Chicago
3573	1887	Cerven	11	Kilberger, Waclav			14	VI	E	39			Cechach
2386	1884	Listopad	10	Kilbergr, Jan			17	V	H	31			Cechach
2524	1885	Brezen	20	Kilbergr, Martin			15	III	H	22			Cechach
1959	1884	Leden	21	Kilpergl, Eduard J.	-	-	-	-	-		4		Chicago
3649	1887	Cervenec	15	Kindrman, Albert			19	4	S	35			Cechach
2904	1886	Unor	9	Kipta, Ana			11	VI	L	2	7		Chicago
1553	1883	Leden	20	Klaisner, Jakub			16	I	M	34			Cechach
1767	1883	Srpen	2	Klar, Zofie	13	24				3			Chicago
3057	1886	Cerven	13	Klar, Zofie	18	76						21	Chicago
1470	1882	Rijen	19	Klaus, Tomas			19	VI	L	9			-
771	1881	Kveten	30	Klecan, Tomas			16	IV	L	2	6		Chicago
519	1880	Cervenec	30	Kleher, Marie	5	30					11		Chicago
922	1881	Srpen	12	Kleker, Karel	8	30	1				9		Chicago
78	1878	Kveten	11	Klenha, Franta			9	III	M	19			Cechach
2436	1884	Prosinec	24	Klenha, Hari W.			9	III	M		2	11	Chicago
1955	1884	Leden	18	Klenha, Wladimir B			9	III	M	1	10	7	Chicago
448	1880	Kveten	25	Klenha, Wladimir B.			9	III	M	1	2		Chicago
369	1880	Leden	15	Klepacek, Waclav			11	III	D	40			Cechach
1576	1883	Unor	9	Klepal, Waclav			1		18	38	5		Cechach
3516	1887	Kveten	1	Klicka, Emil B.			10		14	3	6	5	Chicago

BUR #	DWELLING	DEATH DATE Yr	Mo	Da	C	UNDER-TAKER	REMARKS
1193	575 W. 21st St	1882	Brezen	26		Seyk	
3259	432 Union St	1886	Rijen	16	+	Schultz	
3481	374 Leanghtur***	1887	Brezen	31		Zajicek	* [see Kafka]
							***[Langley Ter. or Langdon]
459	712 W. Lake St.	1880	Cerven	3		***	* [see Kainon] ***Chettn [Sheldon?]
1900	12 Seward St	1883	Listopad	28		Seyk	
657	19 Seward St.	1881	Leden	16		Seyk	
2674	51 Elgin St	1885	Cervenec	24		Adams	
1681	49 Elgin St.	1883	Cerven	2		Seyk	
2606	W. 16th St	1885	Kveten	26		Mencl	*** [see Skazda]
852	-	1881	Cervenec	19		-	
450	67 Fisk St.	1880	Kveten	25		Seyk	
3382	181 Division St	1887	Leden	18		Meister	
388	-	1880	Unor	8		Seyk	
2947	256 N. Centre Ave	1886	Brezen	12		Mueller	
3922	59 Fisk St.	1887	Prosinec	8		Zajicek	
1315	48 Bunker St	1882	Cerven	23		-	
3521	392 W. 18th St.	1887	Kveten	3		Zajicek	
1808	48 Bunker St	-	-	-		Mencl	1/23/1909 moved [from L.1-V-K]
2315	48 Bunker St.	1884	Zari	25		Mencl	1/23/1909 moved [from L.1-V-K]
2101	158 DeKoven St.	1884	Kveten	27		Mencl	
2328	945 Van Horn St.	1884	Rijen	3		Seyk	
1480	591 Lafhlin St. [Laflin]	1882	Rijen	30		Seyk	
1355	166 W. 19th St	1882	Cervenec	27		Profant	
2792	166 W 19th St	1885	Rijen	25		Zajicek	
2080	750 W. 18th St.	1884	Kveten	14		Seyk	
3573	764 W. 18th St.	1887	Cerven	9		Zajicek	
2386	519 W. 18th St.	1884	Listopad	8		Seyk	
2524	753 W. 18th St	1885	Brezen	17		Mencl	
1959	519 W. 18th St	1884	Leden	20		Seyk	[grave location not given]
3649	166 W. 19th St.	1887	Cervenec	14	+	Urban	[R.9-34 crossed out]
2904	270 W 20th St	1886	Unor	8		Cermak	
1553	324 S. 26th St.	1883	Leden	-	+	-	
1767	35 Fisk St	1883	Srpen	1		Seyk	
3057	403 W 16th St	1886	Cerven	12		Urban	
1470	-	1882	Rijen	18		-	
771	125 Forquer St.	1881	Kveten	29		Mencl	
519	427 S. Jefferson St.	1880	Cervenec	29		Seyk	
922	119 W. 19th St.	1881	Srpen	11		Seyk	
78	Cook County Hospital	1878	Kveten	9		Seyk, W.	
2436	837 Allport St.	1884	Prosinec	23		Chalifoux	
1955	175 W 12th St	1884	Leden	17		Chalifoux	
448	448 S. Jefferson St.	1880	Kveten	20		Mencl	
369	Shelby Court	1880	Leden	14	+	Seyk	
1576	595 Centre Ave.	1883	Unor	7		Seyk	11/29/1924 moved [from L.7-V-H]
3516	Humbolt Park, Ill.	1887	Duben	29		--	12/07/1924 moved [from L.18-II-J]

BUR #	Yr	Mo	Da	NAME	Row	No.	Lot	Blk	Sec	Yr	Mo	Da	BIRTH PLACE
2562	1885	Duben	19	Klicka, Jan B.			10		14	3	9	21	Chicago
2394	1884	Listopad	16	Klicka, Marie			19	II	J	49	1	12	Cechach
3547	1887	Kveten	22	Klicpera, Frank	8	46					9		Cechach
3948	1887	Prosinec	29	Klik, Katerina ***			128		12		9		Cechach
3843	1887	Rijen	21	Klima, Franta			14	IV	A	53			Cechach
1707	1883	Cerven	26	Klima, Jakub	12	38					2		Chicago
3153	1886	Srpen	11	Klima, Jiri	1	5		2			7	27	Chicago
3184	1886	Srpen	29	Klima, Josef			7	III	F	1	6		Chicago
897	1881	Srpen	5	Klima, Waclav	8	14		1			11		Chicago
3639	1887	Cervenec	11	Klima, Waclav	3	28		2			2	15	Chicago
647	1881	Leden	10	Klimes, Alzbeta			15	I	K	75			Cechach
1528	1882	Prosinec	22	Klimes, Ana			15	I	K	-	-	-	Chicago
511	1880	Cervenec	21	Klimes, Josef			15	I	K	52			Cechach
3008	1886	Duben	25	Klimes, Wojtech			15	I	K	40	11		Cechach
1619	1883	Brezen	23	Klindera, Jarsolav	9	50					3	21	Chicago
1108	1882	Leden	12	Klindera, Jirina	9	50					6	19	Chicago
1709	1883	Cerven	27	Klinka, Anna			17	III	L		5		Chicago
1003	1881	Rijen	7	Klinka, Emilie	9	4					10		Chicago
1706	1883	Cerven	26	Klinka, Emilie			12	VI	J	1	2		Chicago
3251	1886	Rijen	13	Klinka, Otokar			12	VI	J		21		Chicago
831	1881	Cervenec	12	Kloboucnik, Josef	7	43					2	12	Chicago
3731	1887	Srpen	15	Kloud, Rosalie	3	66		2			5		Chicago
937	1881	Srpen	19	Klouz, Marie	8	41		1			8		Chicago
1365	1882	Srpen	1	Kmen, Jan			20	III	L		1		Chicago
2884	1886	Leden	22	Knet, Karolina			3	VI	L		3	12	Chicago
2584	1885	Kveten	11	Kneth, Helena			3	VI	L		7	10	Chicago
207	1879	Unor	18	Knitl, Ana Als.			15	III	K		14		Chicago
1040	1881	Listopad	11	Knitl, Petr			15	III	K	1	4	6	Chicago
3063	1886	Cerven	18	Knizek, Jindrich			15	3	Y	17			Chicago
1952	1884	Leden	15	Knopf, Otto	13	52					6		***
3419	1887	Unor	18	Knopf, Ottokar	9	14				35			Nemecku
3068	1886	Cerven	21	Knoph, Wiliam	13	52					9		Chicago
2790	1885	Rijen	23	Knotek, Anton			13	IV	D	3	3		Chicago
3745	1887	Srpen	22	Knotek, Katerina			13	IV	D	30			Cechach
3359	1887	Leden	6	Knotek, Ladislav			13	IV	D	1	8		Chicago
2780	1885	Rijen	17	Knourek, Franta			9	IV	L	1	5		Chicago
1280	1882	Kveten	26	Knourek, Josef			9	IV	L	2			Chicago
1438	1882	Zari	26	Knourek, Waclav			9	IV	L	-	-	-	Chicago
3193	1886	Zari	4	Kobel, Julius	8	34				35			Denmark
533	1880	Srpen	13	Kocar, Eduard	5	40					11		Chicago
1703	1883	Cerven	21	Kocka, Emil	12	37					7		Chicago
3243	1886	Rijen	10	Kocka, Josef	1	47		2			2		Chicago
1126	1882	Leden	24	Kocka, Waclav	9	55				6			Chicago
662	1881	Leden	20	Kocka, Waclav	6	16				5	11		Chicago
1533	1882	Prosinec	26	Kocka, Wili	11	73					1		Chicago

BUR #	DWELLING	Yr	Mo	Da	C	UNDER-TAKER	REMARKS
2562	955 W. North Ave	1885	Duben	16		Mueller	12/03/1924 moved [from L.18-II-J]
2394	74 Mazar St. ***	1884	Listopad	14		Mencl	***[Mozart or Major]
3547	713 Loomis St.	1887	Kveten	20		Zajicek	[L.20-IV-K crossed out]
3948	12 Burlington	1887	Prosinec	27	+	Firpach	4/05/1905 moved [from R.13-60 B.1]
							*** [see Glick]
3843	176 Bunker St.	1887	Rijen	19		Mencl	[R.10-15 crossed out]
1707	53 Meagher St.	1883	Cerven	25		Mencl	
3153	53 Meagher St	1886	Srpen	10		***	*** Girmy [Grein?]
3184	11 Shelby Ct	1886	Srpen	28		Urban	[R.1-20 crossed out]
897	Bunker St.	1881	Srpen	3		-	
3639	108 Calhoun St.	1887	Cervenec	10		Mencl	
647	109 Dekoven St.	1881	Leden	8		Mencl	
1528	437 S. Jefferson St.	1882	Prosinec	21		Mencl	
511	Cook County Hospital	1880	Cervenec	20		Seyk	
3008	437 S Jefferson St	1886	Duben	23		Mencl	
1619	-	1883	Brezen	22		-	
1108	122 Liberty St	1882	Leden	11		Mencl	
1709	683 Throop St.	1883	Cerven	26		Seyk	
1003	-	1881	Rijen	5		-	
1706	600 W. 18th St.	1883	Cerven	25		Seyk	
3251	400 W. 18th St	1886	Rijen	12		Urban	
831	W. 18th St.	1881	Cervenec	11		Seyk	
3731	229 - 25th Place	1887	Srpen	14		Havel	
937	-	1881	Srpen	18		-	
1365	-	1882	Cervenec	30		Profant	
2884	561 Jefferson St	1886	Leden	20		Mencl	
2584	561 Jefferson St	1885	Kveten	10		Mencl	
207	61 Emma St.	1879	Unor	18		Mencl	
1040	-	1881	Listopad	9		-	
3063	28 Obrayn St [O'Brien]	1886	Cerven	17		Mencl	11/17/1907 moved [from R.8-24]
1952	na farme	1884	Leden	14		Knopf	*** Cook Co. Jefferson
3419	Alexian Bros. Hospital	1887	Unor	14		Burmeister	
3068	205 Clybourn Ave	1886	Cerven	19		[Burmeister?]	
2790	1023 W 18th St	1885	Rijen	21		Seyk	
3745	990 Van Horn St.	1887	Srpen	21		Urban	
3359	1023 W. 18th St	1887	Leden	5		Urban	
2780	726 Loomis St	1885	Rijen	16		Mencl	
1280	143 Bunker St	1882	Kveten	25		Mencl	
1438	143 Bunker St.	1882	Zari	24		Mencl	
3193	Alex[ian] Bros. Hospital	1886	Zari	3		Birren	
533	143 Bunker St.	1880	Srpen	13		Mencl	
1703	449 W. 19th St.	1883	Cerven	20		Seyk	
3243	720 Morgan St	1886	Rijen	9		Urban	
1126	421 Canal St	1882	Leden	23		Mencl	[DBN]
662	84 W. 15th St.	1881	Leden	19		Mencl	
1533	449 W. 19th St.	1882	Prosinec	25		Seyk	

BUR #	Yr	Mo	Da	NAME	Row	No.	Lot	Blk	Sec	Yr	Mo	Da	BIRTH PLACE
2705	1885	Srpen	19	Kocour, Marie	16	68						5	Chicago
3230	1886	Zari	30	Kocourek, Josef	8	37				60			Cechach
2774	1885	Rijen	11	Kocourek, Teresie	7	33				42	6		Cechach
3128	1886	Cervenec	26	Kodet, Aleck	19	68					9	3	Chicago
1746	1883	Cervenec	20	Kohle, Jan	12	54						15	Chicago
2467	1885	Leden	16	Kohout, Franta			11	IV	G	50	6		Cechach
1511	1882	Prosinec	5	Kohout, Josef			3	IV	K	67			Cechach
2733	1885	Zari	10	Kokoska, Ana	18	1				1	3		Chicago
2355	1884	Rijen	20	Kokoska, Josef	11	59						3	Chicago
110	1878	Cervenec	25	Kolar, Alois			7	II	J	-	-	-	Chicago
521	1880	Srpen	2	Kolar, Ana			14	VI	L	1	1	3	Chicago
3598	1887	Cerven	26	Kolar, Ana	3	10	2			2	6		Chicago
2061	1884	Duben	29	Kolar, Anton			14	VI	L	34			Cechach
3620	1887	Cervenec	4	Kolar, Barbora			11	V	A	42			Cechach
947	1881	Srpen	26	Kolar, Bohumil			7	II	J			6	Chicago
816	1881	Cervenec	7	Kolar, Emilie	7	33				1	6		Chicago
1400	1882	Srpen	21	Kolar, Emilie	11	32				1	2		Chicago
976	1881	Zari	17	Kolar, Frantiska	8	64	1			1		2	Chicago
1927	1883	Prosinec	23	Kolar, Frantiska			6	I	G	2	6		Chicago
3009	1886	Duben	26	Kolar, Frantiska			137		11	3	6		Rakousku
141	1878	Zari	13	Kolar, Jan B.	1	50				1	6		Chicago
2688	1885	Srpen	7	Kolar, Jaroslav	17	52				1	10		Chicago
440	1880	Kveten	4	Kolar, Jiri			9	VI	E		2		Chicago
992	1881	Zari	27	Kolar, Josef			1	III	L	69			Cechach
2327	1884	Rijen	4	Kolar, Josef			7	II	J	4	4		Chicago
1685	1883	Cerven	7	Kolar, Josef			6	2	W	40			Cechach
1694	1883	Cerven	17	Kolar, Josef	5	33				41			Cechach
311	1879	Srpen	27	Kolar, Julie			9	VI	E		6		Chicago
2450	1885	Leden	4	Kolar, Karel			7	II	J		9	14	Chicago
449	1880	Kveten	27	Kolar, Katerina			1	III	L	64			Cechach
28	1878	Leden	4	Kolar, Leopold	1	35					2		Chicago
2255	1884	Srpen	6	Kolar, Marie			6	I	G	1	6		Chicago
3395	1887	Unor	3	Kolar, Milena	3	4	1				7		Chicago
2608	1885	Cerven	4	Kolar, N.N.	17	32				--	--	--	Chicago
3918	1887	Prosinec	7	Kolar, Otto			138		11	3	10		Chicago
2671	1885	Cervenec	26	Kolar, Robert	10	31					1		Chicago
1244	1882	Kveten	4	Kolar, Waclav	10	31				1	1		Chicago
3433	1887	Brezen	2	Kolar, Waclav	2	7	2					14	Chicago
3900	1887	Listopad	25	Kolar, Waclav	9	40				29			Cechach
2855	1885	Prosinec	27	Kolar, Waclav			9	VI	E		11	22	Chicago
106	1878	Cervenec	19	Kolata, Wojtech			5	III	K	35			Cechach
1832	1883	Zari	21	Kolbaba, Jan			14	II	G	69			Cechach
990	1881	Zari	26	Kolbaba, Marie			14	II	G	64			Cechach
1324	1882	Cervenec	3	Kolveyt, Heliad	2	23				-	-	-	Chicago
413	1880	Brezen	29	Kolweyt, Franta	2	23				26			Cechach
835	1881	Cervenec	13	Kominek, Matej	7	46					6		Chicago

BUR #	DWELLING	DEATH DATE Yr	Mo	Da	C	UNDER-TAKER	REMARKS
2705	488 Canal St	1885	Srpen	18		Mencl	
3230	717 Throop St	1886	Zari	28		Elton	
2774	151 W. 16th St	1885	Rijen	10		Jaeger	
3128	56 Fisk St	1886	Cervenec	24		Urban	
1746	164 Dekoven St	1883	Cervenec	19		Seyk	
2467	238 Ewing St	1885	Leden	14		Jaegar	
1511	–	1882	Prosinec	4		–	
2733	699 May St	1885	Zari	9		Seyk	
2355	835 Allport St.	1884	Rijen	19		Profant	
110	286 W. 20th St.	1878	Cervenec	24		Seyk	[R.1-38 crossed out]
521	292 W. 20th St.	1880	Srpen	1		Podolsky	
3598	172 W. 19th St.	1887	Cerven	24		Profant	
2061	292 W. 20th St	1884	Duben	27		Seyk	
3620	161 Bunker St.	1887	Cervenec	3		Mencl	[R.9-32 crossed out]
947	–	1881	Srpen	25		–	[R.8-43 crossed out]
816	690 W. 18th St.	1881	Cervenec	5		Seyk	
1400	10 McMullen Ct.	1882	Srpen	20		Profant	
976	–	1881	Zari	16		–	
1927	12 Seward St	1883	Prosinec	22		Seyk	
3009	451 DesPlaines St	1886	Duben	24		Mencl	1/16/1906 moved [from R.19-18]
141	208 W. 20th St.	1878	Zari	12		Mencl	
2688	632 Van Horn St	1885	Srpen	6		Seyk	
440	99 Fisk St.	1880	Kveten	3	+	Seyk	
992	448 S. Jefferson	1881	Zari	25		Mencl	
2327	725 Van Horn St.	1884	Rijen	3		Seyk	[R.15-60 crossed out]
1685	Jefferson CC Hospital [sic]	1883	Cerven	6		Mencl	4/16/1901 moved [from R.5-31]
1694	204 Brown St.	1883	Cerven	15		Seyk	
311	99 Fisk St.	1879	Srpen	25		Seyk	[R.3-39 crossed out]
2450	725 Van Horn St	1885	Leden	3		Seyk	
449	448 S. Jefferson St.	1880	Kveten	25		Mencl	
28	447 Desplaines St.	1878	Leden	4		Seyk	
2255	615 W. 18th St.	1884	Srpen	4		Seyk	
3395	618 Centre Av	1887	Leden	–		Urban	
2608	602 W. 18th St	1885	Cerven	3		Vistein	
3918	119 W. 15th St.	1887	Prosinec	5		Mencl	1/16/1906 moved [from R.4-48-B.2]
2671	632 Van Horn St	1885	Cervenec	24		Seyk	
1244	436 W. 17th St	1882	Kveten	3		Cerveny	
3433	172 W. 19th St	1887	Brezen	1		Profant	
3900	74-75 Drexel Av.	1887	Listopad	23		Mencl	
2855	551 W 19th St	1885	Prosinec	25		Zajicek	
106	500 Larrabee St.	1878	Cervenec	16		Muller	
1832	168 DeKoven St	1883	Zari	21		Mencl	
990	186 DeKoven St.	1881	Zari	24		Mencl	[L.12-II-G crossed out]
1324	107 Dekoven St	1882	Cervenec	1		Mencl	
413	16 Burlington St.	1880	Brezen	28		Mencl	
835	–	1881	Cervenec	12		–	

BUR #	Yr	Mo	Da	NAME	Row	No.	Lot	Blk	Sec	Yr	Mo	Da	BIRTH PLACE
1291	1882	Cerven	6	Kondelik, Barbora	5	61				-	-	-	Chicago
2605	1885	Kveten	28	Kondelik, Frank			20	3	N	38			Cechach
517	1880	Cervenec	28	Kondelik, Marie	5	29				1	6		Chicago
611	1880	Listopad	14	Kondelik, Marie	5	61				-	-	-	Chicago
794	1881	Cerven	26	Kones, Wojtech			1	IV	L	19			Cechach
620	1880	Listopad	26	Konicek, Jakub			104		9	35			Cechach
2778	1885	Rijen	14	Konicek, Marie	18	12					2	9	Chicago
395	1880	Unor	24	Konvalinka, Ana	4	29				3			Chicago
401	1880	Brezen	3	Konvalinka, Augustin	4	32					10	7	Chicago
3069	1886	Cerven	22	Konvalinka, Benedik			8	I	K		6		Chicago
1831	1883	Zari	21	Konvalinka, Bretislav			20	III	G	3	1		Chicago
3703	1887	Srpen	3	Konvalinka, Helena			20	III	G			2	Chicago
2643	1885	Cervenec	10	Konvalinka, Jan			3	IV	K	1	3		Chicago
3366	1887	Leden	12	Konvalinka, Ruzena			20	III	G			14	Chicago
3898	1887	Listopad	23	Konvalinka, Waclav	4	41		2			7		Chicago
439	1880	Kveten	4	Konzak, Bohus	3	59					11		Chicago
1176	1882	Brezen	13	Kopanicky, Josef	4	23				80	8		Cechach
1416	1882	Zari	6	Kopecky, Franta			10	IV	L	83			Cechach
2692	1885	Srpen	9	Kopka, Aloisie	16	62				1	6		Chicago
1601	1883	Brezen	6	Kopp, Jaroslav			19	V	H		3		Chicago
318	1879	Zari	7	Kopp, Josef			19	V	H	1	1	20	Chicago
774	1881	Cerven	5	Kopp, Karel			19	V	H		9		Chicago
3924	1887	Prosinec	12	Kopriot, Matej			2	V	E	42	8		Cechach
667	1881	Leden	24	Kopta, Josef			8	I	M	61			Cechach
3859	1887	Rijen	30	Kopta, Marie			8	I	M	66			Cechach
2807	1885	Listopad	13	Koran, Wojtech			16	VI	J	47			Cechach
2420	1884	Prosinec	8	Koranda, Franta			9	III	G	1	6	6	Chicago
1472	1882	Rijen	24	Korba, Marie			1	I	K	53			Cechach
1735	1883	Cervenec	13	Korbel, Marie			29	2	W	1	1		Chicago
3455	1887	Brezen	18	Korbel, Rosalie			12	IV	G	68			Cechach
2801	1885	Listopad	6	Kordik, Eduard			10	II	D	-	-	-	Chicago
1350	1882	Cervenec	27	Korenta, Augustin	10	61					2		Chicago
1868	1883	Rijen	28	Korinek, Magdalena			5	II	J	73			Cechach
1641	1883	Duben	11	Kosa, Ana	4	15				-	-	-	Chicago
3527	1887	Kveten	8	Kosa, Bedrich			5	6	H	1	1		Chicago
1281	1882	Kveten	26	Kosak, Emilie	10	43				5	6	13	Chicago
474	1880	Cerven	27	Kosak, Franta	5	19					2	25	Chicago
1251	1882	Kveten	8	Kosak, Marie Gar.	10	33					7	25	Chicago
1282	1882	Kveten	26	Kosak, Rudolph	10	44				3	5	13	Chicago
666	1881	Leden	24	Kosatka, Jan	6	38							Chicago
3404	1887	Unor	10	Koska, Jan	2	34	1				3		Chicago
1333	1882	Cervenec	11	Koskuba, Jan			20	III	M	1	4		Chicago
400	1880	Brezen	2	Koskubu, Kajetan			20	III	M	53			Cechach
335	1879	Rijen	12	Koslik, Karel	3	66				1	1		Chicago
1098	1882	Leden	2	Kostal, Ana	9	46				5			Chicago
2666	1885	Cervenec	25	Kostal, Ana			10	I	J	2			Chicago

BUR #	DWELLING	DEATH DATE Yr	Mo	Da	C	UNDER-TAKER	REMARKS
1291	186 Dekoven	1882	Cerven	5		Kondelik	
2605	692 May St	1885	Kveten	26		Seyk	[R.7-14 crossed out]
517	692 May St.	1880	Cervenec	27		Seyk	
611	186 Dekoven St.	1880	Listopad	11		Kondelik	
794	729 - 43rd St.	1881	Cerven	25	+	Loveney	
620	347 W. 18th St.	1880	Listopad	25		Seyk	4/11/1908 moved [from R.3-2]
2778	701 Loomis St	1885	Rijen	13		Zajicek	
395	131 Bunker St.	1880	Unor	23		Chalifoux	
401	131 Bunker St.	1880	Brezen	2		Chalifoux	
3069	124 Ruble St	1886	Cerven	21		Urban	
1831	14 Nutt Court	1883	Zari	20		Seyk	
3703	675 May St.	1887	Srpen	2		Zajicek	
2643	755 May St	1885	Cervenec	9		Seyk	
3366	823 Wood St	1887	Leden	11		Zajicek	
3898	64 W. 15th St.	1887	Listopad	21	+	Schultz	
439	-	1880	Kveten	3		Seyk	
1176	Wricht [Wright] St	1882	Brezen	10		Mencl	
1416	Hospital	1882	Zari	4		Seyk	
2692	412 - 25th St	1885	Srpen	8		Havel	
1601	Fisk St.	1883	Brezen	5		-	
318	141 Dekoven St.	1879	Zari	6		Mencl	
774	161 Bunker St.	1881	Cerven	3		Mencl	
3924	2 Earl St.	1887	Prosinec	10		Jana	
667	103 Dekoven St.	1881	Leden	22		Mencl	
3859	193 DeKoven St.	1887	Rijen	28		Mencl	
2807	98 - 14th St	1885	Listopad	12		Mencl	
2420	208 W. 20th St.	1884	Prosinec	5		Mencl	
1472	109 Taylor St.	1882	Rijen	22		Mencl	
1735	428 W. 20th St.	1883	Cervenec	12		Seyk	12/02/1906 moved [from R.13-7]
3455	158 Taylor St	1887	Brezen	16		Schultz	
2801	109 Taylor St	1885	Listopad	5		Schultz	[R.18-20 crossed out]
1350	473 Canal St	1882	Cervenec	24		Mencl	
1868	294 W 20th St	1883	Rijen	14		Mencl	Transferred from Graceland Cem.
1641	613 Thornop [Throop?]	1883	Duben	10		Seyk	
3527	635 W. 18th St.	1887	Kveten	7		Vistein	
1281	426 W. 18th St	1882	Kveten	25		Seyk	
474	Jefferson County***	1880	Cerven	25		Mencl	***[Town of Jefferson in Cook Co.?]
1251	420 W. 18th St	1882	Kveten	7		Seyk	
1282	426 W. 18th St	1882	Kveten	25		Seyk	
666	111 W. 15th St.	1881	Leden	23		Seyk	
3404	142 Taylor St	1887	Unor	1		Cermak	
1333	131 Dekoven	1882	Cervenec	10		Mencl	
400	-	1880	Brezen	1		Buss	
335	174 Newberry Av.	1879	Rijen	11		Mencl	
1098	15 Nutt Court	1882	Leden	2		Seyk	
2666	601 Centre Ave	1885	Cervenec	24		Seyk	[R.16-52 crossed out]

BUR #	\multicolumn{3}{c	}{BURIAL DATE}	NAME	\multicolumn{5}{c	}{GRAVE LOCATION}	\multicolumn{3}{c	}{AGE}	BIRTH
	Yr	Mo	Da		Row	No.	Lot	Blk	Sec	Yr	Mo	Da	PLACE
1135	1882	Leden	28	Kostal, Bozena	9	60				4			Chicago
2557	1885	Duben	19	Kostal, Emil	16	38				3	6		Chicago
288	1879	Srpen	2	Kostal, Franta	3	42				5			Chicago
3028	1886	Kveten	8	Kostal, Josef	19	28				1	7		Chicago
865	1881	Cervenec	25	Kostal, Kristina	8	6	1			1			Chicago
2973	1886	Brezen	31	Kostal, Waclav			10	I	J	1	8		Chicago
243	1879	Kveten	11	Kostir, B. Waclav	3	8					1		Chicago
3363	1887	Leden	9	Kostka, Anna	2	3	2			-	-	-	Chicago
880	1881	Srpen	1	Kostka, Anton	7	70				1	6		Chicago
1665	1883	Kveten	11	Kostka, Julie			63		1	16			Cechach
3304	1886	Listopad	25	Kostner, Marie			9	6	N	76			Cechach
3417	1887	Unor	18	Kostohriz, Bohumil	16	73	1				6		Chicago
2712	1885	Srpen	25	Kostohriz, Teresie	16	73	-			6	7		Chicago
751	1881	Kveten	12	Kotek, Eva			20	III	L	76			Chicago
3371	1887	Leden	14	Kotek, Franta	9	11				23			Cechach
472	1880	Cerven	27	Kotek, Jan			10	5	S	45			Cechach
3448	1887	Brezen	13	Kotek, Marie	2	22	2			2	6		Chicago
2929	1886	Brezen	3	Kothanek, Alois			9	III	M		1	8	Chicago
297	1879	Srpen	10	Kotora, Ana	3	50					7		Chicago
2405	1884	Listopad	26	Kotora, N.	15	15				-	-	-	Chicago
3667	1887	Cervenec	19	Kotora, Ruzena	3	36	2				8		Chicago
3523	1887	Kveten	4	Kotva, Baby B.	19	2	1			--	--	--	Chicago
2962	1886	Brezen	23	Kotva, Emilie	19	2	-			2			Chicago
1114	1882	Leden	15	Kotzum, Barbora			18	IV	L	12			Chicago
1087	1881	Prosinec	24	Kotzum, Franta			18	IV	L	6			Chicago
1128	1882	Leden	25	Kotzum, Frantiska			18	IV	L	8			Chicago
3727	1887	Srpen	14	Kouba, Anton			14	V	D	1	2		Chicago
1392	1882	Srpen	16	Kouba, Antonie			11	VI	L	36			Cechach
1105	1882	Leden	9	Kouba, Barbora	2	62					1	14	Chicago
2747	1885	Zari	20	Kouba, Eduard			16	II	G		9		Chicago
703	1881	Brezen	18	Kouba, Emilie			16	II	G		1		-
455	1880	Cerven	3	Kouba, Franta			16	II	G	-	-	-	Chicago
3761	1887	Zari	1	Kouba, Franta			16	II	G	30			Cechach
21	1877	Prosinec	14	Kouba, Ignac	1	6				-	-	-	Chicago
2261	1884	Srpen	12	Kouba, Josefa	15	30				1	6		Chicago
3792	1887	Zari	15	Kouba, Lillie			16	II	G	1	14		Chicago
2416	1884	Prosinec	3	Kouba, Marie	16	9					1		Chicago
3024	1886	Kveten	5	Kouba, Marie			98	5		30			Cechach
516	1880	Cervenec	26	Kouba, Marie J.	4	69				4	2	14	Chicago
3687	1887	Cervenec	26	Kouba, Waclav	3	43	2			11			Cechach
3710	1887	Srpen	5	Koubek, Marie	3	56	2			1	4		Chicago
441	1880	Kveten	4	Koudek, N.N.	4	49				-	-	-	Chicago
2005	1884	Brezen	13	Koukalik, Anton	14	9					1		Chicago
180	1878	Prosinec	18	Koukalil, Josef	2	53				-	-	-	Chicago
1720	1883	Cervenec	4	Koukol, Ciril	12	46					22		Chicago
1689	1883	Cerven	12	Koukol, Karel	12	32					1		Chicago

BUR #	DWELLING	Yr	Mo	Da	C	UNDER-TAKER	REMARKS
1135	269 W. 20th St	1882	Leden	27		Seyk	
2557	82 Fisk St	1885	Duben	17		Seyk	
288	98 Fisk St.	1879	Srpen	1	+	Seyk	
3028	766 Allport St	1886	Kveten	6		Urban	
865	-	1881	Cervenec	24		-	
2973	15 Nutt Court	1886	Brezen	30		Urban	
243	29 Will St.	1879	Kveten	9		Kunkel	
3363	122 Liberty St	1887	Leden	6		Mencl	
880	-	1881	Srpen***	29		-	***[probably Cervenec]
1665	19 Dussold St.	1883	Kveten	10		Mencl	12/08/1907 moved [from L.3-VI-G]
3304	201 W. 12th St	1886	Listopad	23		Mencl	[L.1-I-G crossed out]
3417	237 W. 20th St	1887	Unor	17		Urban	
2712	237 W. 20th St	1885	Srpen	23		Seyk	
751	-	1881	Kveten	10		-	
3371	256 Centre	1887	Leden	11		Jeschka	
472	122 Hudson St.	1880	Cerven	26		Mencl	
3448	93 Wade St	1887	Brezen	12		Pelikan	
2929	417 W 17th St	1886	Brezen	2		Lusk	
297	Paulina and 17th St.	1879	Srpen	8		Seyk	
2405	923 Van Horn St.	1884	Listopad	25		Kotora	
3667	887 W. 19th St.	1887	Cervenec	18		Zajicek	
3523	752 Allport St.	1887	Kveten	2		Zajicek	
2962	653 May St	1886	Brezen	22		Zajicek	
1114	427 Canal St	1882	Leden	14		Mencl	
1087	427 Canal St	1881	Prosinec	23		Mencl	
1128	427 Canal St	1882	Leden	25		Mencl	
3727	175 W. 15th St.	1887	Srpen	12		Mencl	
1392	255 W. 18th St.	1882	Srpen	15		Mencl	
1105	141 - 18th St	1882	Leden	8		Seyk	
2747	471 W. 19th St	1885	Zari	19		Zajicek	
703	-	-	-	-		-	
455	133 W. 19th St.	1880	Cerven	3		Seyk	
3761	666 W. 19th St.	1887	Srpen	30		Zajicek	
21	166 W. 19th St.	1877	Prosinec	14		Seyk	
2261	208 W. 20th St.	1884	Srpen	11		Seyk	
3792	466 W. 19th St.	1887	Zari	13		Zajicek	
2416	912 Van Horn St.	1884	Prosinec	2		Cermak	
3024	81 Fisk St	1886	Kveten	3		Urban	4/26/1905 moved [from R.8-20]
516	19 Mc Mullen Court	1880	Cervenec	24		Seyk	
3687	143 W. 18th Pl.	1887	Cervenec	25	+	Urban	
3710	151 Wright St.	1887	Srpen	4		Mencl	
441	12 Nutt Court	1880	Kveten	3		Seyk	
2005	435 W 18th St	1884	Brezen	12		Seyk	
180	W. 19th St.	1878	Prosinec	17		Seyk	
1720	546 Loomis St.	1883	Cervenec	2		Alpin	
1689	546 Loomis St.	1883	Cerven	11		Mencl	

BUR #	BURIAL DATE Yr	Mo	Da	NAME	GRAVE LOCATION Row	No.	Lot	Blk	Sec	AGE Yr	Mo	Da	BIRTH PLACE
2648	1885	Cervenec	13	Koukolik, Charli	17	46				--	--	--	Chicago
3350	1886	Prosinec	30	Kounosky, Waclav			11	1	K		6		Chicago
2239	1884	Cervenec	30	Kounovsky, Ana			4	2	D			16	Chicago
96	1878	Cervenec	5	Kounovsky, Bozena			4	2	D	-	-	-	Chicago
3043	1886	Kveten	22	Kounovsky, Franta			4	2	***	53			Cechach
250	1879	Kveten	25	Kounovsky, Marie			11	I	K	43			Cechach
262	1879	Cerven	17	Kounovsky, Ruzena			4	2	D		5		Chicago
1608	1883	Brezen	13	Kounovsky, Waclav			11	I	K		2	3	Chicago
1716	1883	Cervenec	2	Koupal, Jakub			5	2	H	-	-	-	Cechach
2786	1885	Rijen	19	Koupal, Karel			17	II	J		3	10	Chicago
2652	1885	Cervenec	13	Koupal, Marketa			17	II	J	19	8		Cechach
3768	1887	Zari	4	Koupeny, Waclav			7	IV	K	50	11	16	Cechach
3716	1887	Srpen	8	Kourim, Ana			8	V	H	1	3		Chicago
3279	1886	Rijen	31	Kousal, August			3	V	D	46			Cechach
1981	1884	Unor	18	Koutecka, Marie			13	IV	J	33			Cechach
872	1881	Cervenec	27	Koutecky, Jindrich	7	63					11	17	Chicago
330	1879	Rijen	2	Koutecky, Marie	3	64						21	Chicago
363	1880	Leden	5	Koutnik, Franta	4	13				3			Chicago
535	1880	Srpen	17	Koutnik, Josef	5	41					3		Chicago
1207	1882	Duben	6	Koutnik, Marie			2	II	K	1	3		Chicago
2591	1885	Kveten	13	Kovanda, Franta	17	29					1	8	Cechach
3312	1886	Listopad	30	Kovanda, Waclav			19	I	H	23	1		Chicago
72	1878	Duben	22	Kovar, Rudolf			10	III	H	2	4	11	Chicago
612	1880	Listopad	17	Kovar, Waclav			13	III	M	35			Cechach
568	1880	Zari	24	Kovarik, Franta Rudolf			15	IV	H		3	21	Chicago
607	1880	Listopad	9	Kovarik, Fridrich Jos.			15	IV	H		4	6	Chicago
2021	1884	Duben	3	Kovarik, Jan R			15	IV	H		6	6	Chicago
1561	1883	Leden	28	Koza, Matej	5	21				55			Cechach
3788	1887	Zari	9	Kozak, Berta			16	III	E	2	3		Chicago
1163	1882	Unor	24	Kozak, Bohumil	10	1				1	6		Chicago
1469	1882	Rijen	19	Kozak, Josef			10	IV	K			1	Chicago
3377	1887	Leden	16	Kozel, Anous	2	15		2		-	-	-	Chicago
1785	1883	Srpen	13	Kozel, Eduard	12	56				1	2	3	Chicago
776	1881	Cerven	6	Kozel, Franta	6	69					3		Chicago
431	1880	Duben	21	Kozel, Hedva			16	IV	G		11		Chicago
686	1881	Unor	20	Kozel, Josef	1	12				42			Cechach
353	1879	Prosinec	1	Kozel, Josef	4	7				13		13	Chicago
281	1879	Cervenec	23	Kozelka, Bozena	3	36					1	14	Chicago
3930	1887	Prosinec	17	Kozelka, Chas.	15	24		1			9		Chicago
3887	1887	Listopad	17	Kozelka, Stasie	19	55		1		2			Chicago
130	1878	Srpen	21	Kozisek, Josefa			5	I	G		5		Chicago
2490	1885	Unor	15	Kozisek, Nornil			5	I	G		5		Chicago
1552	1883	Leden	16	Kozisek, Otokar			5	I	G		1	5	Chicago
2890	1886	Leden	27	Kozlik, Frank			8	I	J		5	3	Chicago
2597	1885	Kveten	19	Kozlik, Franta			8	I	J	26			Cechach
2840	1885	Prosinec	9	Kozojed, Franta			18	VI	D			7	Chicago

BUR #	DWELLING	\multicolumn{3}{c	}{DEATH DATE}	C	UNDER-TAKER	REMARKS
		Yr	Mo	Da			
2648	484 Lumes [Loomis?] St	1885	Cervenec	12		Seyk	
3350	671 Throop	1886	Prosinec	28		Zajicek	
2239	725 Allport St.	1884	Cervenec	30		Cermak	[R.15-23 crossed out]
96	403 W. 16th St.	1878	Cervenec	5		Mencl	[R.3-16 crossed out]
3043	725 Allport St	1886	Kveten	20		Profant	*** [illegible]
250	693 Allport St.	1879	Kveten	24		Seyk	
262	696 S. May St.	1879	Cerven	16		Mencl	[R.3-19 crossed out]
1608	693 Allport St.	1883	Brezen	12		Cermak	
1716	Lake Michigan	1883	***	24	+	Seyk	***Cervenec [probably Cerven]
2786	177 Ewing St	1885	Rijen	18		Mencl	
2652	157 Hurlbut St	1885	Cervenec	12		***	*** Millikens [Millitens?]
3768	90 Barber St.	1887	Zari	1		Mencl	
3716	445 W. 19th St.	1887	Srpen	7		Zajicek	
3279	31 Galhoun St [Calhoun]	1886	Rijen	29		Urban	[R.3-9 crossed out]
1981	209 W Taylor St	1884	Unor	17		Mencl	
872	160 Ewing St.	1881	Cervenec	26		Mencl	
330	75 Liberty St.	1879	Rijen	1		Mencl	
363	717 S. Morgan St.	1880	Leden	4		Seyk	
535	64 Barber St.	1880	Srpen	16		Mencl	
1207	734 W. 18th St	1882	Duben	4		Seyk	
2591	552 - 29th St	1885	Kveten	11		Heitman	
3312	18 Cypress St	1886	Listopad	28		Mencl	
72	203 Dekoven St.	1878	Duben	21		Seyk	
612	485 Canal st.	1880	Listopad	15	+	Seyk	
568	116 Huron St.	1880	Zari	23		Mencl	
607	116 Husan St. [Huron?]	1880	Listopad	8		Mencl	
2021	116 Erri St [Erie?]	1884	Duben	2		Meyer	
1561	391 W. 16th St.	1883	Leden	27		Seyk	
3788	606 Centre Av.	1887	Zari	7		Zajicek	
1163	-	1882	Unor	23		-	
1469	-	1882	Rijen	18		-	
3377	175 W. 19th	1887	Leden	13		Urban	
1785	157 W 19th St	1883	Srpen	12		Seyk	
776	79 Dekoven	1881	Cerven	4		Seyk	
431	Small Pox Hospital	1880	Duben	20		Mencl	
686	cor Waler & Clinton ***	1881	Unor	17		Mencl	***[corner Waller & Clinton?]
353	126 Taylor St.	1879	Prosinec	1		Mencl	
281	30 Seward St.	1879	Cervenec	23		Mencl	
3930	774 Loomis St.	1887	Prosinec	16		Vistein	
3887	774 Loomis St.	1887	Listopad	16		Vistein	
130	171 Ewing St.	1878	Srpen	20		Mencl	
2490	134 Taylor St	1885	Unor	12		Mencl	
1552	445 Desplaines St.	1883	Leden	17		Mencl	[dates are probably reversed]
2890	456 Union St	1886	Leden	25		Mencl	
2597	856 Ashland Ave	1885	Kveten	17		Seyk	
2840	245 W 20th St	1885	Prosinec	8		Urban	[R.17-70 crossed out]

BUR #	Yr	Mo	Da	NAME	Row	No.	Lot	Blk	Sec	Yr	Mo	Da	BIRTH PLACE
2241	1884	Cervenec	31	Kozojed, Ruzena			18	VI	D		11		Chicago
3917	1887	Prosinec	7	Kozojet, Franta			18	VI	D	35	3		Cechach
837	1881	Cervenec	14	Krahulec, Wilem			20	VI	D		3	14	Chicago
2287	1884	Zari	6	Krahulec, Zdenka			20	VI	D			24	Chicago
2709	1885	Srpen	24	Krajicek, Josef	16	71				6	9		Cechach
2456	1885	Leden	8	Krakora, Matej	17	1				1	2		Chicago
1914	1883	Prosinec	16	Kral, Ana			5	III	G	46			Cechach
962	1881	Zari	10	Kral, Anton	8	53	1				3		Chicago
1790	1883	Srpen	18	Kral, Franta			5	III	G	48			Cechach
3529	1887	Kveten	10	Kral, Jan	2	62	2			1	4	3	Chicago
3348	1886	Prosinec	25	Kral, Josef			17	V	D	29			Cechach
2540	1885	Duben	1	Kral, Josef	16	33						2	Chicago
3905	1887	Listopad	27	Krasa, Jan			19	VI	K	55	6		Cechach
3808	1887	Zari	29	Krasark, Rudolf	4	25	2			1	6		Chicago
3000	1886	Duben	20	Kratochvil, Franta	19	14					4		Chicago
3714	1887	Srpen	7	Kratochvil, Franta	3	58	2				10		Chicago
2580	1885	Kveten	5	Kratochvil, Jan	17	24					4		Chicago
126	1878	Srpen	16	Kratochvil, Jan			1	IV	L	3	2		Chicago
886	1881	Srpen	3	Kratochvil, Josef	3	26				29			Cechach
129	1878	Srpen	20	Kratochvil, Josef			1	IV	L	5	6		Chicago
60	1878	Brezen	26	Kratochvil, Marie			8	IV	K	1	17	16	Chicago
2560	1885	Duben	19	Kratochvil, Rosalie			14	VI	J	47			Uhrich
967	1881	Zari	13	Kratochvil, Rozalie			14	VI	J	1	1		Chicago
1614	1883	Brezen	17	Kratochvil, Sofie			18	IV	K	5			Chicago
2916	1886	Unor	22	Kratochvil, Ustina			14	IV		20	5		Cechach
1172	1882	Brezen	5	Kraus, N.N.	10	5				--	--	--	Chicago
2834	1885	Prosinec	5	Kraus, Rudolf			17	III	E	6	4		Cechach
2271	1884	Srpen	24	Krch, Eduard	15	35					6		Chicago
398	1880	Unor	29	Krch, Marie			8	IV	H			6	Chicago
2200	1884	Cervenec	17	Krch, Robert Frant.			14	I	G		1	3	Chicago
2694	1885	Srpen	9	Krch, Rosalie			14	I	G	20			Cechach
2558	1885	Duben	19	Krch, Stepan			14	I	G	71	6		Cechach
574	1880	Rijen	5	Krcmeri, Jan	6	8					4	9	Polski
597	1880	Rijen	26	Krcmery, Marie	6	8				1	1		Chicago
3244	1886	Rijen	10	Krec, Otokar			18	6	C			2	Chicago
1674	1883	Kveten	20	Kreicik, Bozena	12	29					2		Chicago
1085	1881	Prosinec	22	Krejci, Marie			16	VI	J	51			Cechach
2743	1885	Zari	16	Krejci, Rosalie			9	I	J	36			Cechach
3781	1887	Zari	7	Krejci, Waclav	4	13	2			--	--	--	Chicago
2546	1885	Duben	3	Krejcik, Bozena	12	29				--	--	--	Chicago
3870	1887	Listopad	4	Krejcy, Ana			2	III	K	2	4	21	Chicago
2250	1884	Srpen	4	Krejcy, Bozena			2	III	K	1	3		Chicago
548	1880	Srpen	29	Krejcy, Jan			2	III	K	52			Cechach
1096	1881	Prosinec	30	Krejcy, Josef	9	44					1	23	Chicago
1160	1882	Unor	23	Krejcy, Josef	4	20				49			Cechach
3129	1886	Cervenec	26	Krejcy, Josef			10	II	J	11			Chicago

BUR #	DWELLING	DEATH DATE Yr	Mo	Da	C	UNDER-TAKER	REMARKS
2241	121 W. 19th St.	1884	Cervenec	30		Seyk	[R.15-24 crossed out]
3917	121 W. 19th St.	1887	Prosinec	5		Urban	
837	24 Ruble St.	1881	Cervenec	13		Mencl	
2287	509 W. 16th St.	1884	Zari	5		Seyk	
2709	3015 Dashiel St	1885	Srpen	22		Jana	
2456	364 W. 18th St	1885	Leden	7		Mencl	
1914	395 W 16th St	1883	Prosinec	14		Seyk	
962	-	1881	Zari	9		Seyk	
1790	472 W 20th St	1883	Srpen	16		Seyk	
3529	560 W. 20th St.	1887	Kveten	9		Zajicek	
3348	678 Jefferson St	1886	Prosinec	23		Urban	[L.10-II-K crossed out]
2540	477 W. 20th St	1885	Brezen	30		Cermak	
3905	216 Maxwell St.	1887	Listopad	25		Mencl	
3808	113 W. 18th St.	1887	Zari	27		Urban	
3000	823 W 17th St	1886	Duben	19		Vistein	
3714	215 Johnson St.	1887	Srpen	6		Mencl	
2580	135 Dekoven St	1885	Kveten	4		Mencl	
126	543 - 43rd St.	1878	Srpen	14		Mencl	
886	-	1881	Srpen	1		-	
129	543 - 43rd St.	1878	Srpen	19		Mencl	
60	141 Forquer St.	1878	Brezen	25		Seyk, W.	
2560	561 S. Jefferson St.	1885	Duben	17		Mencl	
967	561 S. Jefferson St.	1881	Zari	12		Mencl	
1614	473 Canal St.	1883	Brezen	15	+	Seyk	
2916	452 Jefferson St	1886	Unor	20		Mencl	
1172	36 Burlington St	1882	Brezen	3		Seyk	
2834	Cook County Hospital	1885	Prosinec	2	+	Urban	[R.17-69 crossed out]
2271	475 W. 20th St.	1884	Srpen	23		Cermak	
398	132 W. 15th St.	1880	Unor	28		Mencl	
2200	421 W. 18th St.	1884	Cervenec	16		Profant	
2694	607 Centre Ave	1885	Srpen	7		Seyk	
2558	607 Centre Ave	1885	Duben	17		Seyk	
574	76 W. 15th St.	1880	Rijen	4		Buss	
597	76 W. 15th St.	1880	Rijen	25		Buss	
3244	768 Loomis St	1886	Rijen	9		Zajicek	[R.1-48 crossed out]
1674	602 Centre Ave	1883	Kveten	18		Seyk	
1085	68 Bunker St	1881	Prosinec	20		Mencl	
2743	745 Allport St	1885	Zari	14		Zajicek	
3781	453 Desplaines St.	1887	Zari	5		Schultz	
2546	134 Kossuth St	1885	Duben	2		Rock	
3870	846 S. Ashland Av.	1887	Listopad	2		Urban	
2250	838 Ashland Ave.	1884	Srpen	3		Seyk	
548	19 Mc Mullen Court	1880	Srpen	28		Seyk	
1096	-	1881	Prosinec	29		-	
1160	-	1882	Unor	22		-	
3129	738 Allport St	1886	Cervenec	24		Zajicek	

BUR #	Yr	Mo	Da	NAME	Row	No.	Lot	Blk	Sec	Yr	Mo	Da	PLACE
2502	1885	Unor	28	Krejcy, Josef	7	4				47			Cechach
2364	1884	Rijen	24	Krejcy, Karel			16	VI	J	21			***
3580	1887	Cerven	16	Krejcy, Marie			10	II	J	4	5		Chicago
1124	1882	Leden	22	Krejcy, Waclav	7	11	2			40			Cechach
556	1880	Zari	7	Krejcyr, Tomas	2	33				26			Cechach
1833	1883	Zari	21	Krekr, Bernard			41		12	40			Cechach
1836	1883	Zari	25	Kreml, Ana	12	80					8		Chicago
3253	1886	Rijen	14	Kreml, Anton			2	I	L		2	23	Chicago
3127	1886	Cervenec	25	Kreml, Anton	19	67					9		Chicago
3747	1887	Srpen	22	Kreml, Franta			19	I	L	18	9	11	Chicago
2707	1885	Srpen	21	Kreml, Jan			11	V	G	20	2	20	Cechach
249	1879	Kveten	25	Kreml, Josef			19	I	L	53			Cechach
1061	1881	Prosinec	5	Kreml, Karel	9	26					2		Chicago
589	1880	Rijen	18	Kreml, Karel	5	56					1		Chicago
3819	1887	Rijen	6	Kreml, Karel			11	V	G		1	3	Chicago
3806	1887	Zari	29	Kreml, Waclav	4	24	2				1		Chicago
2282	1884	Zari	2	Kreml, Wojtech			11	V	G	49			Cechach
3925	1887	Prosinec	13	Kreml, Wojtech			11	V	G	81	2		Cechach
807	1881	Cervenec	4	Krenek, Johana	3	33				27			Cechach
3463	1887	Brezen	23	Kriha, Arthur	2	33	2				17		Chicago
561	1880	Zari	12	Kripner, Matej			2	III	L	1	4		Chicago
2660	1885	Cervenec	18	Kripner, Waclav			2	III	L		8		Chicago
3827	1887	Rijen	12	Kripner, Waclav			2	III	L	1	4		Chicago
523	1880	Srpen	4	Kristan, Ana	5	33					8		Chicago
3828	1887	Rijen	12	Kristan, Baby M.			20	I	E	--	--	--	Chicago
3838	1887	Rijen	19	Kristan, Marie			20	I	E	38	2	5	Cechach
2093	1884	Kveten	24	Kristian, Josepha	14	41				--	--	--	Chicago
2454	1885	Leden	6	Kristian, Marie	7	7				85			Cechach
2376	1884	Listopad	4	Kristof, Marie	6	38				48			Cechach
828	1881	Cervenec	11	Kristufek, Ana			17	III	M	57			Cechach
2347	1884	Rijen	16	Kristufek, Bozena	15	69					4		Chicago
2368	1884	Rijen	30	Kristufek, Eduard	15	77				--	--	--	Chicago
1793	1883	Srpen	23	Krivanek, Bohus			6	II	H		3		Chicago
2552	1885	Duben	12	Krivanek, Waclav			6	I	G		8		Chicago
532	1880	Srpen	9	Kriz, Antonie			7	I	D	3	5		Chicago
3741	1887	Srpen	20	Kriz, Baby S.			18	IV	J	--	--	--	Chicago
1226	1882	Duben	20	Kriz, Barbora			5	5	K	20	6		Cechach
1886	1883	Listopad	16	Kriz, Franta			18	IV	J	17			Chicago
3113	1886	Cervenec	20	Kriz, Franta	19	60				7	7		Cechach
1183	1882	Brezen	19	Kriz, Jan			20	IV	L	26			Cechach
591	1880	Rijen	19	Kriz, Jan	5	57				1	3		Chicago
2324	1884	Rijen	1	Kriz, Josef	15	58				2	9		Chicago
139	1878	Zari	6	Kriz, Josefa	1	49				--	--	--	Chicago
2830	1885	Listopad	28	Kriz, Julie	17	67				1	11		Chicago
2889	1886	Leden	26	Kriz, Karel			20	IV	L	63			Cechach
1509	1882	Prosinec	4	Kriz, Karel W.	8	52					6		Chicago

BUR #	DWELLING	\multicolumn{3}{c	}{DEATH DATE}	C	UNDER-TAKER	REMARKS
		Yr	Mo	Da			
2502	800 Allport St	1885	Unor	26		Seyk	
2364	Cook County Hospital	1884	Rijen	22	+	Sigmund	***Manitowoc Wis.
3580	738 Allport St.	1887	Cerven	15		Zajicek	
1124	2338 LaSalle St	1882	Leden	20		-	4/09/1910 moved [from R.4-16]
556	Hospital	1880	Zari	6		Seyk	
1833	89 W 19th St	1883	Zari	19	+	Mencl	4/20/1908 moved [from R.5-41]
1836	202 W. 20th St	1883	Zari	24		Seyk	
3253	385 S. Park Av	1886	Rijen	12		Schultz	
3127	202 W 20th St	1886	Cervenec	24		Urban	
3747	774 [Milwaukee/Mill] Av.	1887	Srpen	20		Mueller	
2707	389 S. Desplaines St	1885	Srpen	20		Mencl	
249	22 Fik [Fisk/Fig?] St.	1879	Kveten	24		Sigmund	
1061	-	1881	Prosinec	3		-	
589	134 W. 15th St.	1880	Rijen	15		Seyk	
3819	148 Bunker St.	1887	Rijen	5		Mencl	
3806	475 W. 20th St.	1887	Zari	28		Mencl	
2282	389 Des Plaines St.	1884	Srpen	31		Mencl	
3925	149 North Av.	1887	Prosinec	10		Laitsch	
807	107 Fisk St.	1881	Cervenec	3	+	Seyk	
3463	536 W. 16th St	1887	Brezen	22		Zajicek	
561	435 Canal St.	1880	Zari	11		Mencl	
2660	107 W. 15th St	1885	Cervenec	17		Cermak	
3827	741 Allport St.	1887	Rijen	11		Cermak	
523	53 Emma St.	1880	Srpen	3		Kunkel	
3828	683 Milwaukee Av.	1887	Rijen	11		Pelikan	
3838	683 Milwaukee Av.	1887	Rijen	17		Kunkel	
2093	206 Taylor St.	1884	Kveten	22		Mencl	
2454	206 Taylor St	1885	Leden	4		Mencl	
2376	707 Jefferson St.	1884	Listopad	3		Seyk	
828	487 Canal St.	1881	Cervenec	8		Mencl	
2347	470 S. Union St.	1884	Rijen	13		Seyk	
2368	585 W. 19th St.	1884	Rijen	29		Seyk	
1793	245 W 20th St	1883	Srpen	22		Seyk	
2552	245 W. 20th St	1885	Duben	10		Seyk	
532	692 May St.	1880	Srpen	8		W. Seyk	
3741	59 Augusta St.	1887	Srpen	19		Kunkel	
1226	79 Seward St	1882	Duben	19		Seyk	
1886	59 Augusta St	1883	Listopad	14		Kunkel	
3113	15 Shelby Court	1886	Cervenec	19		Lusk	
1183	469 W. 19th St	1882	Brezen	17		Mencl	
591	658 S. Jefferson St.	1880	Rijen	18		Seyk	
2324	70 Clayton St.	1884	Zari	30		Seyk	
139	59 Augusta St.	1878	Zari	5		Kunkel	
2830	144 W 19th St	1885	Listopad	27		Cermak	
2889	469 W 19th St	1886	Leden	25		Urban	
1509	-	1882	Prosinec	3		-	

BUR #	BURIAL DATE Yr	Mo	Da	NAME	GRAVE LOCATION Row	No.	Lot	Blk	Sec	AGE Yr	Mo	Da	BIRTH PLACE
1118	1882	Leden	18	Kriz, Lisie			5	V	K	13	2	3	Cechach
428	1880	Duben	18	Kriz, Marie			7	I	D	2	5		Chicago
841	1881	Cervenec	15	Kriz, Rudolf	7	51				1	1		Chicago
3833	1887	Rijen	16	Kriz, Vaclav			1	6	K	62			Cechach
1020	1881	Rijen	19	Kriz, Waclav	9	11					6		Chicago
2800	1885	Listopad	6	Kriz, Wiliam			17	1	D	4	2		Chicago
2359	1884	Rijen	21	Krizan, Jan			119		10	4	6	20	Chicago
2972	1886	Brezen	30	Krizan, Kristi	19	7						1	Chicago
3163	1886	Srpen	15	Krizan, Tomas			6	VI	H	56	9		Cechach
2413	1884	Prosinec	2	Krizan, Tomas	16	8					10	20	Chicago
829	1881	Cervenec	12	Krizek, Jaroslav	7	42					11		Chicago
1018	1881	Rijen	17	Kroker, August	2	39				1	9		Chicago
1014	1881	Rijen	13	Kroker, Emma	2	39				27	5		Cechach
2259	1884	Srpen	10	Krol, Bozena	15	28						14	Chicago
1989	1884	Unor	24	Kromerpaur, Franta			18	II	L	43			Cechach
675	1881	Unor	6	Krometpaur, Ana			18	II	L	59			Cechach
2620	1885	Cerven	15	Krometpaur, Wojtech			18	2	L	68			Cechach
3648	1887	Cervenec	15	Krosta, Anton	12	17	1				10	14	Chicago
1645	1883	Duben	17	Krosta, Franta	12	17	-				6	8	Chicago
3528	1887	Kveten	10	Kroulik, Bozena			4	2	S	2	3		Chicago
2249	1884	Srpen	3	Krouman, Ana			2	I	H	6			Chicago
1121	1882	Leden	21	Krovta, Jan	9	54				2	2		Chicago
1943	1884	Leden	9	Krtezins, Jan			16	5	S	84			Cechach
2419	1884	Prosinec	7	Krtezius, Jan			16	5	S	-	-	-	Chicago
689	1881	Unor	23	Krusensky, Franta	1	41				1	1	3	Chicago
1294	1882	Cerven	8	Krusensky, Josef	1	42					6	22	Chicago
2323	1884	Rijen	1	Krusensky, Tomas	15	57					10	9	Chicago
3483	1887	Duben	5	Kruz, Frank J.	2	47	2				11	16	Chicago
1935	1883	Prosinec	30	Ksandr, Alois			19	I	M	2	5		Chicago
3778	1887	Zari	6	Ksandr, Ana			20	I	M		5		Chicago
1882	1883	Listopad	11	Ksandr, Waclav			20	I	M	1	3		Chicago
1382	1882	Srpen	11	Kub, Emilie			142		19		3		Chicago
3083	1886	Cerven	29	Kuba, Ana	5	4				3	5		Chicago
276	1879	Cervenec	20	Kuban, Bozena			4		12	1	1		Chicago
1923	1883	Prosinec	21	Kuban, Jaroslav			4		12	2			Chicago
3923	1887	Prosinec	12	Kuban, Matej			4		12	35	9		Cechach
3934	1887	Prosinec	18	Kubat, Baby H.			17	VI	D	-	-	-	Chicago
1080	1881	Prosinec	17	Kubat, Josef			8	VI	L	28			Cechach
1081	1881	Prosinec	17	Kubat, Josef			8	VI	L	4			Chicago
3217	1886	Zari	21	Kubat, Marie			17	VI	D	1	1		Chicago
1937	1883	Prosinec	30	Kubicek, Ana			4	II	H	30	2		Cechach
26	1877	Prosinec	29	Kubicek, Ana			10	V	H	68	6		Cechach
1913	1883	Prosinec	13	Kubicek, Ferdinand			4	II	H	4	9	10	Chicago
44	1878	Unor	21	Kubicek, Lilie			9	II	G		9		Chicago

BUR #	DWELLING	DEATH DATE Yr	Mo	Da	C	UNDER-TAKER	REMARKS
1118	Canalport Av	1882	Leden	17		–	
428	692 May St.	1880	Duben	17		Seyk	12/13/1905 moved [from R.4-47]
841	49 Kramer St.	1881	Cervenec	14		Mencl	
3833	595 Centre Av.	1887	Rijen	13		Zajicek	
1020	658 Jefferson St.	1881	Rijen	18		Mencl	
2800	730 Allport St	1885	Listopad	5		Zajicek	12/13/1905 moved [from R.18-19]
2359	274 W. 20th St.	1884	Rijen	20		Seyk	11/18/1906 moved [from R.15-73]
2972	134 W 19th St	1886	Brezen	28		Urban	
3163	17 Kremel [Kramer?] St	1886	Srpen	13		Podolsky	
2413	117 W. 19th St.	1884	Listopad	29		Seyk	
829	–	–	–	–		–	
1018	Division St.	1881	Rijen	16		[Meister?]	
1014	265 Division St.	1881	Rijen	13		Meister	
2259	290 W. 20th St.	1884	Srpen	9		Seyk	
1989	177 Ewing St	1884	Unor	22		Mencl	
675	55 Emma St.	1881	Unor	4		[Klaner?]	
2620	15 Tey [Fry? Troy?]	1885	Cerven	13		***	***Stebayne [Stiebeiner?]
3648	13 McMullen St.	1887	Cervenec	14		Zajicek	
1645	218 W. 20th St.	1883	Duben	16		Seyk	
3528	547 W. 20th St.	1887	Kveten	9		Zajicek	12/24/1905 moved [from R.2-61]
2249	719 W. 19th St.	1884	Srpen	1		Seyk	
1121	202 W. 20th St	1882	Leden	20		Seyk	
1943	498 Canal St	1884	Leden	8		Mencl	[L.12-VI-H crossed out]
2419	235 W. 20th St.	1884	Prosinec	6		Seyk	[L.12-VI-H crossed out]
689	221 Van Horn St.	1881	Unor	21		Seyk	
1294	944 W. 19th	1882	Cerven	7		Seyk	
2323	944 W. 19th St.	1884	Zari	30		Seyk	
3483	53 Emma St	1887	Duben	4		Mueller	
1935	51 Emma St	1883	Prosinec	28		Kunkel	
3778	45 Emma St.	1887	Zari	5		Pelikan	
1882	83 Wade St	1883	Listopad	9		Kunkel	
1382	656 May St.	1882	Srpen	10		Cermak	11/04/1920 moved [from R.11-22 and L.14-V-E]
3083	81 Fisk St	1886	Cerven	28		Urban	
276	676 W. 19th St.	1879	Cervenec	19		Seyk	11/17/1907 moved [from L.14-VI-G and R.3-31]
1923	549 W. 19th St	1883	Prosinec	20		Seyk	11/17/1907 moved [from L.14-VI-G]
3923	541 W. 18th St.	1887	Prosinec	10		Zajicek	11/17/1907 moved [from L.14-VI-G]
3934	557 Francisco	1887	Prosinec	17		Cermak	
1080	98 Fisk St	1881	Prosinec	17		Seyk	
1081	98 Fisk St	1881	Prosinec	17		Seyk	
3217	652 W. 18th St	1886	Zari	20		Drysh	[L.6-I-K crossed out]
1937	39 Brown St	1883	Prosinec	27		Chalifoux	
26	33 Dussold St.	1877	Prosinec	28		Seyk	
1913	39 Brown St	1883	Prosinec	12		Chalifoux	
44	239 W. 12th St.	1878	Unor	21		Seyk	

BUR #	\multicolumn{3}{c	}{BURIAL DATE}	NAME	\multicolumn{5}{c	}{GRAVE LOCATION}	\multicolumn{3}{c	}{AGE}	BIRTH
	Yr	Mo	Da		Row	No.	Lot	Blk	Sec	Yr	Mo	Da	PLACE
2028	1884	Duben	8	Kubicek, Marie			4	II	H		4		Chicago
3079	1886	Cerven	27	Kubicek, Martin			10	V	H	16			Cechach
3409	1887	Unor	14	Kubin, Lizie			91		10	1		15	Chicago
2626	1885	Cerven	26	Kubin, Rosalie			91		10	2	3		Chicago
107	1878	Cervenec	20	Kubu, Anton			16	V	L		3	21	Chicago
309	1879	Srpen	26	Kubu, Anton			16	V	L			14	Chicago
2910	1886	Unor	15	Kubu, Waclav			16	V	L		5		Chicago
2447	1885	Leden	2	Kucaba, Antonie	17	5				1	3		Chicago
1667	1883	Kveten	16	Kucaba, Barbora	12	26				2	4		Chicago
2655	1885	Cervenec	16	Kucaba, Franta			5	II	L		3	14	Chicago
2585	1885	Kveten	11	Kucaba, Mikulas			5	II	L	22			Cechach
701	1881	Brezen	15	Kucera, Ana			4	V	G	23	7	20	Cechach
3115	1886	Cervenec	20	Kucera, Ana			6	V	J	1	8		Chicago
224	1879	Brezen	26	Kucera, Anton	2	69					4		Chicago
3712	1887	Srpen	6	Kucera, Barbora	3	57		2			6		Chicago
752	1881	Kveten	13	Kucera, Bozena			4	V	G		2		Chicago
2331	1884	Rijen	5	Kucera, Eduard	15	63					7	16	Chicago
481	1880	Cervenec	5	Kucera, Emanuel	4	56					1		Chicago
68	1878	Duben	15	Kucera, Franta	1	19				2			Chicago
2470	1885	Leden	23	Kucera, Josef	16	34				1	3		Chicago
3569	1887	Cerven	10	Kucera, Josef			15	V	F	1	9		Chicago
213	1879	Brezen	3	Kucera, Josef	2	68				3	3		Chicago
1023	1881	Rijen	21	Kucera, Marie	9	12					14		Chicago
3399	1887	Unor	8	Kucera, Marie			6	III	E	36			Cechach
3619	1887	Cervenec	4	Kucera, Marie	3	19		2		--	--	--	Chicago
225	1879	Brezen	27	Kucera, Marie			6	III	E	2	5		Chicago
476	1880	Cerven	29	Kucera, Olka	4	53					1	14	Chicago
2599	1885	Kveten	21	Kucera, Ruzena			159		5		1	12	Chicago
1078	1881	Prosinec	17	Kuchar, Bohumil			4	II	G	2			Chicago
923	1881	Srpen	13	Kuchar, Bozena			4	II	G		3		Chicago
1863	1883	Rijen	18	Kuchinka, Bozena			1	VI	J	1	2		Chicago
90	1878	Cerven	15	Kuda, Bozena	2	12					7		Chicago
2961	1886	Brezen	23	Kuda, Josef	19	1					5		Chicago
1356	1882	Cervenec	28	Kudrle, Helena			2	VI	L	1			Chicago
747	1881	Kveten	6	Kudrle, Ruzena	6	25				2	8		Chicago
3729	1887	Srpen	15	Kudrna, Julie	12	49	1				11		Chicago
1723	1883	Cervenec	5	Kudrna, N. N.	12	49	--			--	--	-	Chicago
775	1881	Cerven	5	Kukes, Otokar	6	68					10		Chicago
1853	1883	Rijen	9	Kula, Alois	13	35					14		Chicago
3679	1887	Cervenec	21	Kuma, Waclav			15	IV	H	19			Cechach
2363	1884	Rijen	23	Kunhart, Jan	1	554		17		27			Cechach
1918	1883	Prosinec	18	Kunik, Jirik			13	I	G		3		Chicago
3218	1886	Zari	21	Kupka, Emma	1	37		2		1	6		Chicago
3796	1887	Zari	19	Kupka, Emma	4	21		2			10		Chicago
3502	1887	Duben	21	Kurc, Emma	2	54		2		2	4		Chicago
1156	1882	Unor	20	Kurcova, Katerina	9	67					3	14	Chicago

BUR #	DWELLING	DEATH DATE Yr	Mo	Da	C	UNDER-TAKER	REMARKS
2028	39 Brown St	1884	Duben	7		Chalifoux	
3079	W. Kansas Deerfilor [sic]	1886	Cerven	22		Mencl	
3409	777 Allport St	1887	Unor	12		Zajicek	5/21/1907 moved [from L.1-VI-G]
2626	777 Allport St	1885	Cerven	24		Zajicek	5/11/1907 moved [from L.1-VI-G]
107	66 Liberty St.	1878	Cervenec	18		Gallistel	
309	66 Liberty St.	1879	Srpen	25		Mencl	
2910	74 Bunker St	1886	Unor	13		Mencl	
2447	1122 Van Horn St	1884	Prosinec	31		Seyk	
1667	650 May St.	1883	Kveten	15		Cermak	
2655	1087 Van Horn St	1885	Cervenec	14		Seyk	
2585	1085 Van Horn St	1885	Kveten	9	+	Seyk	
701	468 W. 19th St.	1881	Brezen	13		Mencl	[R.3-5 crossed out]
3115	121 W 19th St	1886	Cervenec	19		Urban	
224	424 S. Canal St.	1879	Brezen	25		Mencl	[L.6-III-E crossed out]
3712	820 Ashland Av.	1887	Srpen	5		Cermak	
752	468 W. 19th St.	1881	Kveten	12		Seyk	[R.3-5 crossed out]
2331	459 Desplaines Ave.	1884	Rijen	4		Mencl	
481	498 Canal St.	1880	Cervenec	4		Mencl	
68	121 W. 19th St.	1878	Duben	14		Seyk, W.	
2470	498 Canal St	1885	Leden	22		Seyk	
3569	960 W. 19th St.	1887	Cerven	9		Zajicek	[R.2-75 crossed out]
213	424 S. Canal St.	1879	Brezen	1		Gallistel	
1023	3071 Main	1881	Rijen	20		Cermak	
3399	213 W. 12th St	1887	Unor	5		Mencl	
3619	185 W. 12th St.	1887	Cervenec	3		Schultz	
225	79 Clayton St.	1879	Brezen	26		Galistel	[R.2-63 crossed out]
476	498 Canal St.	1880	Cerven	29		Mencl	
2599	438 Canal St	1885	Kveten	20		Mencl	11/05/1903 moved [from R.16-41]
1078	441 Canal St.	1881	Prosinec	16		Mencl	
923	441 Canal St.	1881	Srpen	12		Mencl	
1863	96 Wilson St	1883	Rijen	16		Mencl	
90	83 Fisk St.	1878	Cerven	15		Seyk	
2961	739 Morgan St	1886	Brezen	22		Urban	
1356	59 Canalport Av	1882	Cervenec	27		Heitman	
747	83 Seward St.	1881	Kveten	5		Mencl	
3729	616 Centre Av.	1887	Srpen	14		Urban	
1723	747 Allport St.	1883	Cervenec	4		Seyk	
775	48 Bunker St.	1881	Cerven	4		Mencl	
1853	85 DeKoven St	1883	Rijen	8		Mencl	
3679	Chicago, Illinois	1887	Cervenec	--		--	Transferred from German Cemetery
2363	237 W. 20th St.	1884	Rijen	21		Seyk	11/11/1934 moved [from L.9-VI-H]
1918	272 W 20th St	1883	Prosinec	17		Mencl	
3218	412 - 25th St	1886	Zari	19		Havel	
3796	418 - 25th St.	1887	Zari	17		Havel	
3502	1015 Van Horn St.	1887	Duben	20		Urban	
1156	--	1882	Unor	19		--	

BUR #	BURIAL DATE Yr	Mo	Da	NAME	GRAVE LOCATION Row	No.	Lot	Blk	Sec	AGE Yr	Mo	Da	BIRTH PLACE
3857	1887	Rijen	30	Kurfist, Franta			14	I	K	2	8		Chicago
2026	1884	Duben	6	Kurtis, Jan	13	61					1	5	Chicago
1265	1882	Kveten	18	Kust, Ana	10	37					1	6	Chicago
1266	1882	Kveten	18	Kust, Eleonora	10	38					4		Chicago
1204	1882	Duben	5	Kuthan, N.N.	10	20				-	-	-	Chicago
887	1881	Srpen	3	Kutta, Katerina	7	72					9		Chicago
1828	1883	Zari	19	Kutta, Waclav	13	32					7		Chicago
3699	1887	Srpen	1	Kuttan, Jaroslav			10	III	E	1	3		Chicago
77	1878	Kveten	10	Kuzel, Marie	2	3					1		Chicago
178	1878	Prosinec	12	Kvapil, Wiktor H.			6	V	H		1	14	Chicago
1727	1883	Cervenec	8	Kvasnicka, Antonie	13	2					1	2	Chicago
3604	1887	Cerven	30	Kvasnicka, Antonie	3	13		2			1	2	Chicago
320	1879	Zari	8	Kvasnicka, Bedrich			14	V	K		1	28	Chicago
2284	1884	Zari	3	Kvasnicka, Franta	15	37					1	14	Chicago
2370	1884	Listopad	2	Kvasnicka, Jan	15	78				-	-	-	Chicago
1021	1881	Rijen	20	Kvasnicka, Marie			14	V	K	16			Cechach
2491	1885	Unor	19	Kvidera, Frantiska			10	IV	J		7		Chicago
2772	1885	Rijen	10	Kvidera, Frantiska			10	IV	J			1	Chicago
1159	1882	Unor	22	Kvidera, Marie			10	IV	J		8		Chicago
1091	1881	Prosinec	27	Kvidera, Waclav			10	IV	J		11		Chicago
3608	1887	Cervenec	1	Kyznar, Emil	3	15		2			1	19	Chicago

L

BUR #	Yr	Mo	Da	NAME	Row	No.	Lot	Blk	Sec	Yr	Mo	Da	BIRTH PLACE
272	1879	Cervenec	7	Lacina, Ana	3	26					11		Chicago
2181	1884	Cervenec	9	Lacina, Josef	14	69					7	2	Chicago
1049	1881	Listopad	21	Lacina, Wojtech	4	5				30			Cechach
463	1880	Cerven	9	Lacina, Woytech	5	14					4	10	Chicago
2039	1884	Duben	15	Lacman, Josef			3	V	G	46			Cechach
2466	1885	Leden	15	Lahodny, Ana	7	8				50			Baborsku
1544	1883	Leden	10	Lahvic, Eduard			10	VI	K	4			Chicago
1730	1883	Cervenec	10	Lahvic, Josef			10	VI	K	-	-	-	Chicago
2579	1885	Kveten	5	Lahvic, Waclav			10	VI	K		7		Chicago
821	1881	Cervenec	8	Laisrel, Josef			18	III	K	14		18	Cechach
373	1880	Leden	20	Lajer, N. N.	4	17				-	-	-	Chicago
3632	1887	Cervenec	9	Lajka, Hedvika	3	25		2		2	9		Chicago
2104	1884	Kveten	29	Lala, Marie	6	19				54			Cechach
2248	1884	Srpen	3	Lalak, Fani?			2	II	G			14	Chicago
3411	1887	Unor	14	Lana, Josef	4	12						2	Chicago
3756	1887	Srpen	28	Landa, Eduard			7	V	E	2	2		Chicago
812	1881	Cervenec	5	Landa, Franta			3	VI	F		3		Chicago
3005	1886	Duben	22	Landa, Franta			12	III	K	34	10		Cechach
2551	1885	Duben	12	Landa, Hugo L.			12	III	K	2	2		Chicago
768	1881	Kveten	29	Landa, Jan			3	VI	F	40			-
1414	1882	Zari	3	Lang, Barbora			3	II	H			7	Chicago
258	1879	Cerven	10	Lang, Magdalena			3	II	H	4	6		***
3376	1887	Leden	16	Lang, Marie	2	14		2		-	-	-	Chicago

BUR #	DWELLING	DEATH DATE Yr	Mo	Da	C	UNDER-TAKER	REMARKS
3857	692 W. 19th St.	1887	Rijen	28		Zajicek	
2026	103 Mather St	1884	Duben	4		Mencl	
1265	707 S. Jefferson St	1882	Kveten	17		Heitman	
1266	707 Jefferson St	1882	Kveten	17		Heitman	
1204	19 McMullen Ct	1882	Duben	4		Seyk	
887	2 Currier St.	1881	Srpen	2		Mencl	
1828	663 Milwaukee Ave	1883	Zari	18		Kunkel	
3699	721 Morgan St.	1887	Cervenec	31		Urban	
77	19 Shelby Court	1878	Kveten	9	+	Seyk, W.	
178	685 S. Jefferson St.	1878	Prosinec	11		Kopen, F.	
1727	737 Van Horn St.	1883	Cervenec	7		Seyk	
3604	558 W. 19th St.	1887	Cerven	28		Urban	
320	66 Clayton St.	1879	Zari	7		Seyk	
2284	721 Van Horn St.	1884	Zari	2		Dresch	
2370	--	1884	Listopad	1		Kvasnicka	
1021	--	1881	Rijen	18		Cermak	
2491	570 Centre St	1885	Unor	14		Mencl	
2772	570 Centre Ave	1885	Rijen	9		Mencl	
1159	570 Centre Av	1882	Unor	22		Mencl	
1091	570 Centre Av	1881	Prosinec	27		Mencl	
3608	735 Milwaukee St.	1887	Cerven	29		Pelikan	
272	115 W. 15th St.	1879	Cervenec	7		Mencl	
2181	78 DeKoven St.	1884	Cervenec	8		Mencl	
1049	W. 15th St.	1881	Listopad	20		Mencl	
463	115 W. 15th St.	1880	Cerven	8		Mencl	
2039	344 Rebecca St	1884	Duben	13		Seyk	
2466	Cook County Hospital	1885	Leden	11		Jaeger	
1544	88 Liberty St.	1883	Leden	8		Mencl	
1730	88 W. Liberty	1883	Cervenec	9		Mencl	
2579	Liberty St	1885	Kveten	4		Mencl	
821	--	1881	Cervenec	7	+	Seyk	
373	290 W. 20th St.	1880	Leden	19		Seyk	
3632	585 W. 19th St.	1887	Cervenec	7		Cermak	
2104	388 W. 18th St.	1884	Kveten	28	+	Seyk	
2248	897 W. 19th St.	1884	Srpen	2		Seyk	
3411	471 W. 17th St	1887	Unor	12		Zajicek	
3756	99 W. 18th St.	1887	Srpen	26		Mencl	
812	78 Liberty St.	1881	Cervenec	4		Seyk	[R.7-31 crossed out]
3005	99 W 18th St	1886	Duben	20		Mencl	
2551	36 Canalport Ave	1885	Duben	10		Mencl	
768	--	--	--	--		--	
1414	--	1882	Zari	2		--	
258	141 Blair St.	1879	Cerven	9		Heitman, G.	***Anapi v Americe
3376	685 Jefferson	1887	Leden	13		Urban	

BUR #	Yr	Mo	Da	NAME	Row	No.	Lot	Blk	Sec	Yr	Mo	Da	BIRTH PLACE
1308	1882	Cerven	16	Lang, Waclav			3	VI	H	53			Cechach
1433	1882	Zari	20	Lange, Karel	11	48					7		Chicago
231	1879	Duben	8	Langmajer, Johana Ama.	3	2					2		Chicago
1840	1883	Zari	27	Lanka, Marie			18		1		9		Chicago
2946	1886	Brezen	14	Lanka, Ruzena			18		1	1	6		Chicago
3800	1887	Zari	23	Lapka, Theodor	4	12		2		1		17	Cechach
1314	1882	Cerven	23	Lastovka, Bohumila	10	58				2	1		Chicago
1342	1882	Cervenec	24	Lastovka, Marie	11	8				-	-	-	Chicago
3340	1886	Prosinec	17	Lastovka, Waclav			20	VI	E	44			Cechach
1805	1883	Zari	6	Lavicka, Charles			17	I	J		9		Chicago
2767	1885	Rijen	5	Lavicka, Jan	17	61					7		Chicago
2991	1886	Duben	15	Layer, Josef			3	I	D	73			Cechach
2798	1885	Rijen	31	Layer, Klara			3	I	D		10	17	Chicago
2023	1884	Duben	4	Lazansky, Josef	13	59					11		Chicago
3025	1886	Kveten	5	Leange, Otto	19	27					6		Chicago
3098	1886	Cervenec	10	Lebr, Ludvik	19	53					8		Chicago
2054	1884	Duben	26	Legro, Eduard			2	V	H	-	-	-	Chicago
1946	1884	Leden	13	Legro, Florian			2	V	H	84			Cechach
1997	1884	Brezen	5	Legro, Florian			1	V	H	59			Cechach
204	1879	Unor	10	Legro, Franta			16	II	K	3			Chicago
3176	1886	Srpen	25	Legro, Katerina F.			2	V	H			15	Chicago
2657	1885	Cervenec	17	Lenc, Franta			10	IV	D	48			Cechach
2729	1885	Zari	6	Lenc, Jaroslav			10	IV	D	3	2		Chicago
426	1880	Duben	17	Lenoch, Emilie			10	III	M	2	8		Chicago
3656	1887	Cervenec	17	Leopold, Herman	3	64	1				7	14	Chicago
617	1880	Listopad	24	Lestina, Alois			3	VI	H			1	Chicago
1651	1883	Duben	25	Lestina, Alois			3	VI	H	4	5		Chicago
3691	1887	Cervenec	28	Lestina, Ana	3	46	2					14	Chicago
557	1880	Zari	8	Lestina, Bohumil			3	VI	H		4	15	Chicago
1298	1882	Cerven	11	Lestina, Eduard			3	VI	H		8		Chicago
1784	1883	Srpen	13	Lestina, Jakub			3	VI	H	-	-	-	Chicago
718	1881	Duben	8	Lestina, Jan	6	42					3		Chicago
2257	1884	Srpen	7	Lestina, Marie			3	VI	H		1		Chicago
3543	1887	Kveten	21	Lestina, Marie	6	60	1			1	3		Chicago
3222	1886	Zari	24	Lestina, Matej			3	VI	H	36			Cechach
2095	1884	Kveten	25	Levec, Jan			5	II	J	9	8		Cechach
1644	1883	Duben	16	Levec, Karel	12	16					9		Chicago
2100	1884	Kveten	27	Levec, Ludvik			5	II	J	8	11		Cechach
3197	1886	Zari	7	Levora, Ana	1	25	2				3		Chicago
3018	1886	Kveten	4	Levora, Teresie	19	25					9		Cechach
289	1879	Srpen	3	Levy, Aloisie	3	43						1	Chicago
1335	1882	Cervenec	12	Levy, Anton	11	3					2		Chicago
664	1881	Leden	21	Levy, Eduard	7	11					6		Chicago
3818	1887	Rijen	6	Levy, Emilie	4	31	2				5		Chicago
3658	1887	Cervenec	17	Levy, Franta	14	48	1			1	2		Chicago
3303	1886	Listopad	24	Levy, Josef	11	22				4	5	15	Chicago

BUR #	DWELLING	DEATH DATE Yr	Mo	Da	C UNDER-TAKER	REMARKS
1308	-	1882	Cerven	15	-	
1433	115 Meagher	1882	Zari	19	Heitmann	
231	422 S. Canal St.	1879	Duben	7	Mencl	
1840	735 W. 18th St	1883	Zari	26	Seyk	11/19/1905 moved [from R.18-81]
2946	742 W 18th St	1886	Brezen	12	Zajicek	11/19/1905 moved [from R.18-58]
3800	8 Clayton St.	1887	Zari	22	Zajicek	
1314	-	1882	Cerven	20	-	
1342	-	1882	Cervenec	23	-	
3340	723 Morgan St	1886	Prosinec	15	Urban	
1805	1060 Van Horn St	1883	Zari	5	Seyk	
2767	69 Fisk St	1885	Rijen	4	Musil [Mencl?]	
2991	624 W 18th St	1886	Duben	13	Mencl	
2798	572 Centre Ave	1885	Rijen	30	Zajicek	
2023	129 Sedvick St [Sedgwick]	1884	Duben	2	Kunkel	
3025	483 Hastings St	1886	Kveten	4	Sheehan	
3098	17 McMullen	1886	Cervenec	8	Urban	
2054	573 Larrabee St	1883	-	-	[Jarschke?]	transferred from Graceland Cemetery
1946	498 Canal St	1884	Leden	10	Mencl	[L.16-II-K crossed out]
1997	498 S Canal St	1884	Brezen	3	***	*** Gueis [Yuers ?]
204	485 S. Canal St.	1879	Unor	8	Mencl	
3176	416 N. Normal Parkway	1886	Srpen	24	***	***Durdenvood [Underwood?]
2657	458 W. 19th St	1885	Cervenec	15	Zajicek	
2729	458 W. 19th St	1885	Zari	5	Zajicek	
426	155 Dekoven St.	1880	Duben	15	Mencl	
3656	183 W. Indiana St.	1887	Cervenec	15	Meister	
617	597 Lewis St.	1880	Listopad	24	Seyk	
1651	577 Laflin St.	1883	Duben	24	Seyk	
3691	143 W. 19th St.	1887	Cervenec	27	Urban	
557	117 Cornell	1880	Zari	7	Seyk	
1298	729 Allport	1882	Cerven	10	Seyk	
1784	577 Laflin St	1883	Srpen	12	Seyk	
718	388 W. 18th St.	1881	Duben	6	Seyk	
2257	550 W. 20th St.	1884	Srpen	6	Seyk	
3543	197 W. 19th St.	1887	Kveten	19	Urban	
3222	469 W. 19th St	1886	Zari	22	Zajicek	
2095	294 W. 20th St.	1884	Kveten	24	Mencl	
1644	294 W. 20th St.	1883	Duben	15	Mencl	
2100	294 W. 20th St.	1884	Kveten	26	Mencl	
3197	678 Jefferson St	1886	Zari	5	Mencl	
3018	678 Jefferson St	1886	Kveten	2	Mencl	
289	226 Van Horn St.	1879	Srpen	3	Seyk	
1335	3 Henry St	1882	Cervenec	12	Profant	
664	109 Canalport Av	1881	Leden	20	Seyk	
3818	14 Shelby Court	1887	Rijen	5	Profant	
3658	14 Shelby Ct.	1887	Cervenec	15	Profant	
3303	115 W. 19th St	1886	Listopad	23	Profant	

BUR #	Yr	Mo	Da	NAME	Row	No.	Lot	Blk	Sec	Yr	Mo	Da	BIRTH PLACE
3875	1887	Listopad	6	Levy, Josefa			4	V	E	28	6		Cechach
3014	1886	Kveten	1	Levy, Otto	19	21						1	Chicago
1009	1881	Rijen	12	Levy, Waclav	9	7				-	-	-	Chicago
2020	1884	Duben	3	Lhota, James	6	4					2	6	Chicago
3041	1886	Kveten	20	Lhotak, Josefa	8	21				79			Cechach
1237	1882	Duben	28	Lhotka, Marie			6	III	M	38			Cechach
1283	1882	Kveten	28	Lhotka, Marie	10	45					7	14	Chicago
3634	1887	Cervenec	9	Lhotka, Rosalie			15	I	K	70			Cechach
2105	1884	Kveten	30	Libal, Karel			4	I	H	24	4		Cechach
155	1878	Rijen	18	Libal, Karel			17	V	L	7			Chicago
3802	1887	Zari	25	Libal, Matej			12	I	D	76	4		Cechach
287	1879	Srpen	2	Libnstam, Waltr	3	41					4	21	Chicago
3231	1886	Rijen	1	Lindour, Jan	1	41		2			3		Chicago
712	1881	Duben	1	Lindour, Josefa	6	19					1	3	Chicago
2000	1884	Brezen	7	Linhart, Antonie			6	IV	J	60	1	12	Cechach
1550	1883	Leden	16	Linhart, Franta	9	9					1	14	Chicago
2018	1884	Brezen	31	Linhart, Jakub	13	57					11		Cechach
1514	1882	Prosinec	6	Linhart, Josef	9	19						1	Chicago
2823	1885	Listopad	25	Liska, Adolf			20	IV	K	3	5		Chicago
2115	1884	Cerven	3	Liska, Ana	14	42					10		***
3103	1886	Cervenec	13	Liska, Ana	19	56				7			Cechach
1050	1881	Listopad	22	Liska, Anton			17	III	G	-	-	-	Chicago
1800	1883	Zari	2	Liska, Antonie F.			8	II	L		9		Chicago
2920	1886	Unor	25	Liska, Bohumil	18	38					2	6	Chicago
2849	1885	Prosinec	19	Liska, Franta	17	73						14	Chicago
2479	1885	Unor	1	Liska, Franta			8	II	L	41			Cechach
822	1881	Cervenec	8	Liska, Jan	7	36					1	14	Chicago
3299	1886	Listopad	21	Liska, Jan	1	67		2			1	7	Chicago
1893	1883	Listopad	22	Liska, Jan	14	2						1	Chicago
1507	1882	Prosinec	3	Liska, Marie	8	2				-	-	-	Chicago
3001	1886	Duben	21	Liska, Matias	19	15					6		Chicago
2923	1886	Unor	28	Liska, Ruzena	18	37					4	6	Chicago
788	1881	Cerven	19	Liska, Waclav			8	II	L	19			Chicago
1214	1882	Duben	11	Liska, Waclav			12	VI	H	4	10		Chicago
1083	1881	Prosinec	19	Liska, Waclav			17	III	G	11			Chicago
2258	1884	Srpen	10	Liska, Waclav			17	III	G			14	Chicago
3438	1887	Brezen	5	Liska, Wilem			2	II	K		1		Chicago
3758	1887	Srpen	29	Lorenc, Berta			248		6	2	1		Chicago
522	1880	Srpen	3	Lorenc, Otto			14	I	G	2	1	3	Chicago
3550	1887	Kveten	22	Lorenz, Salma	8	29		1		--	--	--	Chicago
236	1879	Duben	22	Loubsky, Rozalie			12	I	L	2	6		Chicago
713	1881	Duben	1	Loukota, Ana			15	IV	G		8		Chicago
1590	1883	Unor	23	Loula, Barbora			5	IV	K	72			Cechach
2726	1885	Zari	3	Loula, Hubert	17	54					4		Chicago
3450	1887	Brezen	15	Lovak, Waclav			10	III	D	56			Cechach
3006	1886	Duben	23	Lovcik, Teresie	8	17				68			Cechach

BUR #	DWELLING	DEATH DATE Yr	Mo	Da	C	UNDER-TAKER	REMARKS
3875	126 Canalport Av.	1887	Listopad	4		Mencl	
3014	126 Canalport Ave	1886	Duben	30		Mencl	
1009	-	1881	Rijen	11		-	
2020	245 W 20th St	1884	Duben	2		Seyk	
3041	***	1886	Kveten	19		Urban	*** 376 Louktan St [Langdon?]
1237	Hospital	1882	Duben	26		Mencl	
1283	160 Ewing St	1882	Kveten	27		Mencl	
3634	138 W. 18th St.	1887	Cervenec	7		Mencl	
2105	137 Bunker St.	1884	Kveten	27		Mencl	
155	153 W. 19th St.	1878	Rijen	17		Seyk	
3802	171 Ewing St.	1887	Zari	24		Mencl	
287	443 S. Jefferson St.	1879	Srpen	1		Mencl	
3231	780 Allport	1886	Zari	30		Cermak	
712	71 W. 16th St.	1881	Duben**	31		Camlot	**[probably Brezen]
2000	140 Bunker St	1884	Brezen	5	+	Mencl	
1550	580 Centre Ave.	1883	Leden	16		Cermak	
2018	431 W 17th St	1884	Brezen	29		S. Seyk	
1514	Centre Ave.	1882	Prosinec	6		Cermak	
2823	672 Throop St	1885	Listopad	25		Mencl	[DBN]
2115	378 Rebecca St.	1884	Cerven	2		Dresch	***Saint Louis Station
3103	640 W 18th St	1886	Cervenec	12		Vistein	
1050	Liberty St	1881	Listopad	20		Mencl	[R.9-22 crossed out]
1800	701 W 19th St	1883	Zari	1		Seyk	
2920	732 W 17th St	1886	Unor	23		Urban	
2849	929 Van Horn St	1885	Prosinec	18		Profant	
2479	504 W. 20th St	1885	Leden	30		[Martens]	
822	-	1881	Cervenec	7		Seyk	
3299	793 S. Playne St***	1886	Listopad	19		Urban	***[Desplaines? St]
1893	368 Rebecca St	1883	Listopad	21		Dresch	
1507	369 Bebeka St. [Rebecca?]	1882	Prosinec	2		Seyk	
3001	798 W 17th St	1886	Duben	20		Urban	
2923	732 W 17th St	1886	Unor	26		Urban	
788	720 W. 19th St.	1881	Cerven	18	+	Seyk	
1214	488 Canal St	1882	Duben	10		Mencl	
1083	85 Liberty St	1881	Prosinec	17	+	Mencl	[R.9-39 crossed out]
2258	78 Liberty St.	1884	Srpen	9		Mencl	
3438	765 W. 18th St	1887	Brezen	4		Zajicek	
3758	119 Forquer St.	1887	Srpen	28		Schultz	11/01/1906 moved [from R.4-2 B.2]
522	189 Taylor St.	1880	Srpen	2		Mencl	
3550	Chicago River	1887	Kveten	20	+	Muller	
236	67 Emma St.	1879	Duben	21	+	Mencl	
713	116 W. 19th St.	1881	Duben**	31		Seyk	**[probably Brezen]
1590	178 W. 20th St.	1883	Unor	22		Seyk	
2726	427 W. 18th St	1885	Zari	2		Seyk	
3450	Lake Co. Indiana	1887	Brezen	-	+	Brum	
3006	941 W 19th St	1886	Duben	22		Zajicek	

BUR #	BURIAL DATE Yr	Mo	Da	NAME	GRAVE LOCATION Row	No.	Lot	Blk	Sec	AGE Yr	Mo	Da	BIRTH PLACE
1223	1882	Duben	19	Ludvik, Ana	10	26						12	Chicago
2757	1885	Zari	28	Ludvik, Marie	18	10						17	Chicago
782	1881	Cerven	12	Ludvik, Waclav	7	16				-	-	-	Chicago
1464	1882	Rijen	17	Lukes, Adam			15	II	G	26			Cechach
410	1880	Brezen	16	Lukes, Ana			15	II	G		8		Cechach
1624	1883	Brezen	25	Lukes, Ana	5	24				53			Chicago
3017	1886	Kveten	2	Lukes, Ana			13	IV	B	2	6		Chicago
2746	1885	Zari	20	Lukes, Ana	18	5				1	2		Chicago
3638	1887	Cervenec	11	Lukes, Eduard			13	III	D	8	8	24	Chicago
2512	1885	Brezen	8	Lukes, Franta			15	II	G	62			Cechach
1002	1881	Rijen	7	Lukes, Franta Jar.			15	II	G	1	7		Chicago
1609	1883	Brezen	13	Lukes, Jan	5	22				60			Cechach
840	1881	Cervenec	15	Lukes, Josef	7	50				1	4		Chicago
3645	1887	Cervenec	14	Lukes, Josef			13	III	D	10	4		Chicago
1662	1883	Kveten	7	Lukes, Josefa			15	II	G		8		Chicago
2804	1885	Listopad	9	Lukes, Waclav	18	23				4			Chicago
959	1881	Zari	8	Lukesova, Emilie	8	50		1		1	4		Chicago
3480	1887	Duben	1	Lungerhasen, Albrecht	2	46		2			1		Chicago
2617	1885	Cerven	13	Lungerhasen, Elisabet	17	38						14	Chicago
2190	1884	Cervenec	12	Lungesshansen, Francis	14	73					7		Chicago
1317	1882	Cerven	27	Lusk, Josef			3	III	M	3	6		Chicago
1031	1881	Rijen	31	Lusk, Matej			12	IV	L	-	-	-	Chicago
952	1881	Zari	6	Luskova, Bozena			3	III	M		2		Chicago
3326	1886	Prosinec	7	Lutovsky, Antonie	9	4				18			Cechach
960	1881	Zari	9	Lutz, Jan	8	57		1		1	6		Chicago

M

BUR #	BURIAL DATE Yr	Mo	Da	NAME	GRAVE LOCATION Row	No.	Lot	Blk	Sec	AGE Yr	Mo	Da	BIRTH PLACE
518	1880	Cervenec	28	Macal, Milada			6	II	L	5	9		Chicago
3412	1887	Unor	15	Mach, Anezka			5	V	E		9		Chicago
278	1879	Cervenec	22	Mach, Anezka			5	V	E	1	2		Chicago
116	1878	Cervenec	30	Macha, Anezka	1	39					6		Chicago
1010	1881	Rijen	13	Macha, Marie	9	8						14	Chicago
1016	1881	Rijen	17	Machacek, Josef	9	9					11	18	Chicago
2787	1885	Rijen	20	Machacek, Wilhemina			17	III	D		9		Chicago
1032	1881	Rijen	31	Machacek, Zdenka	9	14				3			Chicago
3449	1887	Brezen	14	Machart, Klara	8	54		1			7		Chicago
1306	1882	Cerven	14	Majer, Fridrich	10	56				-	-	-	Chicago
2263	1884	Srpen	14	Majer, Wojtech			16	III	G	11	5		Cechach
3825	1887	Rijen	11	Major, Joe			11	VI	K	1	1		Chicago
1498	1882	Listopad	22	Major, Karel			11	VI	K	27			Cechach
987	1881	Zari	25	Mala, Anezka			10	V	B	6	8	14	Chicago
2164	1884	Cervenec	1	Malecek, N.	14	60				-	-	-	Chicago
949	1881	Zari	3	Malecha, Ena [Eva?]			14	V	H	69			Cechach
955	1881	Zari	6	Malecha, Katerina			14	V	H	16	4		Cechach
235	1879	Duben	15	Malecha, Waclav			14	V	H	73			Chicago
3722	1887	Srpen	12	Malerka, Julie	3	62		2			7		Chicago

BUR #	DWELLING	DEATH DATE Yr	Mo	Da	C	UNDER-TAKER	REMARKS
1223	652 May St	1882	Duben	18		Seyk	
2757	566 Centre Ave	1885	Zari	27		Seyk	
782	-	1881	Cerven	11		Mencl	
1464	177 Ewing St.	1882	Rijen	17		Mencl	
410	101 Bunker St.	1880	Brezen	15		Mencl	
1624	20 Waller St.	1883	Brezen	23		Seyk	
3017	22 Kramer St	1886	Kveten	1		Mencl	[R.19-23 crossed out]
2746	168 W. 19th St	1885	Zari	18		Seyk	
3638	471 W. 19th St.	1887	Cervenec	9		Zajicek	
2512	649 Jefferson St	1885	Brezen	5	+	Mencl	
1002	144 Taylor St.	1881	Rijen	5		Mencl	
1609	20 N. Waller St.	1883	Brezen	11		Seyk	
840	168 W. 19th St.	1881	Cervenec	14		Seyk	
3645	471 W. 19th St.	1887	Cervenec	12		Zajicek	
1662	Ewing St.	1883	Kveten	6		Mencl	
2804	966 W 18th St	1885	Listopad	8		Zajicek	
959	194 W. 20th St.	1881	Zari	7		Mencl	
3480	116 Sigel St	1887	Brezen	31		Burmeister	
2617	88 Mohawk St	1885	Cerven	12		Mullz	
2190	89 Ontario St.	1884	Cervenec	10		***	***Biner [Stiebeiner?]
1317	133 Ewing St	1882	Cerven	26		Mencl	
1031	-	1881	Rijen	30		-	
952	194 W. 20th St.	1881	Zari	5		Mencl	
3326	448 Jefferson St	1886	Prosinec	5		Mencl	
960	129 Sedgwick St.	1881	Zari	8		Ruler	
518	97 Canalport Av	1880	Cervenec	27		Mencl	
3412	368 Desplaines St	1887	Unor	13		Mencl	
278	139 Forquer St.	1879	Cervenec	21		Mencl	[R.3-33 crossed out]
116	389 W. 16th St.	1878	Cervenec	29		Mencl	
1010	-	1881	Rijen	12		-	
1016	99 Bunker St.	1881	Rijen	16		Mencl	
2787	32 Burlington St	1885	Rijen	19		Seyk	[R.18-14 crossed out]
1032	121 Barber St	1881	Rijen	31	+	Mencl	
3449	Grand Crossing [Illinois]	1887	Brezen	12		Pelikan	
1306	-	1882	Cerven	13		Seyk	
2263	502 W. 19th St.	1884	Srpen	12		Seyk	
3825	552 W. 20th St.	1887	Rijen	10		Zajicek	
1498	125 W. 19th St.	1882	Listopad	21	+	Seyk	
987	-	1881	Zari	23		-	[R.8-69 crossed out]
2164	6 Shelby Ct.	1884	Cerven	30		Seyk	
949	80 Ewing St.	1881	Zari	1		Mencl	
955	80 Ewing St.	1881	Zari	4		Mencl	
235	29 Dussold St.	1879	Duben	13		Mencl	[birthplace may be an error]
3722	35 Emma St.	1887	Srpen	11		Kunkel	

BUR #	BURIAL DATE Yr	Mo	Da	NAME	GRAVE LOCATION Row	No.	Lot	Blk	Sec	AGE Yr	Mo	Da	BIRTH PLACE
1208	1882	Duben	6	Malha, Jan	4	29				56			Cechach
802	1881	Cerven	30	Malinovska, Wlastimila	7	25						8	Chicago
2588	1885	Kveten	13	Malinovsky, Jan	17	27						1	Chicago
969	1881	Zari	14	Malinovsky, Ladislav	8	57	1				6		Chicago
2594	1885	Kveten	17	Malinovsky, Ladislav	17	27					6		Chicago
2403	1884	Listopad	25	Maly, Josef			10	V	B	38			Cechach
2446	1885	Leden	1	Maly, Pavel			19	V	G	42			Cechach
425	1880	Duben	16	Mansfeld, Miloslav	4	45						14	Chicago
3023	1886	Kveten	5	Mantler, Ruzena	19	66					3		Chicago
1302	1882	Cerven	11	Marek, Ana			12	V	B	64			Cechach
1860	1883	Rijen	17	Marek, Anton			12	V	L	6	6		Chicago
635	1880	Prosinec	14	Marek, Eduard	5	67						2	Chicago
2465	1885	Leden	15	Marek, Josef	7	9				26			Cechach
279	1879	Cervenec	23	Marek, Josef	3	34				1	7		Chicago
1290	1882	Cerven	5	Marek, Marie	10	48					2		Chicago
2262	1884	Srpen	13	Marek, Marie			12	V	L	4	6		Chicago
2877	1886	Leden	17	Marek, Marie	15	26						11	Chicago
2493	1885	Unor	20	Marek, Marie			12	V	L	34			Cechach
366	1880	Leden	6	Marek, N. N.	4	14				–	–	–	Chicago
2247	1884	Srpen	3	Marek, Rosalie	15	26				1	2		Chicago
3582	1887	Cerven	18	Marek, Ruzena			7	I	L	1	10		Chicago
1409	1882	Srpen	30	Marek, Waclav			12	V	L		11	5	Chicago
59	1878	Brezen	25	Marek, Waclav	1	11						13	Chicago
298	1879	Srpen	16	Marek, Waclav			12	V	L		9		Chicago
2152	1884	Cerven	21	Marek, Wojtech	5	21				–	–	–	Chicago
3947	1887	Prosinec	29	Mares, Martin	10	31				53			Cechach
626	1880	Prosinec	1	Mares, Otilie	6	26				2	5		Chicago
3405	1887	Unor	10	Mares, Tessie	9	22				30			Cechach
1371	1882	Srpen	4	Margetak, Franta	11	20					7	19	Chicago
989	1881	Zari	26	Margetak, Josef	8	71	1				8		Chicago
3432	1887	Brezen	1	Marhoun, Emma			14	III	L	2	2	10	Chicago
2008	1884	Brezen	17	Marhoun, Marie			14	III	L	1	4		Chicago
2209	1884	Cervenec	20	Marik, Ana			15	II	J	1	1		Chicago
2949	1886	Brezen	14	Marik, Blazena			7	IV	G		8		Chicago
270	1879	Cervenec	6	Marik, Bozena	3	24				1	6		Chicago
391	1880	Unor	14	Marik, Bozna	4	26					21		Chicago
1755	1883	Cervenec	25	Marik, Franta			15	II	J	1	7		Chicago
661	1881	Leden	20	Marik, Wlastimil	6	35				1	2		Chicago
2535	1885	Brezen	30	Markant, Franta	16	20				--	--	--	Chicago
3435	1887	Brezen	3	Markes, Kaspar	9	5				29			Cechach
3296	1886	Listopad	17	Markovska, Katerina	4	36	I			53			Cechach
1604	1883	Brezen	12	Markvart, Josef	4	64				–	–	–	Chicago
1149	1882	Unor	14	Markvart, Marie			13	III	L		3		Chicago
2300	1884	Zari	20	Marous, Ana	15	46				–	–	–	Chicago
3556	1887	Kveten	30	Marous, Josefa	11	27	1			--	--	--	Chicago
2859	1886	Leden	5	Marous, Petr	17	75						1	Chicago

BUR #	DWELLING	DEATH DATE Yr	Mo	Da	C	UNDER-TAKER	REMARKS
1208	157 Forquer St	1882	Duben	3		Country	
802	198 W. 20th St.	1881	Cerven	29		Mencl	
2588	190 W. 20th St	1885	Kveten	11		Malinovsky	
969	198 W. 20th St.	1881	Zari	13		Seyk	
2594	190 W. 20th St	1885	Kveten	16		Malinovsky	
2403	223 Henry St.	1884	Listopad	23		Seyk	[R.1-23 crossed out]
2446	79 Clayton St	1884	Prosinec	31		Mencl	
425	492 Canal St.	1880	Duben	15		Mencl	
3023	526 W 18th St	1886	Kveten	4		Cermak	
1302	189 Dekoven	1882	Cerven	10		Mencl	[R.4-36 crossed out]
1860	270 W. 20th St	1883	Rijen	16	+	Seyk	
635	43 Dussold St.	1880	Prosinec	13		Mencl	
2465	Cook County Hospital	1885	Leden	14		Mencl	
279	742 W. 18th St.	1879	Cervenec	21		Seyk	
1290	125 Dekoven	1882	Cerven	3		Mencl	
2262	270 W. 20th St.	1884	Srpen	12		Seyk	
2877	767 Van Horn St	1886	Leden	15		Lusk	
2493	270 W. 20th St	1885	Unor	18		Seyk	
366	12 Clayton St.	1880	Leden	5		Mencl	
2247	767 Van Horn St.	1884	Srpen	2		Seyk	
3582	707 Loomis St.	1887	Cerven	16		Zajicek	
1409	76 Fisk St.	1882	Srpen	29		Profant	
59	748 Allport St.	1878	Brezen	24		Seyk, W.	
298	76 Fisk St.	1879	Srpen	15		Seyk	
2152	679 [Fairfield] Ave.	1884	Cerven	20		Mencl	
3947	412 W. 17th St.	1887	Prosinec	27	+	Cermak	
626	567 Centre St.	1880	Prosinec	1		Seyk	
3405	St Luke's Hospital	1887	Unor	8		Elton	
1371	Chrew River	1882	Srpen	3	+	Mencl	
989	133 Stewart St.	1881	Zari	24		Mencl	
3432	453 Union	1887	Unor	28		Schultz	
2008	444 Clinton St	1884	Brezen	15		Mencl	
2209	201 Taylor St.	1884	Cervenec	17		Mencl	
2949	411 W 17th St	1886	Brezen	13		Urban	
270	213 Dekoven St.	1879	Cervenec	5		Mencl	
391	496 W. 18th St.	1880	Unor	13		Seyk	
1755	201 W Taylor ST	1883	Cervenec	24		Mencl	
661	817 Allport St.	1881	Leden	19		Seyk	
2535	885 W. 19th St	1885	Brezen	29		Seyk	
3435	Cook County Hospital	1887	Brezen	1		Urban	
3296	Cook County Hospital	1886	Listopad	15		Pelikan	[no date] moved [from L.20-IV-D]
1604	853 S. Wood St.	1883	Brezen	7		Seyk	
1149	W. 18th St	1882	Unor	13		Seyk	
2300	257 Forquer St.	1884	Zari	18		Mencl	
3556	249 Forquer St.	1887	Kveten	29		Mencl	
2859	249 Forquer St	1886	Leden	4		Mencl	

BUR #	Yr	Mo	Da	NAME	Row	No.	Lot	Blk	Sec	Yr	Mo	Da	BIRTH PLACE
3940	1887	Prosinec	22	Marousek, Frank	4	55	2					5	Chicago
2788	1885	Rijen	22	Marsal, Barbora	7	34				31			Cechach
2773	1885	Rijen	11	Marsal, Barbora	17	64				--	--	--	Chicago
1940	1884	Leden	6	Marsal, Bohumil	4	22						21	Chicago
3809	1887	Zari	30	Martin, Henry	4	26	2					5	Chicago
1695	1883	Cerven	17	Martina, Johana	5	34				15			Cechach
1047	1881	Listopad	19	Martinek, Amalie			12	IV	L	1	2		Chicago
3803	1887	Zari	26	Martinek, Baby	4	22	2			--	--	--	Chicago
646	1881	Leden	10	Martinek, Eduard	6	20				2	10	14	Chicago
1012	1881	Rijen	13	Martinek, Franta			7	IV	E			5	Chicago
1971	1884	Unor	6	Martinek, Johana			4	IV	J		3		Pullman
1769	1883	Srpen	2	Martinek, Josef			12	IV	L			9	Chicago
2856	1885	Prosinec	30	Martinek, Josef			12	V	G	46			Cechach
1273	1882	Kveten	20	Martinek, Katerina			12	IV	L	48			Cechach
709	1881	Brezen	29	Martinek, Marie	6	47				--	--	--	Chicago
909	1881	Srpen	9	Martinek, Marie	8	23	1				6		Chicago
464	1880	Cerven	13	Maruna, Franta	5	15					3		Chicago
793	1881	Cerven	26	Marx, Charles	7	22				--	--	--	Chicago
1551	1883	Leden	16	Marz, Jan	8	68				1	4		Chicago
3104	1886	Cervenec	14	Masek, Adela	19	57				1	7		Chicago
2283	1884	Zari	3	Masek, Eduard			9	3	O	9			***
2333	1884	Rijen	6	Masek, Helena			9	3	O	6			***
3878	1887	Listopad	7	Masek, Marie A.			11	VI	H			1	Chicago
175	1878	Prosinec	5	Masin, Bohumil	2	36					2		Chicago
1950	1884	Leden	14	Masin, Josef			14	I	M	1	10		Chicago
1949	1884	Leden	14	Masin, Josefina			14	I	M	3	6		Chicago
3669	1887	Cervenec	19	Mastalir, N. N.			6	IV	H	--	--	--	Chicago
3295	1886	Listopad	16	Mastna, Ana			173		10	1	2		Chicago
2853	1885	Prosinec	21	Mastna, Bozena			146		10		5		Chicago
2281	1884	Zari	2	Mastna, Marie			173		10		11	22	Chicago
3336	1886	Prosinec	14	Mastny, Bozena B.			173		10			7	Chicago
1467	1882	Rijen	18	Mastny, Emilie			162		10	1	1		Chicago
1239	1882	Kveten	1	Mastny, Jiri	4	16					6		Chicago
3207	1886	Zari	13	Mastny, Rosalie			162		10		10		Chicago
1639	1883	Duben	9	Matas, Katerina			9	I	K		1		Chicago
1902	1883	Listopad	30	Matasek, Emilie			13	IV	H	1	3	14	Chicago
310	1879	Srpen	26	Matasek, Franta	3	56				1	7		Chicago
825	1881	Cervenec	9	Matausek, Emilie	7	39				1	9		Chicago
851	1881	Cervenec	19	Matausek, Jan	6	72						5	Chicago
2173	1884	Cervenec	4	Matcha, Katerina			7	3	O		7		Chicago
1873	1883	Listopad	1	Matejka, Josef	13	42					28		Chicago
10	1877	Listopad	12	Matejovsky, F. Anton	1	15					4		Chicago
2415	1884	Prosinec	2	Materna, Franta			20	II	F	--	--	--	Chicago
2563	1885	Duben	20	Matis, Josef	17	17				2	2		Chicago

BUR #	DWELLING	Yr	Mo	Da	C	UNDER-TAKER	REMARKS
3940	480 W. 20th St.	1887	Prosinec	20		Zajicek	
2788	157 Bunker St	1885	Rijen	20		Mencl	
2773	159 Bunker St	1885	Rijen	10		Mencl	
1940	12 Shelby Court	1884	Leden	5		Cermak	
3809	678 Centre Av.	1887	Zari	28		Profant	
1695	53 Emma St.	1883	Cerven	15		Mencl	
1047	121 Barber St	1881	Listopad	18		Mencl	
3803	140 De Koven St.	1887	Zari	25		Schultz	
646	26 Rubey St. [Robey ?]	1881	Leden	8		Mencl	
1012	123 Barber St.	1881	Rijen	12		Mencl	[R.9-10 crossed out]
1971	307 Fulton St	1884	Unor	5		Mencl	
1769	445 Desplaines St	1883	Srpen	1		Mencl	
2856	15 McMullen St	1885	Prosinec	29		Zajicek	
1273	121 Barber St.	1882	Kveten	19	+	Mencl	
709	619 Centre Av.	1881	Brezen	27		Seyk	
909	15 Mc Mullen St.	1881	Srpen	8		Seyk	
464	10 Shelby Court	1880	Cerven	12		W. Seyk	
793	Jefferson Counti Co.***	1881	Cerven	25		Marx	***[Town of Jefferson, Cook County]
1551	24 Burlington St.	1883	Leden	15		Seyk	
3104	974 Allport St	1886	Cervenec	13		Zajicek	
2283	56 Burlington St.	1884	Zari	2		Mencl	***Wiskonsin-Cook Co. [sic] [R.15-36 crossed out]
2333	56 Burlington St.	1884	Rijen	5		Mencl	***Wiskonsin-Cook Co. [sic] [R.15-64 crossed out]
3878	115 Fisk St.	1887	Listopad	6		Urban	
175	437 Jefferson St.	1878	Prosinec	2		Seyk	
1950	160 Dekoven St	1884	Leden	13		Mencl	
1949	160 Dekoven St	1884	Leden	13		Mencl	
3669	775 W. 17th St.	1887	Cervenec	17		Vistein	
3295	13 McMullen Ct	1886	Listopad	15		Zajicek	5/02/1907 moved [from L.2-V-K]
2853	279 W 20th St	1885	Prosinec	20		Urban	5/21/1907 moved [from L.3-V-K]
2281	13 McMullen St.	1884	Srpen	31		Seyk	11/02/1904 moved [from L.2-V-K]
3336	13 McMullen Ct	1886	Prosinec	13		Zajicek	5/02/1907 moved [from L.2-J-K]
1467	-	1882	Rijen	17		-	5/21/1907 moved [from L.3-V-K]
1239	13 McMullen Court	1882	Kveten	1		W. Seyk	
3207	67 Clayton St	1886	Zari	12		Cermak	4/02/1907 moved [from L.3-V-K]
1639	75 Clayton	1883	Duben	8		Seyk	
1902	164 Ewing St	1883	Listopad	29		Mencl	
310	154 Forquer St.	1879	Srpen	25		Mencl	
825	1025 Van Horn St.	1881	Cervenec	8		Seyk	
851	-	1881	Cervenec	18		-	
2173	775 W. 18th St.	1884	Cervenec	3		Cermak	[L.10-III-K crossed out]
1873	738 W. 18th St	1883	Rijen	31		Seyk	
10	73 Forquer St.	1877	Listopad	10		Resek	
2415	754 Loomis St.	1884	Prosinec	1		Seyk	[R.2-44 crossed out]
2563	Throop St	1885	Duben	19		Lusk	

BUR #	BURIAL DATE Yr	Mo	Da	NAME	GRAVE LOCATION Row	No.	Lot	Blk	Sec	AGE Yr	Mo	Da	BIRTH PLACE
3172	1886	Srpen	22	Matousek, Katerina	8	33				26	3		Cechach
2992	1886	Duben	15	Matousek, Marie A.	19	9				1	3		Chicago
142	1878	Zari	17	Matuska, Ana			20	V	H	39			Cechach
2878	1886	Leden	18	Matuska, Josef			7	VI	H	24			Cechach
3692	1887	Cervenec	28	Matuska, Ludvik			20	V	H	23			Chicago
2988	1886	Duben	11	Mauharton, Baby ***			49		1	–	–	–	Chicago
302	1879	Srpen	19	Max, Franta	3	53				1	2		Chicago
3535	1887	Kveten	15	Maxa, Josefa	9	28				56	2		Cechach
109	1878	Cervenec	23	Maxa, Karl	1	20				40			Cechach
868	1881	Cervenec	26	Maxa, Majdalena	3	25				36			Cechach
2609	1885	Cerven	5	Mayer, August	17	33					9	9	***
2598	1885	Kveten	20	Mazanec, Wojtech	16	40					7		Chicago
3164	1886	Srpen	16	McDonald, Philip	8	30				48			Ireland
2129	1884	Cerven	11	McNair, N.	14	49				–	–	–	Chicago
2404	1884	Listopad	25	Medal, Franta	16	7				2	2		Chicago
2297	1884	Zari	17	Medal, Jos. a Eduard	15	44					3		Chicago
677	1881	Unor	6	Megldle, Waclav			3	IV	L	19			Cechach
1388	1882	Srpen	14	Mehle, Marie	11	25				2	8	12	Chicago
2011	1884	Brezen	23	Meidrich, Jakub Jos.			8	IV	J			14	Chicago
1537	1882	Prosinec	29	Meilbek, Leo			13	V	L	35			Cechach
1983	1884	Unor	19	Mejdrech, Josef T.			8	IV	J	1	6		Chicago
2656	1885	Cervenec	17	Melichar, Eduard			8	II	L		8		Chicago
257	1879	Cerven	11	Melichar, Franta	3	15					8		Chicago
3097	1886	Cervenec	9	Melichar, Josef			12	VI	E	34	6		Cechach
2858	1886	Leden	4	Melichar, Rosalie			8	2	L	1			Chicago
2434	1884	Prosinec	23	Melka, Eduard	17	18					12		Chicago
227	1879	Duben	2	Melka, Eduard			12	I	K	2	4		Chicago
203	1879	Unor	9	Melka, Franta			12	I	K		2	10	Chicago
2987	1886	Duben	11	Melka, Jiri			12	I	K		8		Chicago
956	1881	Zari	7	Melka, Terezie			12	I	K	45			Cechach
966	1881	Zari	13	Melkova, Barbora	3	30				63			Cechach
3410	1887	Unor	14	Meloun, Franta	2	40		2				24	Chicago
1953	1884	Leden	15	Mencl, Anton			21	I	Z			20	Chicago
2112	1884	Cerven	1	Mencl, Blanka			21	I	Z	2	2		Chicago
2083	1884	Kveten	15	Mencl, Jaroslav			8	III	H	1	8	13	Chicago
3426	1887	Unor	23	Mendlik, Antonie			7	I	D	23			Cechach
2140	1884	Cerven	15	Mendlik, Jan			8	I	G	33			Cechach
326	1879	Zari	16	Mendlik, Josef	3	63					8	14	Chicago
2814	1885	Listopad	17	Mendlik, Josef	7	37				46			Cechach
1978	1884	Unor	17	Mertl, Waclav			9	II	H	21			Cechach
3332	1886	Prosinec	11	Meso, Sebastian	1	77		2		–	–	–	Chicago
1719	1883	Cervenec	4	Meyer, Josef Henry			18	V	F			29	Chicago
3392	1887	Leden	30	Michal, Katerina			15	I	D	30			Cechach
3935	1887	Prosinec	20	Michal, Marie			2	I	N	1	3		Chicago
2530	1885	Brezen	25	Michal, Rosalie			2	VI	K	38			Cechach

BUR #	DWELLING	DEATH DATE Yr	Mo	Da	C	UNDER-TAKER	REMARKS
3172	562 Centre Av	1886	Srpen	20		Zajicek	
2992	564 Cemtre Ave	1886	Duben	14		Zajicek	
142	65 Wilson St.	1878	Zari	15		Mencl	
2878	385 W 18th St	1886	Leden	16		Zajicek	
3692	663 Ashland Av.	1887	Cervenec	26		Mencl	
2988	929 Van Horn St	1886	Duben	10		Zajicek	11/26/1905 moved [from L.13-I-H]
							*** [see Monhart]
302	709 Allport St.	1879	Srpen	19		Seyk	
3535	700 W. Halsted St.	1887	Kveten	13		Laitsch	
109	81 N. Clark St.	1878	Cervenec	22		Seyk	
868	756 W. 18th St.	1881	Cervenec	25		Seyk	
2609	Cook County, Jefferson	1885	Cerven	3		Mayer	*** Bowmansville
2598	703 Throop St	1885	Kveten	19		Mencl	
3164	Cook County Hospital	1886	Srpen	13		Birren & Carroll	
2129	164 Bunker St.	1884	Cerven	10		Mencl	
2404	159 DeKoven St.	1884	Listopad	24		Mencl	
2297	159 DeKoven St.	1884	Zari	17		Mencl	[2 people]
677	741 Allport St.	1881	Unor	5		Seyk	
1388	157 Bunker St.	1882	Srpen	13		Mencl	
2011	3119 Butler St	1884	Brezen	21		Seyk	
1537	Mercy Hospital	1882	Prosinec	26	+	Seyk	
1983	3119 Butler St	1884	Unor	18		Seyk	
2656	168 W. 19th St	1885	Cervenec	16		Firpach	
257	221 Van Horn St.	1879	Cerven	9		Seyk	
3097	929 Van Horn St	1886	Cervenec	7	+	Zajicek	
2858	168 W 19th St	1886	Leden	2		Cermak	
2434	569 W. 19th St.	1884	Prosinec	21		Profant	
227	80 Ewing St.	1879	Duben	1		Mencl	
203	80 Ewing St.	1879	Unor	8		Mencl	
2987	208 W 14th St	1886	Duben	9		Schultz	
956	80 Ewing St.	1881	Zari	5	+	Mencl	
966	-	1881	Zari	10		-	
3410	446 W. 19th St	1887	Unor	12		Zajicek	
1953	500 S. Halsted St	1884	Leden	14		Mencl	[DBN] 11/10/1897 moved [from L.1-VI-M]
2112	500 S. Halsted St.	1884	Kveten	31		Mencl	11/10/1897 moved [from L.1-17-M]
2083	820 Ashland Ave.	1884	Kveten	13		Seyk	
3426	779 Allport St	1887	Unor	21	+	Urban	
2140	680 Ashland Ave.	1884	Cerven	13		Cermak	
326	915 W. 19th St.	1879	Zari	15		Seyk	
2814	Hospital Infirmary	1885	Listopad	13		Zajicek	
1978	45 Dussold St	1884	Unor	14	+	Mencl	
3332	17 Jefferson St	1886	Prosinec	10		Meso	
1719	-	1883	Cervenec	2		-	[R.12-45 crossed out]
3392	26 Fisk St	1887	Leden	28		Urban	[L.2-VI-K crossed out]
3935	81 Emma St.	1887	Prosinec	19		Pelikan	4/07/1906 moved [from R.4-51-B.2]
2530	26 Fisk St	1885	Brezen	23		Seyk	

BUR #	Yr	Mo	Da	NAME	Row	No.	Lot	Blk	Sec	Yr	Mo	Da	PLACE
2234	1884	Cervenec	28	Michal, Waclav	15	20					10		Chicago
1584	1883	Unor	16	Michalek, Jindrich	7	73						1	Chicago
328	1879	Zari	25	Michalek, Marie	1	11		1		37	6		Cechach
3570	1887	Cerven	10	Michalek, N. N.	3	19		1		--	--	--	Chicago
2006	1884	Brezen	14	Michalek, Teresie	7	73				-	-	-	Chicago
1741	1883	Cervenec	16	Michoud, Charles W			17	VI	J	1	5	1	Chicago
111	1878	Cervenec	26	Mikola, Emilie			5	III	J			5	Chicago
157	1878	Rijen	22	Mikola, Franta			5	III	J	56			Cechach
2397	1884	Listopad	17	Mikola, Karolina			5	III	J	2			Chicago
1441	1882	Zari	28	Mikolasek, Marie	11	51				4			Chicago
1413	1882	Zari	3	Mikota, Ana	11	40				1	1		Chicago
2955	1886	Brezen	18	Mikota, Baby J.	-	-	-	-	-	-	-	-	Chicago
2374	1884	Listopad	3	Mikota, Josef	15	81				-	-	-	Chicago
2883	1886	Leden	24	Mikota, Tomas	17	79					1	14	Chicago
888	1881	Srpen	3	Mikulecky, Adleta			1	IV	H		1		Chicago
3241	1886	Rijen	9	Mikulecky, Bozena			105		28	2		12	Chicago
724	1881	Duben	12	Mikulecky, Franta			1	IV	H	26	3		Cechach
836	1881	Cervenec	14	Mikuta, Marie	7	47				1	8		Chicago
1615	1883	Brezen	19	Mikuta, Marie	1	12				1			Chicago
1628	1883	Brezen	29	Mikuta, Marie			27		7	29			Chicago
3473	1887	Brezen	29	Mikuta, Regina	2	44		2			3	21	Chicago
3908	1887	Listopad	27	Milacek, Emilie			9	I	G	1			Chicago
3168	1886	Srpen	20	Miller, William	8	31				67			Nemecku
3565	1887	Cerven	6	Milosovky, Franta	2	73		2			5		Cechach
846	1881	Cervenec	18	Milota, Bohumil	7	55				1	6		Chicago
1198	1882	Brezen	30	Milota, Karel	-	-	-	-	-	-	-	-	Cechach
3941	1887	Prosinec	23	Minarik, Jan			19	IV	E	49			Cechach
2089	1884	Kveten	22	Minarik, Josefa	14	37				2			Cechach
1666	1883	Kveten	12	Misek, Jan	12	28						2	Chicago
2504	1885	Brezen	2	Misek, Josef			16	V	G	17			Cechach
913	1881	Srpen	10	Misek, Josef?			12	III	M	1	6		Chicago
1575	1883	Unor	8	Misek, Marie			12	III	M	-	-	-	Chicago
2001	1884	Brezen	8	Misek, Waclav			1	III	G	22			Cechach
2641	1885	Cervenec	9	Mislik, Ana	7	20				43			Chicago
2682	1885	Cervenec	31	Mislivec, Josef	7	22				54			Cechach
3532	1887	Kveten	13	Mison, Karel	2	63		2			11	20	Chicago
415	1880	Brezen	31	Mitchel, Eduard			9	II	K		10	8	Chicago
1488	1882	Listopad	7	Mitchel, Eduard			9	II	K	1	7		Chicago
2079	1884	Kveten	15	Mitchel, Ottilie			9	II	K		10		Chicago
838	1881	Cervenec	14	Mitiska, Josef	7	49				1	6		Chicago
147	1878	Zari	29	Mitiska, Waclav	1	54				-	-	-	Chicago
1801	1883	Zari	3	Mitka, Eduard			19	III	M		7	10	Chicago
2224	1884	Cervenec	26	Mixa, Josef			8	I	H	43			Cechach
2651	1885	Cervenec	13	Mixa, Wojtech			8	I	H	17			Chicago
187	1878	Prosinec	29	Modry, Frantiska	2	52				-	-	-	Chicago

BUR #	DWELLING	DEATH DATE Yr	Mo	Da	C	UNDER-TAKER	REMARKS
2234	646 Paulina St.	1884	Cervenec	27		Kunkel	
1584	162 Dekoven St.	1883	Unor	15		Seyk	
328	71 W. 16th St.	1879	Zari	23		Mencl	1/25/1908 moved [from R.2-13]
3570	79 Liberty St.	1887	Cerven	9		Mencl	
2006	160 Dekoven St	1884	Brezen	13		Mencl	
1741	1800 Milwaukee Ave	1883	Cervenec	15		–	Transferred [from?] Waldheim Cemetery
111	642 S. May St.	1878	Cervenec	24		Seyk	[R.2-23 crossed out]
157	415 W. 18th St.	1878	Rijen	21		Seyk	[R.1-23 crossed out]
2397	642 May St.	1884	Listopad	14		Seyk	
1441	68 Emma St.	1882	Zari	27		Mencl	
1413	416 W. 18th St.	1882	Zari	1		Mencl	
2955	416 W 18th St	1886	Brezen	16		Zajicek	[grave location not given]
2374	552 W. 19th St.	1884	Listopad	2		Seyk	
2883	416 W 18th St	1886	Leden	22		Mencl	
888	–	1881	Srpen	2		–	
3241	547 W. 20th St	1886	Rijen	7		Zajicek	3/12/1910 moved [from L.1-IV-H]
724	273 W. 20th St	1881	Duben	12		Seyk	
836	–	1881	Cervenec	13		–	
1615	2926 Stearns	1883	Brezen	18		Mencl	
1628	2926 Stearns	1883	Brezen	28		Cermak	4/16/1910 moved [from R.3-19]
3473	2869 Quinn St	1887	Brezen	27	+	Urban	
3908	17 McMullen	1887	Listopad	24		Cermak	
3168	368 E. North Av	1886	Srpen	19	+	Birren	
3565	437 W. 18th St.	1887	Cerven	4		Cermak	
846	–	1881	Cervenec	17		–	
1198	125 Forquer St.	1882	Brezen	28		Mencl	[grave location not given]
3941	80 DeKoven St.	1887	Prosinec	21		Mencl	
2089	705 Loomis St.	1884	Kveten	–		Cermak	
1666	487 W. 20th St.	1883	Kveten	11		W. Seyk	
2504	736 W. 18th St	1885	Unor	28		Mencl	
913	–	1881	Srpen	9		Seyk	
1575	411 Van Horn St.	1883	Unor	7		Seyk	
2001	487 W 20th St	1884	Brezen	6		Seyk	
2641	24 Dussold St	1885	Cervenec	8		Mencl	
2682	Cook County Hospital	1885	Cervenec	30		Vistein	
3532	919 W. 19th St.	1887	Kveten	12		Cermak	
415	695 May St.	1880	Brezen	30		Seyk	
1488	520 W. 18th St.	1882	Listopad	5		Mencl	
2079	520 W. 18th St.	1884	Kveten	13		Seyk	
838	109 Bunker St.	1881	Cervenec	13		Mencl	
147	147 W. 19th St.	1878	Zari	27		Seyk	
1801	416 W 18th St	1883	Zari	2		Mencl	
2224	428 Jefferson St.	1884	Cervenec	24	+	Mencl	
2651	428 Jefferson St	1885	Cervenec	11		Mencl	
187	486 S. Canal St.	1878	Prosinec	27		Mencl	

BUR #	BURIAL DATE Yr	Mo	Da	NAME	GRAVE LOCATION Row	No.	Lot	Blk	Sec	AGE Yr	Mo	Da	BIRTH PLACE
3661	1887	Cervenec	18	Monhart, Waclav ***			49		1		4	14	Chicago
2981	1886	Duben	5	Montler, Marie	18	69					5	6	Cechach
1932	1883	Prosinec	25	Morava, Ana			15	II	H	69			Cechach
1140	1882	Unor	8	Morava, Eduard	9	62					1	3	Chicago
3700	1887	Srpen	1	Morava, Eduard	3	50		2				10	Chicago
1197	1882	Brezen	30	Moravec, Marie	10	16						9	Chicago
2677	1885	Cervenec	29	Moravek, Ladislav			20	V	D		4	17	Chicago
702	1881	Brezen	15	More, George	5	52						2	Chicago
977	1881	Zari	18	Mosnicka, Franta	8	65		1		1			Chicago
1305	1882	Cerven	13	Mosnicka, Loisa	4	37				22			Chicago
2335	1884	Rijen	6	Motis, Barbora	15	65					10		Chicago
1011	1881	Rijen	13	Motis, Edward			4	I	K	1	4		Chicago
2888	1886	Leden	25	Motis, Frank	18	51					1		Chicago
3719	1887	Srpen	10	Motis, Jan	14	49		1		1	2		Chicago
125	1878	Srpen	10	Motis, Jaroslav			4	I	K	1			Chicago
2509	1885	Brezen	6	Motis, Josef	16	35					4		Chicago
1157	1882	Unor	20	Motl, Eduard	9	68					1	2	Chicago
2045	1884	Duben	22	Mottl, Marie	13	65					2	9	Cechach
1184	1882	Brezen	19	Mouckova, Barbora			14	VI	L	75			Cechach
3078	1886	Cerven	26	Moudry, Jan			14	II	N	7	6		Chicago
2317	1884	Zari	29	Mozis, Ana			11	I	L	51			Cechach
3832	1887	Rijen	14	Mozis, Baby A.			11	I	L	--	--	--	Chicago
3278	1886	Rijen	31	Mracek, Ana			19	I	H	18			Chicago
62	1878	Duben	3	Mracek, Eduard	1	14					1	8	Chicago
903	1881	Srpen	7	Mracek, Emilie	8	19		1		1			Chicago
2157	1884	Cerven	26	Mracek, Wojtech			19	I	H	45			Cechach
1062	1881	Prosinec	8	Mrasek, Ana	4	9				15			Cechach
2581	1885	Kveten	8	Mraz, Josefa			14	III	H	1	2		Chicago
1892	1883	Listopad	22	Mraz, Marie			14	III	H	1	11	20	Chicago
2654	1885	Cervenec	15	Mraz, Martin			14	III	H	25			Cechach
2238	1884	Cervenec	30	Mrazek, Alzbeta	15	22					2	12	Chicago
3088	1886	Cervenec	6	Mrazek, Helena	19	48					11		Chicago
939	1881	Srpen	19	Mrazek, Jan	8	43		1			11		Chicago
920	1881	Srpen	12	Mrazek, Marie	8	28		1		1	1		Chicago
101	1878	Cervenec	16	Mrazek, Wincenc			5	V	M		2	21	Chicago
430	1880	Duben	19	Mrazek, Zofie			5	V	M		5		Chicago
2166	1884	Cervenec	2	Mrkvicka, Jan	14	61				3		20	Chicago
497	1880	Cervenec	15	Mrkvicka, Waclav	5	24					10		Chicago
1597	1883	Brezen	1	Mroz, Franta	5	58					2		Chicago
953	1881	Zari	6	Mudra, Franta			13	III	L	49			Cechach
659	1881	Leden	18	Mudra, Juliana			13	III	L	18	9		Cechach
1789	1883	Srpen	17	Mulac, Anna			27	I	H	54			Cechach
3500	1887	Duben	20	Mulac, Josef	4	36		2		1	10		Chicago
3830	1887	Rijen	14	Mulac, Marie	4	36		2		3	11		Chicago
2350	1884	Rijen	17	Musel, Alzbeta			3	2	U	52			Cechach

BUR #	DWELLING	DEATH DATE Yr	Mo	Da	C	UNDER-TAKER	REMARKS
3661	929 Van Horn St.	1887	Cervenec	16		Zajicek	11/26/1905 moved [from L.13-I-H]
							*** [see Mauharton]
2981	526 W 18th St	1886	Duben	4		Cermak	
1932	101 Van Horn St	1883	Prosinec	23		Seyk	
1140	-	1882	Unor	7		-	
3700	1083 Van Horn St.	1887	Cervenec	30		Zajicek	
1197	44 Burlington St	1882	Brezen	28		Seyk	
2677	2713 La Sele [LaSalle] St	1885	Cervenec	27		Mencl	[R.16-56 crossed out]
702	374 S. Halsted St.	1881	Brezen	14		Mencl	
977	-	1881	Zari	17		-	
1305	-	1882	Cerven	11		-	
2335	935 Van Horn St.	1884	Rijen	5		Seyk	
1011	701 Loomis St.	1881	Rijen	11		Mencl	
2888	968 Van Horn St	1886	Leden	24		Urban	
3719	968 W. 18th St.	1887	Srpen	9		Vistein	
125	153 W. 19th St.	1878	Srpen	8		Seyk	
2509	386 Rebecca St	1885	Brezen	5		Seyk	
1157	-	1882	Unor	19		-	
2045	560 W. 20th St	1884	Duben	22		Cermak	
1184	-	-	-	-		-	
3078	533 W 20th St	1886	Cerven	25		Zajicek	[R.19-45 crossed out]
2317	70 Emma St.	1884	Zari	27		Meister?	
3832	27 Will St.	1887	Rijen	14		Kunkel	
3278	153 Bunker St	1886	Rijen	29		Mencl	
62	82 Ewing St	1878	Duben	4		Seyk, W.	[dates may be reversed]
903	136 Bunker St.	1881	Srpen	6		Mencl	
2157	153 Bunker St.	1884	Cerven	24		Mencl	
1062	Hospital	1881	Prosinec	6		Mencl	
2581	500 S. Union St	1885	Kveten	6		Mencl	
1892	500 S Union St	1883	Listopad	20		Mencl	
2654	101 Maxwell St	1885	Cervenec	13		Mencl	
2238	601 Centre Ave.	1884	Cervenec	29		Seyk	
3088	768 Loomis St	1886	Cervenec	5		Cermak	
939	180 DeKoven St.	1881	Srpen	18		Mencl	
920	443 Jefferson St.	1881	Srpen	11		Mencl	
101	411 W. 17th St.	1878	Cervenec	14	+	Seyk	
430	433 W. 17th St.	1880	Duben	18		Seyk	
2166	302 - 21st St.	1884	Cervenec	1		Seyk	
497	302 E. H. H. [sic]	1880	Cervenec	14		Seyk	
1597	60 Liberty St.	1883	Brezen	1		F. Mencl	
953	208 W. 20th St.	1881	Zari	4		Mencl	
659	208 W. 20th St.	1881	Leden	16		Mencl	
1789	61 Wricht St [Wright]	1883	Srpen	15		Seyk	4/04/1908 moved [from R.5-37]
3500	74 Clayton St.	1887	Duben	19		Urban	
3830	74 Clayton St.	1887	Rijen	13		Vistein	
2350	225 W. 20th St.	1884	Rijen	15		Seyk	11/07/1906 moved [from R.6-37]

BUR #	\multicolumn{3}{c}{BURIAL DATE}	NAME	\multicolumn{5}{c}{GRAVE LOCATION}	\multicolumn{3}{c}{AGE}	BIRTH PLACE
	Yr	Mo	Da		Row	No.	Lot	Blk	Sec	Yr	Mo	Da	
1326	1882	Cervenec	7	Musil, Barbora	5	2				33			Cechach
700	1881	Brezen	15	Musil, Josef	7	6					11	18	Chicago
1028	1881	Rijen	27	Musil, Josef	9	13				–	–	–	Chicago
576	1880	Rijen	6	Musil, Tomas	6	9				1	10		Chicago
2171	1884	Cervenec	3	Musilek, Bozena			5	V	M	1	3		Chicago

N

BUR #	Yr	Mo	Da	NAME	Row	No.	Lot	Blk	Sec	Yr	Mo	Da	PLACE
3668	1887	Cervenec	19	Naceradska, Aloisie	3	37	2				7	1	Chicago
1876	1883	Listopad	4	Nadr, Bozena	13	43					5		Chicago
2531	1885	Brezen	25	Nadr, Waclav J.	16	36					3		Chicago
3096	1886	Cervenec	7	Nahtman, Anezka	19	52				1	6		Chicago
372	1880	Leden	20	Naiman, Julia			9	III	K	4	9		Chicago
2592	1885	Kveten	13	Najemnik, Aloisie			20	I	H		5		Chicago
2520	1885	Brezen	14	Najemnik, Barbora			20	I	H	75			Cechach
2143	1884	Cerven	17	Najemnik, Josef			20	I	H	2	6		Chicago
2354	1884	Rijen	20	Najemnik, Josef			20	I	H	64			Cechach
3904	1887	Listopad	27	Najemnik, Josef			20	I	H	1	6		Chicago
2622	1885	Cerven	18	Navratil, Francis	7	17				48			Cechach
2891	1886	Leden	29	Navratil, Frantiska			9	3	U	15	3		Cechach
2571	1885	Kveten	1	Navratil, Leopold			4	2	J	32			Cechach
1218	1882	Duben	16	Nayman, Franta			9	III	K	46			Cechach
3345	1886	Prosinec	25	Nebrenska, Marie			1	2	K		10		Chicago
3754	1887	Srpen	28	Nebrensky, Ana	3	76	2				3		Chicago
639	1880	Prosinec	24	Nebrensky, Barbora	6	53					15		Chicago
2667	1885	Cervenec	22	Nebrensky, Franta			1	II	K		6		Chicago
3519	1887	Kveten	2	Nebrensky, Willi			1	II	K		9		Chicago
1332	1882	Cervenec	11	Necas, Marie	4	3					10		Chicago
1024	1881	Rijen	24	Necas, Waclav	4	3				36			Cechach
1947	1884	Leden	13	Nechvatal, Ana	6	7				68			Cechach
137	1878	Zari	1	Nechvatal, Marie	1	48				1	7		Chicago
3680	1887	Cervenec	22	Nechvatal, Waclav	9	36				26			Cechach
1880	1883	Listopad	8	Nedved, Magdalena	6	5				48			Cechach
3829	1887	Rijen	13	Nedved, Wojtech	10	12				52			Cechach
3646	1887	Cervenec	14	Neffe, Johana			3	I	D			28	Chicago
1994	1884	Brezen	2	Neidl, Josefa			12	III	G			20	Chicago
578	1880	Rijen	10	Nejdl, Josef	6	11					7		Chicago
3920	1887	Prosinec	8	Nejdl, Julie			12	III	G		1	21	Chicago
1026	1881	Rijen	25	Nekola, Franta			7	I	K	5	9		Chicago
2900	1886	Unor	6	Nekola, Josef			7	I	K	6	2		Chicago
315	1879	Zari	2	Nekola, Marie			7	I	K	1	3		Chicago
2970	1886	Brezen	29	Nelson, Ellen W.	49	21	3					18	Cook, Ill.
17	1877	Listopad	30	Nemec, Bozena	1	36					2		Chicago
2155	1884	Cerven	23	Nemec, Franta	10	29				47			Cechach
1236	1882	Duben	28	Nemec, Jan			4	I	W		5		Chicago
2935	1886	Brezen	7	Nemec, Josef			13	VI	E	24	1		Cechach
3486	1887	Duben	8	Nemec, Ladimer	2	48	2				9		Chicago

BUR #	DWELLING	DEATH DATE Yr	Mo	Da	C	UNDER-TAKER	REMARKS
1326	58 Burlington St	1882	Cervenec	6		Seyk	
700	369 W. 22nd St.	1881	Brezen	14		Seyk	
1028	-	1881	Rijen	26		-	
576	Hospital	1880	Rijen	4		Seyk	
2171	412 W. 18th St.	1884	Cervenec	2		Seyk	
3668	Crosing, Ill. ***	1887	Cervenec	16		Pelikan	***[Grand Crossing, Ill.]
1876	139 Forquer St	1883	Listopad	3		Mencl	
2531	139 Forquer St	1885	Brezen	24		Mencl	
3096	912 W 19th St	1886	Cervenec	6		Zajicek	
372	637 Ashland Av	1880	Leden	18		Mencl	
2592	103 W. 16th St	1885	Kveten	12		Mencl	
2520	121 Forquer St	1885	Brezen	12		Mencl	
2143	103 W. 16th St.	1884	Cerven	16		Mencl	
2354	97 Forquer St.	1884	Rijen	18		Mencl	
3904	103 W. 16th St.	1887	Listopad	25		Mencl	
2622	734 Loomis St	1885	Cerven	17	+	Seyk	
2891	Cook County Hospital	1886	Leden	27		Urban	11/24/1907 moved [from R.8-8]
2571	312 W. 13th St	1885	Duben	29	+	Seyk	
1218	Ashland	1882	Duben	13		[Meisler?]	
3345	257 W. 20th St	1886	Prosinec	24		Urban	
3754	627 Centre Av.	1887	Srpen	27		Profant	
639	658 S. Jefferson St.	1880	Prosinec	23		Mencl	
2667	422 W. 19th St	1885	Cervenec	21		Zajicek	
3519	657 Centre Av.	1887	Kveten	1		Zajicek	
1332	-	1882	Cervenec	10		-	
1024	-	1881	Rijen	22		-	
1947	674 Jefferson St	1884	Leden	12		Seyk	
137	54 Burlington	1878	Srpen	31		Seyk	
3680	527 W. 18th St.	1887	Cervenec	20		Urban	
1880	484 Canal St	1883	Listopad	6		Mencl	
3829	Cook County Hospital	1887	Rijen	10		Mencl	
3646	581 W. 18th St.	1887	Cervenec	13		Vistein	
1994	459 W 19th St	1884	Brezen	2		Seyk	
578	102 Fisk St.	1880	Rijen	8		Seyk	
3920	459 W. 19th St.	1887	Prosinec	7		Zajicek	
1026	-	1881	Rijen	24		-	
2900	968 Van Horn St	1886	Unor	5		Vistein	
315	584 Centre Av.	1879	Zari	1		Seyk	
2970	Peterson Ave	1886	Brezen	27		Nelson	11/27/1906 moved [from R.19-6]
17	--	1877	Listopad	29		Seyk	
2155	931 Van Horn	1884	Cerven	22	+	Seyk	
1236	425 W. 17th St	1882	Duben	27		Seyk	11/11/1906 moved [from R.10-29]
2935	762 Throop St	1886	Brezen	4		Zajicek	[R.8-12 crossed out]
3486	154 W. 14th St	1887	Duben	7		Profant	

BUR #	Yr	Mo	Da	NAME	Row	No.	Lot	Blk	Sec	Yr	Mo	Da	BIRTH PLACE
3557	1887	Kveten	30	Nemec, Marie			13	VI	E	1	4		Chicago
2601	1885	Kveten	24	Nemec, Tomas			11	VI	J	49			Cechach
264	1879	Cerven	27	Nemecek, Barbora	3	21					1		Chicago
1607	1883	Brezen	12	Nemecek, Franta	10	23						21	Chicago
580	1880	Rijen	11	Nemecek, Jan	6	13						14	Chicago
1654	1883	Kveten	1	Nemecek, Josef E.	12	23					1		Chicago
3461	1887	Brezen	22	Nemecek, Julie	6	9		1		1	1		Chicago
355	1879	Prosinec	7	Nemecek, Libina M.			13	II	L	7	10		Chicago
1293	1882	Cerven	8	Nemecek, Otilie	10	49					3		Chicago
316	1879	Zari	4	Nemecek, Rozalie	3	12					1		Chicago
1395	1882	Srpen	17	Nemecek, Waclav	5	10				60			Chicago
3429	1887	Unor	28	Nemrava, Frank	3	7		1		4	8		Chicago
1875	1883	Listopad	2	Nepereny, Filip			8	I	K	43			Cechach
2007	1884	Brezen	16	Nepereny, Frantiska			8	I	K	3	3		Chicago
367	1880	Leden	7	Nerad, Josef			1	II	L	2	10	5	Chicago
2750	1885	Zari	23	Nerad, Josef	18	7					6		Chicago
19	1877	Prosinec	6	Netrefa, Ana			2	1	W	1	9		Chicago
93	1878	Cerven	23	Netrefa, Teresie			2	1	W	-	-	-	Chicago
3739	1887	Srpen	18	Netusil, Marie	10	5				17			Cechach
3949	1887	Prosinec	30	Neubauer, Marie			12	I	E	-	-	-	Chicago
3037	1886	Kveten	14	Neuzil, Frantiska			22	1	Z	32			Cechach
1110	1882	Leden	14	Neuzil, Josef			22	1	Z	-	-	-	Chicago
2982	1886	Duben	5	Neuzil, Julie			22	1	Z			1	Chicago
145	1878	Zari	25	Nevecerel, Karel			6	V	H		9		Chicago
538	1880	Srpen	19	Nevecerel, Marie			6	V	H		5	11	Chicago
986	1881	Zari	24	Nevecerel, N. N.			6	V	H	-	-	-	Chicago
362	1879	Prosinec	29	Nikl, Jan			12	II	L	64			Cechach
51	1878	Brezen	15	Nikola, Ana	1	3					3		Chicago
3311	1886	Listopad	28	Nocar, Ana			5	III	G	2	1		Chicago
3942	1887	Prosinec	23	Nosek, Anton			2	V	D	36			Cechach
1338	1882	Cervenec	20	Nosek, Franta	11	5					3		Chicago
114	1878	Cervenec	27	Nosek, Franta	2	26						8	Chicago
2223	1884	Cervenec	26	Nosek, Waclav			12	III	H		11	26	Chicago
1162	1882	Unor	24	Novacek, Albina			11	IV	D	3	2		Chicago
3444	1887	Brezen	12	Novacek, Ana	2	21	2				8	3	Chicago
3914	1887	Prosinec	1	Novacek, Ana			11	IV	D	13	8		Chicago
3744	1887	Srpen	22	Novacek, Antonie	3	72	2			3	9		Chicago
1059	1881	Prosinec	2	Novacek, Barbora	4	8				32			Cechach
1770	1883	Srpen	3	Novacek, Bozena			6	III	K		8		Chicago
2621	1885	Cerven	16	Novacek, Bozena			2	I	A		2		Chicago
2210	1884	Cervenec	20	Novacek, Eduard			2	I	A		10	18	Chicago
2488	1885	Unor	15	Novacek, Emilie	16	22					2		Chicago
2484	1885	Unor	5	Novacek, Jan			6	III	K		6		Chicago
2650	1885	Cervenec	13	Novacek, Josef	15	60					8		Chicago
3584	1887	Cerven	19	Novacek, Otto			2	I	A		11	14	Chicago
758	1881	Kveten	19	Novacek, Wratislav			6	III	K	3		21	Chicago

BUR #	DWELLING	DEATH DATE Yr	Mo	Da	C UNDER-TAKER	REMARKS
3557	453 Des Plaines St.	1887	Kveten	28	Zajicek	
2601	66 W. 15th St	1885	Kveten	21	Mencl	
264	248 Rocker [Rucker] St.	1879	Cerven	27	Mencl	
1607	248 Rucker St.	1883	Brezen	11	Kunkel	
580	-	1880	Rijen	9	Seyk	
1654	537 W. 18th St.	1883	Kveten**	29	Cermak	**[probably Duben]
3461	295 W. 21st St	1887	Brezen	21	Urban	
355	44 Bunker St.	1879	Prosinec	5	Seyk	
1293	-	1882	Cerven	7	-	
316	248 Rucker St.	1879	Zari	4	Mencl	
1395	-	1882	Srpen	16	-	
3429	300 W. 20th St	1887	Unor	27	Profant	
1875	273 W 20th St	1883	Listopad	1	Profant	
2007	33 Zion Place	1884	Brezen	15	Seyk	
367	451 Bunker St.	1880	Leden	5	Mencl	
2750	518 - 29th St	1885	Zari	21	Jana	
19	114 W. 15th St.	1877	Prosinec	6	Seyk	11/29 [no yr given] moved [from R.1-10]
93	114 W. 15th St.	1878	Cerven	22	Netau, F.	11/29/1900 moved [from R.1-10]
3739	Cook County Hospital	1887	Srpen	17	Kunkel	
3949	115 W. 19th St.	1887	Prosinec	29	Urban	[R.4-56 crossed out]
3037	583 Centre Ave	1886	Kveten	12	Mencl	11/10/1897 moved [from L.1-VI-M]
1110	406 - 184th	1882	Leden	14	Mencl	11/10/1897 moved [from L.1-VI-M]
2982	418 W 18th St	1886	Duben	4	Mencl	11/10/1897 moved [from L.1-VI-M]
145	381 W. 18th St.	1878	Zari	24	Seyk	
538	371 W. 18th St.	1880	Srpen	18	Seyk	
986	-	1881	Zari	23	-	
362	183 Dekoven St.	1879	Prosinec	27	Mencl	
51	577 W. 17th St.	1878	Brezen	14	Seyk	
3311	397 W. 16th St	1886	Listopad	26	Urban	
3942	732 Loomis St.	1887	Prosinec	21	Zajicek	
1338	153 Forquer St	1882	Cervenec	18	Mencl	
114	80 Ewing St.	1878	Cervenec	26	Seyk	
2223	153 Forquer St.	1884	Cervenec	25	Mencl	
1162	W. 19th St	1882	Unor	23	Seyk	[name W. Kozka & R.9-71 crossed out]
3444	37 Burlington St	1887	Brezen	11	Profant	
3914	555 W. 19th St.	1887	Listopad	29	Zajicek	
3744	42 Burlington St.	1887	Srpen	21	Profant	
1059	-	1881	Prosinec	1	-	
1770	117 W 15th St	1883	Srpen	2	Seyk	
2621	699 May St.	1885	Cerven	15	Seyk	[R.17-41 crossed out]
2210	77 Seward St.	1884	Cervenec	18	Seyk	[R.15-3 crossed out]
2488	393 Brown St.	1885	Unor	14	Seyk	
2484	117 W. 15th St.	1885	Unor	4	Seyk	
2650	26 Kramer St	1885	Cervenec	11	Mencl	
3584	79 Fisk St.	1887	Cerven	18	Profant	[R.10-39 crossed out]
758	119 W. 15th St.	1881	Kveten	18	Mencl	

BUR #	BURIAL DATE Yr	Mo	Da	NAME	GRAVE LOCATION Row	No.	Lot	Blk	Sec	AGE Yr	Mo	Da	BIRTH PLACE
312	1879	Srpen	28	Novacky, Karel	3	57						19	Chicago
3895	1887	Listopad	22	Novak, Alfred	4	40		2		2	3	19	Chicago
2156	1884	Cerven	24	Novak, Alzbeta	14	55				1	6		Chicago
284	1879	Cervenec	29	Novak, Ana	3	40				1	1		Chicago
3644	1887	Cervenec	14	Novak, Annie	1	55		2			11	15	Chicago
1871	1883	Rijen	31	Novak, Anton			8	II	H	–	–	–	Cechach
2121	1884	Cerven	6	Novak, Anton			26	3	U	48			Cechach
3335	1886	Prosinec	12	Novak, Baby M.			4	III	J	–	–	–	Chicago
1158	1882	Unor	20	Novak, Barbora			6	III	H			7	Chicago
495	1880	Cervenec	14	Novak, Barbora			6	I	L	60			Cechach
3358	1887	Leden	6	Novak, Blaha			6	III	H	1	7		Chicago
1278	1882	Kveten	25	Novak, Eduard	10	42					9		Chicago
2753	1885	Zari	27	Novak, Emil			4	III	J	4			Chicago
1374	1882	Srpen	5	Novak, Emilina			1	2	Z		3		Chicago
160	1878	Rijen	30	Novak, Fillip			15	V	H			14	Chicago
3881	1887	Listopad	13	Novak, Franta			15	V	H	2		21	Chicago
2576	1885	Kveten	5	Novak, Franta	17	22					3	16	Chicago
1182	1882	Brezen	19	Novak, Jakub	4	24				25			Cechach
830	1881	Cervenec	12	Novak, Jan			15	V	H			17	Chicago
1966	1884	Leden	28	Novak, Jan			6	III	H	3	8		Chicago
2330	1884	Rijen	5	Novak, Jan			10	IV	G	16			Cechach
136	1878	Srpen	28	Novak, Jan	2	29					9		Chicago
618	1880	Listopad	25	Novak, Josef			8	II	H	2	6		Chicago
832	1881	Cervenec	12	Novak, Josefa			10	IV	G	36			Cechach
1185	1882	Brezen	21	Novak, Karolina	10	10				3			Chicago
1867	1883	Rijen	25	Novak, Karolina	13	40				–	–	–	Chicago
3621	1887	Cervenec	6	Novak, Katerina	3	21		2		2			Chicago
1475	1882	Rijen	27	Novak, Lilie	11	65					9		Chicago
3868	1887	Listopad	3	Novak, Marie			9	I	G	2	8		Chicago
1630	1883	Brezen	30	Novak, N. N.	3	45				–	–	–	Chicago
263	1879	Cerven	25	Novak, Otilie	3	20					5	7	Chicago
3441	1887	Brezen	7	Novak, Rosa	9	8				18	6		Cechach
1267	1882	Kveten	18	Novak, Waclav			5	I	D			21	Chicago
3797	1887	Zari	20	Novak, Willem	9	51		1			3	10	Chicago
2381	1884	Listopad	7	Novotna, Ana	7	1				44			Cechach
1517	1882	Prosinec	16	Novotna, Emma	11	69					15		Chicago
2831	1885	Listopad	29	Novotna, Katerina	17	68					9		Chicago
638	1880	Prosinec	22	Novotna, Marie	6	34					10		Chicago
3945	1887	Prosinec	26	Novotna, Marie			20	VI	L	–	–	–	Chicago
65	1878	Duben	11	Novotni, Barbora			19	V	G	3			Chicago
1034	1881	Listopad	3	Novotny, Ana	9	16				1	6		Chicago
322	1879	Zari	9	Novotny, Ana	3	62						26	Chicago
36	1878	Unor	4	Novotny, Ana	1	27				–	–	–	Chicago
3206	1886	Zari	12	Novotny, Eduard			6	III	D		8		Chicago
1362	1882	Cervenec	30	Novotny, Franta			20	VI	L	42			Cechach
3882	1887	Listopad	13	Novotny, Franta			17	VI	D		10	26	Chicago

BUR #	DWELLING	DEATH DATE Yr	Mo	Da	C	UNDER-TAKER	REMARKS
312	116 Forquer St.	1879	Srpen	28		Mencl	
3895	208 Brown St.	1887	Listopad	20		Mencl	
2156	931 Van Horn	1884	Cerven	23		Seyk	
284	206 Van Horn St.	1879	Cervenec	28		Seyk, W.	
3644	200 Taylor St.	1887	Cervenec	13		Schultz	
1871	534 Laflin St	1883	Rijen	29	+	Seyk	
2121	119 Forquer St.	1884	Cerven	4		Mencl	4/16/1902 moved [from L.20-V-J]
3335	734 W. 18th St	1886	Prosinec	9		Urban	
1158	297 W. 20th St	1882	Unor	21		Seyk	[R.9-69 crossed out]
495	152 Forquer St.	1880	Cervenec	13		Mencl	
3358	620 Blue Island	1887	Leden	4		Mencl	
1278	10 Nutt Court	1882	Kveten	24		Seyk	
2753	512 W. 18th St	1885	Zari	25		Seyk	
1374	217 Taylor St	1882	Srpen	4		Mencl	11/06/1897 moved [from L.3-V-M]
160	82 Ewing St.	1878	Rijen	29		Seyk	
3881	19 Dussold St.	1887	Listopad	8		Mencl	
2576	24 Seward St	1885	Kveten	3		Seyk	
1182	33 Fisk St	1882	Brezen	17		Seyk	
830	-	-	-	-		-	
1966	297 W 20th St	1884	Leden	27		Seyk	
2330	396 W. 18th St.	1884	Rijen	3	+	Seyk	
136	Morgan St.	1878	Srpen	27		Seyk	
618	43 Mc Mullen Court	1880	Listopad	24		Seyk	
832	-	1881	Cervenec	11		-	
1185	49 Bunker	1882	Brezen	21		Mencl	
1867	511 W 18th St	1883	Rijen	24		Seyk	
3621	628 W. 18th St.	1887	Cervenec	4		Vistein	
1475	685 Throop St.	1882	Rijen	26		Mencl	
3868	5 Nutt Court	1887	Listopad	1		Cermak	
1630	10 Nutt Court	1883	Brezen	29		Seyk	
263	133 DeKoven St.	1879	Cerven	24		Mencl	
3441	388 W. 18th St	1887	Brezen	5		Firpach	
1267	558 Centre St	1882	Kveten	17		Seyk	[R.10-39 crossed out]
3797	292 W. 14th St.	1887	Zari	19		Mencl	
2381	12 W. 15th St.	1884	Listopad	5		Mencl	
1517	260 Centre St.	1882	Prosinec	10		Sigmund	
2831	137 Forquer St	1885	Listopad	28		Schultz	
638	388 W. 18th St.	1880	Prosinec	21		Seyk	
3945	381 W. 22nd St.	1887	Prosinec	25		Urban	
65	580 Centre Av.	1878	Duben	10		Seyk, W.	
1034	152 Bunker St.	1881	Listopad	1		Mencl	
322	245 Bunker St.	1879	Zari	9		Seyk	
36	May St.	1878	Unor	3		Seyk	
3206	444 Canal St	1886	Zari	11		Mencl	
1362	-	1882	Cervenec	29		-	
3882	144 W. Taylor St.	1887	Listopad	12		Schultz	

BUR #	Yr	Mo	Da	NAME	Row	No.	Lot	Blk	Sec	Yr	Mo	Da	BIRTH PLACE
2764	1885	Rijen	3	Novotny, Franta			3	II	J		1		Chicago
299	1879	Srpen	18	Novotny, Henry			6	VI	L		1	11	Chicago
1587	1883	Unor	19	Novotny, Jan	9	16					3		Chicago
3485	1887	Duben	7	Novotny, Josef	9	23				55			Cechach
1721	1883	Cervenec	5	Novotny, Josef	12	47						2	Chicago
2898	1886	Unor	3	Novotny, Josef	18	54					2		Chicago
168	1878	Listopad	19	Novotny, Josef	1	64					4		Chicago
1166	1882	Unor	27	Novotny, Marie			1	II	K		7		Chicago
656	1881	Leden	17	Novotny, Marie	6	56					10		Chicago
2514	1885	Brezen	11	Novotny, Marie			14	IV	J	1	4		Chicago
184	1878	Prosinec	25	Novotny, Marie			20	VI	L		1	14	Chicago
346	1879	Listopad	12	Novotny, N.	4	6				--	--	--	Chicago
1154	1882	Unor	18	Novotny, Teresie	4	18				57			Cechach
1473	1882	Rijen	24	Novotny, Wili			20	VI	L	5	10		Chicago
1238	1882	Duben	30	Novy, Ana	10	30					1	2	Chicago
2169	1884	Cervenec	3	Novy, Ana	14	63					1	8	Chicago
3742	1887	Srpen	21	Novy, Ana	3	70	2				11		Chicago
1535	1882	Prosinec	28	Novy, Bohumil			9	III	H	20	1	15	Cechach
1307	1882	Cerven	16	Novy, Bozena	10	57				4			Chicago
2673	1885	Cervenec	26	Novy, Eduard	16	55					6		Chicago
1327	1882	Cervenec	8	Novy, Emilie			15	IV	J			2	Chicago
1437	1882	Zari	26	Novy, Gustav	11	50					2	29	Chicago
2958	1886	Brezen	21	Novy, Josefa			11	I	J	33			Cechach
1854	1883	Rijen	9	Novy, Ruzena	13	36				--	--	--	Chicago

O

BUR #	Yr	Mo	Da	NAME	Row	No.	Lot	Blk	Sec	Yr	Mo	Da	BIRTH PLACE
2805	1885	Listopad	9	Ocasek, Otokar			19	III	J		8		Chicago
2237	1884	Cervenec	30	Ocenasek, Josef			12	IV	G	1	6		Chicago
596	1880	Rijen	26	Ocenasek, Josef			12	4	G	--	--	--	Chicago
1431	1882	Zari	19	Ocenasek, Marie			12	IV	G	4	9		Chicago
3306	1886	Listopad	28	Odehnal, Adela F.			10	V	J			16	Chicago
216	1879	Brezen	7	Odehnal, Emilie			10	V	J	3	8		Chicago
1522	1882	Prosinec	15	Odehnal, Waclav			10	V	J	52			Cechach
3525	1887	Kveten	5	Odenbach, Baby E.			16	I	D	--	--	--	Chicago
3614	1887	Cervenec	3	Odenbach, Bozena			16	I	D	1	7		Chicago
1095	1881	Prosinec	29	Olhl, Albert	9	43					9		Cechach
1806	1883	Zari	6	Oliva, Marie			9	6	D	1	3		Chicago
1577	1883	Unor	9	Opocensky, Josef			16	II	H	60			Cechach
1713	1883	Cerven	30	Oron, Jan	12	41					8		Chicago
3344	1886	Prosinec	23	Oslum, Arthur W.	2	6	2			2	7		St. Paul
3154	1886	Srpen	11	Oslum, Flora	1	6	2			1			***
3764	1887	Zari	3	Osvald, Emil			4	2	F	1	4		Chicago
1171	1882	Brezen	5	Osvald, Felix			4	II	F	2			Chicago
3475	1887	Brezen	31	Otradovec, Josef			18	VI	E	54			Cechach
3357	1887	Leden	5	Otto, Bertha A.			12	IV	J		1		Chicago
1856	1883	Rijen	10	Otto, Karel F.R.	13	37					3		Chicago

BUR #	DWELLING	DEATH DATE Yr	Mo	Da	C	UNDER-TAKER	REMARKS
2764	200 Dekoven St	1885	Rijen	2		Mencl	
299	171 Forquer St.	1879	Srpen	17		Mencl	
1587	152 Bunker St.	1883	Unor	18		Mencl	
3485	650 May St	1887	Duben	5		Mencl	
1721	35 Fisk St.	1883	Cervenec	4		Seyk	
2898	152 Bunker St.	1886	Unor	2		Mencl	
168	444 Clinton St.	1878	Listopad	18		Seyk	
1166	-	1882	Unor	25		-	
656	200 Dekoven St.	1881	Leden	16		Mencl	
2514	131 Bunker St	1885	Brezen	10		Mencl	
184	197 W. 19th St.	1878	Prosinec	22	+	Hala	[R.2-44 crossed out]
346	19 Grevintten St. ***	1879	Listopad	11		Novotny	***[Crittenden?]
1154	53 Augusta	1882	Unor	17		Kunkel	
1473	197 W. 19th St.	1882	Rijen	23		Seyk	
1238	441 W. 19th St	1882	Duben	28		Seyk	
2169	145 W. 19th St.	1884	Cervenec	2		Seyk	
3742	663 Humboldt Av.	1887	Srpen	19		Pelikan	
1535	125 Dekoven St.	1882	Prosinec	26	+	Mencl	
1307	-	1882	Cerven	15		-	
2673	142 Taylor St	1885	Cervenec	25		Mencl	
1327	102 Bunker St.	1882	Cervenec	7		Mencl	
1437	152 Bunker St.	1882	Zari	24		Mencl	
2958	504 W 19th St	1886	Brezen	18		Zajicek	
1854	28 Marget St [Margarett]	1883	Rijen	8		Mencl	
2805	49 Bunker St	1885	Listopad	8		Mencl	
2237	79 Wade St.	1884	Cervenec	29		Jeschka?	
596	83 Emma St.	1880	Rijen	25		Mencl	
1431	566 Noble St.	1882	Zari	18		Mencl	
3306	118 W. 15th St	1886	Listopad	27		Mencl	
216	118 W. 15th St.	1879	Brezen	6		Gallistel	
1522	W. 15th St.	1882	Prosinec	13		-	
3525	24 Fisk St.	1887	Kveten	4		Firpach	
3614	24 Fisk St.	1887	Cervenec	1		Firpach	
1095	243 N. Market St	1881	Prosinec	29		[Birren?]	
1806	72 Bunker St	1883	Zari	5		Mencl	4/27/1897 moved [from L.16-V-K]
1577	609 Centre Ave.	1883	Unor	8		Seyk	
1713	-	1883	Cerven	29		-	
3344	989 W. 19th St	1886	Prosinec	22		Zajicek	
3154	989 W. 19th St	1886	Srpen	10		Urban	***St. Paul Minnesota
3764	79 Clayton St.	1887	Zari	1		Urban	[R.4-5 crossed out]
1171	-	1882	Brezen	3		-	[R.5-6 crossed out]
3475	Steitroh 54 St ***	1887	Brezen	29		Urban	***[State Rd. at 54th?]
3357	139 Taylor St	1887	Leden	4		Mencl	
1856	112 Forquer St	1883	Rijen	9		Mencl	

BUR #	\multicolumn{3}{c}{BURIAL DATE}	NAME	\multicolumn{5}{c}{GRAVE LOCATION}	\multicolumn{3}{c}{AGE}	BIRTH PLACE
	Yr	Mo	Da		Row	No.	Lot	Blk	Sec	Yr	Mo	Da	
2902	1886	Unor	8	Otto, Paulina			12	IV	J			8	Chicago
2921	1886	Unor	26	Ourada, Martin	18	48				–	–	–	Chicago
2421	1884	Prosinec	7	Ouska, Ana	6	39				32			Cechach

P

BUR #	Yr	Mo	Da	NAME	Row	No.	Lot	Blk	Sec	Yr	Mo	Da	PLACE
971	1881	Zari	16	Pacl, Ana	8	59	1				8	14	Chicago
623	1880	Listopad	28	Paclova, Marie			17	I	K	50	2		Cechach
1168	1882	Unor	28	Paimel, Loisa			12	6	J	5	8		Chicago
3352	1886	Prosinec	31	Pajml, Franta			4	II	D			18	Chicago
541	1880	Srpen	22	Palan, Wiktor E.			12	VI	H	2	1		Chicago
2325	1884	Rijen	3	Palda, Flora			13	VI	K	4			Chicago
3515	1887	Kveten	1	Palka, Ana	9	26				55			Cechach
1941	1884	Leden	8	Palka, Frantiska	6	15				15			Cechach
3289	1886	Listopad	8	Palkoska, Bozena			11	V	E	1	4		Chicago
127	1878	Srpen	16	Palkoska, Franta	2	27				1	2		Chicago
75	1878	Kveten	1	Palkoska, Josefa	1	10				32			Cechach
3624	1887	Cervenec	7	Palma, Franta			1	IV	H			14	Chicago
194	1879	Leden	16	Panec, Ana	2	41				3	5		Chicago
118	1878	Srpen	3	Panec, Marie	1	40					9		Chicago
905	1881	Srpen	8	Panek, Anezka			10	VI	K		10	18	Chicago
1572	1883	Unor	6	Panoch, Franta			20	III	L	43			Cechach
1387	1882	Srpen	14	Panoch, Josef	11	26					4		Chicago
1702	1883	Cerven	21	Panoch, Josef a Jan			6	VI	J		***		Chicago
1996	1884	Brezen	3	Panoch, Josefa			6	VI	J	30			Cechach
374	1880	Leden	21	Panoch, Julie			3	I	L	1	8		Chicago
1910	1883	Prosinec	9	Panoch, Otokar Jos.			5	I	F		1	4	Chicago
206	1879	Unor	17	Panos, Franta	2	66					2	13	Chicago
3467	1887	Brezen	27	Panos, Josef	5	39					2	5	Chicago
849	1881	Cervenec	19	Panos, Karel			17	II	J		7		Chicago
750	1881	Kveten	10	Panos, Marketa	7	9						17	Chicago
737	1881	Kveten	1	Panstecky, Jakub	3	13				65			Cechach
676	1881	Unor	6	Papacek, Martin	1	13				39			Cechach
1761	1883	Cervenec	31	Papes, Emilie	13	18				1	11		Chicago
1563	1883	Leden	30	Papes, Jan	3	14				41			Cechach
3659	1887	Cervenec	17	Para, Bozena	16	6	1					20	Chicago
972	1881	Zari	16	Para, Waclav	8	60	1			1	1		Chicago
2395	1884	Listopad	16	Para, Waclav Fr.	16	6				1	3	10	Chicago
2826	1885	Listopad	26	Parsons, N.N.	18	29				–	–	–	Chicago
3562	1887	Cerven	4	Paseka, Ana	2	71	2			1	5		Chicago
1976	1884	Unor	14	Patera, Waclav			19	III	G	25			Cechach
3850	1887	Rijen	24	Pauky, Augustin	10	16				53			Nemecku
156	1878	Rijen	22	Paul, Jindrich	1	59					3	14	Chicago
1459	1882	Rijen	15	Paula, Ana			9	V	H	58			Cechach
925	1881	Srpen	13	Pavek, Anezka	8	32	1					2	Chicago
2721	1885	Srpen	31	Pavek, Waclav	16	80						7	Chicago
1066	1881	Prosinec	10	Pavel, Josef			5	II	L	46			Cechach

BUR #	DWELLING	DEATH DATE Yr	Mo	Da	C	UNDER-TAKER	REMARKS
2902	139 Taylor St	1886	Unor	8		Mencl	
2921	-	1886	Unor	23		Cermak	
2421	3244 Parnell Ave.	1884	Prosinec	6		Jana	
971	-	1881	Zari	15		-	
623	737 Van Horn St.	1880	Listopad	26		Seyk	
1168	-	1882	Unor	27		-	11/13/1906 moved [from R.10-14]
3352	725 Allport	1886	Prosinec	30		Profant	
541	448 Canal St.	1880	Srpen	19		Mencl	
2325	628 Blue Ashland Ave.***	1884	Rijen	1		Mencl	*** [Blue Island Av. ?]
3515	135 DeKoven St.	1887	Duben	29		Schultz	
1941	454 Canal St	1884	Leden	6		Mencl	
3289	511 W. 18th St	1886	Listopad	6		Urban	
127	9 Nutt Court	1878	Srpen	15		Seyk	
75	9 Nutt Court	1878	Kveten	1		Seyk, W.	
3624	194 W. 20th St.	1887	Cervenec	6		Urban	
194	64 Barber St.	1879	Leden	14		Gallistel	
118	64 Barber St.	1878	Srpen	2		Seyk	
905	160 Ewing St.	1881	Srpen	7		Mencl	
1572	-	1883	Unor	5		-	
1387	-	1882	Srpen	13		-	
1702	654 W. 18th St.	1883	Cerven	20		Seyk	[2 people] ***Age at death 1/2 hour
1996	654 W 18th St	1884	Brezen	2		Seyk	
374	Allport, 19th St.	1880	Leden	20		Seyk	
1910	734 Loomis St	1883	Prosinec	8		Seyk	[R.13-47 crossed out]
206	89 Butler St.	1879	Unor	16		Gallistel	
3467	687 Lincoln Av	1887	Brezen	25		Schultz	
849	-	1881	Cervenec	18		-	[R.7-58 crossed out]
750	73 Wider St ***	1881	Kveten	9		Mencl	***[Werder or Wade]
737	-	1881	Kveten**	30		Mencl	**[probably Duben]
676	119 W. 15th St.	1881	Unor	4	+	Mencl	
1761	103 Taylor St	1883	Cervenec	30		Mencl	
1563	109 Bunker St.	1883	Leden	28		Mencl	
3659	585 Allport St.	1887	Cervenec	15		Zajicek	
972	-	1881	Zari	15		-	
2395	785 Allport St.	1884	Listopad	15		Seyk	
2826	1037 Okly St [Oakley]	1885	Listopad	26		Parsons	
3562	142 Taylor St.	1887	Cerven	3		Schultz	
1976	734 Morgan St	1884	Unor	12		Profant	
3850	280 W. 20th St.	1887	Rijen	23		Urban	
156	495 S. Jefferson St.	1878	Rijen	21		Mencl	
1459	-	1882	Rijen	13		-	
925	87 Clayton St.	1881	Srpen	12		Seyk	
2721	77 Clayton St	1885	Srpen	30		Seyk	
1066	-	1881	Prosinec	8		-	

BUR #	BURIAL DATE Yr	Mo	Da	NAME	GRAVE LOCATION Row	No.	Lot	Blk	Sec	AGE Yr	Mo	Da	BIRTH PLACE
3072	1886	Cerven	23	Pavlicek, Alois			1	V	E	20			Cechach
671	1881	Unor	2	Pavlicek, Antonie	6	45				2			Chicago
946	1881	Srpen	25	Pavlicek, Bozena	8	44	1			1	6		Chicago
3498	1887	Duben	19	Pavlicek, Krista	6	45	1			1	11		Chicago
2603	1885	Kveten	27	Pavlicek, N.	17	30				--	--	--	Chicago
2954	1886	Brezen	18	Pavlicek, Waclav	18	63				-		-	Chicago
1613	1883	Brezen	14	Pavlik, Anton			17	IV	K			8	Chicago
3330	1886	Prosinec	10	Pavlik, Elisabet			5	VI	D	2	3		Chicago
3707	1887	Srpen	4	Pavlik, Emil	3	55	2				8		Wisconsin
1456	1882	Rijen	11	Pavlik, Jindrich			16	IV	K	6	7		Chicago
1460	1882	Rijen	15	Pavlik, Milada			16	IV	K	4	5		Chicago
2873	1886	Leden	13	Pavlik, Wojtech			3	4	S	45			Cechach
3910	1887	Listopad	28	Pavlis, Baby M.	4	44	2			-	-	-	Chicago
951	1881	Zari	5	Pavlis, Barbora	1	58	7			22			Cechach
1491	1882	Listopad	9	Pavlis, Frantisek	11	68						1	Chicago
2227	1884	Cervenec	27	Pavlis, Jan	15	14					7		Chicago
2303	1884	Zari	23	Pavlis, Josef	15	48					6		Chicago
928	1881	Srpen	15	Pavlis, Marie	8	35	1				6		Chicago
1022	1881	Rijen	21	Pavlis, Marie	4	2				31			Cechach
1424	1882	Zari	10	Pavlis, Waclav	11	43						1	Chicago
273	1879	Cervenec	16	Pavlovsky, Jan	3	28						14	Chicago
1502	1882	Listopad	30	Pecenka, Waclav	4	12						1	Chicago
1277	1882	Kveten	25	Peceny, Josef			4	II	K	60			Cechach
1320	1882	Cerven	28	Peceny, Lucie Wlasta	10	59					7		Chicago
1288	1882	Cerven	1	Peceny, Wiktor J.			4	II	K	1	5		Chicago
560	1880	Zari	12	Pech, Josef Fra.			6	I	L	3	3		Chicago
456	1880	Cerven	3	Pech, Klara Louisa			6	I	L		9		Chicago
3896	1887	Listopad	22	Pech, Majdalena	4	11				38			Cechach
3545	1887	Kveten	21	Pecha, Bozena			173		10		9	17	Chicago
1588	1883	Unor	21	Pecha, Eduard			173		10		11		Chicago
921	1881	Srpen	12	Pecha, Emilie	8	29	1				7		Chicago
537	1880	Srpen	19	Pecha, Katerina			173		10	4	6		Chicago
719	1881	Duben	8	Pecha, Marie	6	60				1	11		Chicago
1249	1882	Kveten	7	Pecha, Marie			173		10	46			Cechach
3911	1887	Listopad	29	Pechan, Wojetech	4	45	2			1	1	2	Chicago
2068	1884	Kveten	6	Pechota, Franta			7	IV	G	60			Cechach
2539	1885	Duben	1	Pechota, Otokar			11	V	J		11		Chicago
2346	1884	Rijen	15	Pechota, Zofie			7	IV	G	2	8	16	Chicago
2430	1884	Prosinec	20	Pechova, Marie			6	I	L	69	11	9	Cechach
895	1881	Srpen	5	Pecina, Jan	8	12	1					20	Chicago
1736	1883	Cervenec	15	Pecina, Ruzena	13	18					6		Chicago
804	1881	Cerven	30	Pecinka, Franta	7	26				-	-	-	Chicago
1094	1881	Prosinec	29	Pecival, Anton			11	III	M	36			Cechach
2053	1884	Duben	25	Pecival, Bohumil			8	II	J	4	11		Chicago
1299	1882	Cerven	11	Pecka, Johana	10	52				6			Chicago
211	1879	Unor	28	Pecka, Lilie	2	58						1	Chicago

BUR #	DWELLING	Yr	Mo	Da	C	UNDER-TAKER	REMARKS
3072	674 May St	1886	Cerven	20	+	Urban	
671	40 Burlington St.	1881	Unor	1		Mencl	
946	-	1881	Srpen	23		-	
3498	79 Fisk St.	1887	Duben	18		Profant	
2603	145 W. 19th St	1885	Kveten	26		Seyk	
2954	145 W. 19th St	1886	Brezen	17		Urban	
1613	301 W. Taylor St.	1883	Brezen	13		Seyk	
3330	454 - 29th St	1886	Prosinec	8		Jana	
3707	441 Jefferson St.	1887	Srpen	2		Zajicek	
1456	433 Canal St.	1882	Rijen	10		Mencl	
1460	433 Canal St.	1882	Rijen	14		Mencl	
2873	Cook County Hospital	1886	Leden	11		Ramson	[R.8-6 crossed out]
3910	805 Allport St.	1887	Listopad	27		Cermak	
951	-	1881	Zari	3		-	4/25/1908 moved [from R.3-33]
1491	-	1882	Listopad	8		-	
2227	669 May St.	1884	Cervenec	26		Seyk	
2303	117 W. 15th St.	1884	Zari	22		Seyk	
928	-	1881	Srpen	14		-	
1022	-	1881	Rijen	19		-	
1424	-	1882	Zari	9		-	
273	177 Ewing St.	1879	Cervenec	15		Mencl	
1502	Shelby Court	1882	Listopad	29		Seyk	
1277	Witbeck Slip	1882	Kveten	12	+	Seyk	
1320	67 Barber St	1882	Cerven	27		-	
1288	-	1882	Kveten	31		-	
560	152 Forquer St.	1880	Zari	10		Mencl	
456	197 Chestnut	1880	Cerven	2		Mencl	
3896	76 Hudson St.	1887	Listopad	20		Schultz	
3545	834 Ashland Av.	1887	Kveten	20		Zajicek	5/02/1907 moved [from L.2-V-K]
1588	13 McMullen Ct.	1883	Unor	20		Seyk	5/02/1907 moved [from L.2-V-K]
921	13 Mc Mullen Ct.	1881	Srpen	11		Seyk	
537	13 Mc Mullen Ct.	1880	Srpen	18		Seyk	5/02/1907 moved [from L.2-V-K]
719	380 W. 18th St.	1881	Duben	7		Seyk	
1249	McMullen Ct	1882	Kveten	5		Seyk	5/02/1907 moved [from L.2-V-K]
3911	753 W. 18th St.	1887	Listopad	28		Zajicek	
2068	411 W. 17th St	1884	Kveten	5		Seyk	
2539	386 W. 14th St.	1885	Brezen	30		Seyk	
2346	386 W. 18th St.	1884	Rijen	13		Seyk	
2430	152 Forquer St.	1884	Prosinec	18		Mencl	
895	170 Ewing St.	1881	Srpen	4		Mencl	
1736	86 Clayton St.	1883	Cervenec	13		Seyk	
804	-	1881	Cerven	29		Mencl	
1094	-	1881	Prosinec	28		-	
2053	175 W 19th St	1884	Duben	24		Seyk	
1299	Park Av	1882	Cerven	10		-	
211	473 Park Av.	1879	Unor	27		Gallistel	

BUR #	BURIAL DATE Yr	Mo	Da	NAME	GRAVE LOCATION Row	No.	Lot	Blk	Sec	AGE Yr	Mo	Da	BIRTH PLACE
1194	1882	Brezen	28	Pedak, Otokar			3		12		8	7	Chicago
1202	1882	Duben	4	Peisar, Franta	10	18				6	1	6	Chicago
3084	1886	Cerven	30	Pejsar, Ana	3	39				--	--	--	Chicago
3772	1887	Zari	4	Pejsar, Ana	4	9	2					21	Chicago
3913	1887	Listopad	30	Pekar, Eliska			17	IV	E			21	Chicago
3302	1886	Listopad	23	Pekar, Marie	3	31				--	--	--	Chicago
3888	1887	Listopad	17	Pekar, Marie			17	IV	E	22			Cechach
3511	1887	Duben	30	Pekar, N. N.	2	58	2			--	--	--	Chicago
2481	1885	Unor	2	Pekar, N. N.	16	18				--	--	--	Chicago
2339	1884	Rijen	9	Pekarek, Alois			2	I	M	26			Cechach
113	1878	Cervenec	26	Pekarek, Felise			9	VI	K		8		Chicago
2400	1884	Listopad	22	Pekarek, Hery			2	I	M		7		Chicago
2842	1885	Prosinec	9	Pekarek, N. N.			2	I	M	--	--	--	Chicago
2708	1885	Srpen	23	Pekarek, Ruzena			2	I	M	1	2		Chicago
2675	1885	Cervenec	28	Pekera, Marie			12	VI	G		2	6	Chicago
2740	1885	Zari	15	Pekerska, Marie			2	III	J	19	10		Chicago
3158	1886	Srpen	12	Pekersky, Anton			2	III	J	24			Cechach
3019	1886	Kveten	4	Peksa, Karel	19	26					1	12	Chicago
1991	1884	Unor	26	Pelc, Johana			4	4	E			11	Chicago
1988	1884	Unor	23	Pelikan, Anna			11	II	J		10		Chicago
2964	1886	Brezen	24	Pelikan, Franta			11	II	J	1	3		Chicago
3842	1887	Rijen	21	Pelikan, Franta			11	II	J		11	14	Chicago
3360	1887	Leden	6	Pelikan, Karel			9	V	J		2		Chicago
2752	1885	Zari	26	Pelikan, Rosalie			7	VI	J	70			Cechach
2812	1885	Listopad	15	Pelikan, Teresie			9	V	J			14	Chicago
124	1878	Srpen	9	Perch, Ana	2	2					7	14	Chicago
1659	1883	Kveten	5	Perina, Rozalie			4	VI	K	48			Cechach
722	1881	Duben	8	Peroutka, Franta			14	III	L	30			Cechach
486	1880	Cervenec	8	Peroutka, Jan			10	VI	K	--	--	--	Chicago
2127	1884	Cerven	10	Peroutka, Otokar			10	VI	K		9	6	Chicago
810	1881	Cervenec	4	Peroutka, Ruzena			14	III	L		7	14	Chicago
1964	1884	Leden	27	Peroutka, Waclav			14	III	L	27	8		Cechach
1421	1882	Zari	8	Pertl, Ana	1	8	7			3	6		Chicago
3602	1887	Cerven	29	Pertl, Ana			11	VI	L	4	11		Mizuri
2031	1884	Duben	9	Pertl, Anton W	14	14					4		Chicago
1939	1884	Leden	3	Pertl, Julie	6	9				24			***
1448	1882	Rijen	1	Pertl, Katerina	11	55				2	2		Chicago
2930	1886	Brezen	4	Pesata, Baby A.	18	44				--	--	--	Chicago
3790	1887	Zari	12	Pesek, Marie	4	18	2					2	Chicago
3324	1886	Prosinec	7	Pesek, Wojtech			9	IV	J			16	Chicago
3407	1887	Unor	12	Pesicka, Antonie	9	17				48			Cechach
3415	1887	Unor	17	Pesta, Jaroslav	2	17	2				9	15	Chicago
2521	1885	Brezen	15	Pesta, Josef	15	47						4	Chicago
687	1881	Unor	20	Pesta, Waclav	6	44				--	--	--	Chicago
2302	1884	Zari	22	Pestova, Ana	15	47				1			Chicago
1891	1883	Listopad	22	Peterka, Franta			1	II	G	25			Cechach

116

BUR #	DWELLING	DEATH DATE Yr	Mo	Da	C	UNDER-TAKER	REMARKS
1194	435 W. 17th St	1882	Brezen	28		Seyk	10/26/1907 moved [from L.11-V-K]
1202	129 W. 18th St	1882	Duben	2		Mencl	
3084	423 - 25th St	1886	Cerven	29		Jana	
3772	423 - 25th St	1887	Zari	2		Jana	
3913	4604 Dreyer St.	1887	Listopad	29		Firpach	
3302	4604 Dreyer St	1886	Listopad	21		Urban	
3888	4604 Dreyer St.	1887	Listopad	15		Firpach	
3511	194 W. 20th St.	1887	Duben	29		Firpach	
2481	39 Mc Mullen Court	1885	Unor	1		Seyk	
2339	767 Allport St.	1884	Rijen	7		Seyk	
113	47 Fig St.	1878	Cervenec	25		Mencl	
2400	767 Allport St.	1884	Listopad	21		Seyk	
2842	356 W. 20th St	1885	Prosinec	9		Zajicek	
2708	148 W. 18th Place	1885	Srpen	22		Seyk	
2675	187 Division St	1885	Cervenec	27		Pelikan	
2740	187 Division St	1885	Zari	13		Pelikan	
3158	117 Cornell St	1886	Srpen	10	+	Mueller	[L.12-VI-G crossed out]
3019	721 Morgan St	1886	Kveten	3		Urban	
1991	164 Ewing St	1884	Unor	24		Mencl	[L.10-VI-L crossed out]
1988	19 Gredenten St***	1884	Unor	22		Kunkel	***[Crittenden]
2964	252 Centre Ave	1886	Brezen	23		Pelikan	
3842	694 Milwaukee Av.	1887	Rijen	20		Pelikan	
3360	575 - 21st St	1887	Leden	5		Cermak	
2752	93 Wade St	1885	Zari	24		Pelikan	
2812	575 - 21st St	1885	Listopad	14		Cermak	
124	1229 Wentworth Av.	1878	Srpen	8	+	Seyk	
1659	–	1883	Kveten	4		–	
722	19 Bunker St.	1881	Duben	8		Mencl	
486	19 Bunker St.	1880	Cervenec	8		Mencl	
2127	163 DeKoven St.	1884	Cerven	9		Mencl	
810	19 Bunker St.	1881	Cervenec	3		Mencl	
1964	586 Centre Av	1884	Leden	25		Mencl	
1421	172 Dekoven St.	1882	Zari	7		Mencl	11/16/1905 moved [from R.11-41]
3602	290 Newberry Av.	1887	Cerven	28		Mencl	
2031	289 Johnson St	1884	Duben	7		Mencl	
1939	553 Throop St	1884	Leden	2		Mencl	*** Nort[h] Amerika
1448	164 Dekoven St.	1882	Zari	30		Mencl	
2930	740 W 18th St	1886	Brezen	3		Zajicek	
3790	281 Johnson St.	1887	Zari	12		Cermak	
3324	290 W. 20th St	1886	Prosinec	5		Urban	
3407	73 Clayton St	1887	Unor	11		Urban	
3415	68 Fisk St	1887	Unor	15		Zajicek	
2521	257 W. 20th St	1885	Brezen	14		Seyk	
687	373 Archer Ave.	1881	Unor	19		Seyk	
2302	257 W. 20th St.	1884	Zari	21		Seyk	
1891	992 Van Horn St	1883	Listopad	21		Seyk	

BUR #	\multicolumn{3}{c}{BURIAL DATE}	NAME	\multicolumn{5}{c}{GRAVE LOCATION}	\multicolumn{3}{c}{AGE}	BIRTH PLACE
	Yr	Mo	Da		Row	No.	Lot	Blk	Sec	Yr	Mo	Da	
2256	1884	Srpen	6	Peterson, Karel	6	29				35			Svejdsku
2280	1884	Srpen	31	Peterson, Nanie Ella	15	38				3	7	8	Jefferson
2696	1885	Srpen	10	Petr, Ana			20	II	H	1	2	28	Chicago
1883	1883	Listopad	11	Petr, Bohumila			20	II	H			14	Chicago
222	1879	Brezen	18	Petr, Jan	2	51						1	Chicago
3062	1886	Cerven	18	Petr, Josef	19	40				9			Chicago
1269	1882	Kveten	18	Petr, Julie			20	II	H		4		Chicago
636	1880	Prosinec	16	Petr, Karel			20	II	H	1	8		Chicago
1295	1882	Cerven	8	Petr, Katerina			20	II	H	34			Chicago
3544	1887	Kveten	21	Petr, Waclav	--	--	--	--	--	52			Cechach
408	1880	Brezen	14	Petrasek, Franta			13	II	H	28			Cechach
489	1880	Cervenec	8	Petrasek, Karel			13	II	H	1	3		Chicago
2449	1885	Leden	3	Petricek, Jan			12	V	L	24			Cechach
2926	1886	Brezen	1	Petrik, Ana			12	V	L	3			Chicago
2852	1885	Prosinec	20	Petrik, Anton			11	III	J	45	5		Cechach
230	1879	Duben	8	Petrik, Franta	2	1				19			Cechach
777	1881	Cerven	6	Petrik, Jan	6	70					1		Chicago
864	1881	Cervenec	25	Petrik, Marie	8	5	1			1	6		Chicago
1593	1883	Unor	25	Petrtil, Wiktorie			21	I	Z	60	6		Cechach
2953	1886	Brezen	18	Petru, Jakub			118	V	Z	57			Cechach
2358	1884	Rijen	20	Petru, Marie	15	72						11	Chicago
1872	1883	Listopad	1	Petrzelka, Ana	6	3				23			Cechach
2519	1885	Brezen	14	Petrzelka, Bozena	16	31					2		Chicago
2896	1886	Unor	2	Petrzelka, Jan	18	55						21	Chicago
2125	1884	Cerven	9	Petrzelka, Karel	14	47					8		Chicago
648	1881	Leden	11	Peysar, Emilie	7	3					6		Chicago
3223	1886	Zari	25	Pfeiffer, Ferdinand			1	I	K	21	6		***
2624	1885	Cerven	25	Pfortner, Ana	17	42				--	--	--	Chicago
1060	1881	Prosinec	3	Picek, Waclav	9	25				6	2		Cechach
2035	1884	Duben	11	Picha, Jan			11	II	K	19	2		Cechach
1126	1882	Leden	23	Picha, Johana			11	II	K	4	6		Chicago
3135	1886	Cervenec	30	Picha, Marie			11	II	K	13	3		Chicago
1272	1882	Kveten	20	Pichler, Waclav	4	34				12			Cechach
1967	1884	Leden	28	Picl, Barbora			19	IV	K	57			Cechach
3073	1886	Cerven	23	Pilat, Katerina			19	II	D	22			Cechach
3401	1887	Unor	8	Pinc, Emil	11	23	1			–	–	–	Chicago
2846	1885	Prosinec	15	Pisa, Petr			155		16	1	11	12	Chicago
780	1881	Cerven	10	Pisinger, Waclav	7	15					6		Chicago
1513	1882	Prosinec	5	Pisinkr, N. N.	7	15				–	–	–	Chicago
2022	1884	Duben	3	Piskacek, Ana R.			11	III	H	17			Chicago
3159	1886	Srpen	13	Pitr, Jan	1	8	2			3			Chicago
3650	1887	Cervenec	15	Pitr, Marie	3	31	2			1	4		Chicago
1301	1882	Cerven	11	Pitra, Franta	10	53						2	Chicago
15	1877	Listopad	25	Pitte, Jan R.			3	II	G	2	5		Chicago
2084	1884	Kveten	18	Placeck, Alois			2	V	G	1	10	15	Chicago

BUR #	DWELLING	DEATH DATE Yr	Mo	Da	C	UNDER-TAKER	REMARKS
2256	Jefferson, Cook Co., Ill.	1884	Srpen	4	+	Smith	
2280	Jefferson, Cook Co.	1884	Srpen	29		Smith	
2696	84 Taylor St	1885	Srpen	9		--	
1883	162 Dekoven St	1883	Listopad	10		Mencl	
222	77 Seward St.	1879	Brezen	17		Gallistel	
3062	449 W 19th St	1886	Cerven	13	+	Zajicek	
1269	162 Dekoven	1882	Kveten	17		Mencl	
636	162 Dekoven St.	1880	Prosinec	15		Jaeger	
1295	162 Dekoven	1882	Cerven	7		Mencl	
3544	458 S. Canal St.	1887	Kveten	19		Zajicek	11/07/1918 dug up [from L.9-2-C] and cremated
408	Cook County Hospital	1880	Brezen	12		Mencl	
489	75 Dekoven St.	1880	Cervenec	7		Mencl	
2449	W. 19th St	1885	Leden	1		Seyk	
2926	700 W 18th St	1886	Unor	28		Urban	
2852	183 Dekoven St	1885	Prosinec	18		Mencl	
230	County cemetery	1879	Duben	7		Mencl	
777	59 Augusta St.	1881	Cerven	5		Kunkel	
864	113 Meagher St.	1881	Cervenec	24		Mencl	
1593	204 W. 20th St.	1883	Unor	24		Mencl	11/10/1897 moved [from L.I-VI-M]
2953	676 W 15th St	1886	Brezen	16		Zajicek	11/17/1898 moved [from R.8-10]
2358	446 Clinton St.	1884	Rijen	19		Mencl	
1872	711 Loomis St	1883	Rijen	30		Seyk	
2519	717 Loomis St	1885	Brezen	12		Cermak	
2896	651 Van Horn St	1886	Leden	31		Zajicek	
2125	141 Bunker St.	1884	Cerven	8		Mencl	
648	23 Canalport Ave.	1881	Leden	10		Mencl	
3223	268 Taylor St	1886	Zari	23		Urban	***Winona Minn.
2624	454 Jefferson St	1885	Cerven	24		Mencl	
1060	-	1881	Prosinec	1		-	
2035	194 Ewing St	1884	Duben	9		Mencl	
1126	144 Taylor St	1882	Leden	22		Seyk	[DBN]
3135	158 Dekoven St	1886	Cervenec	28		Schultz	
1272	-	1882	Kveten	19		-	
1967	Burlington St	1884	Leden	27		Mencl	
3073	Cook County Hospital	1886	Cerven	21		Pelikan	
3401	292 W. 20th St	1887	Unor	6		Urban	
2846	438 Jefferson St	1885	Prosinec	13		Schultz	1/31/1916 moved [from L.11-V-16]
780	100 Wade St.	1881	Cerven	8		Kunkel	
1513	580 Centre St.	1882	Prosinec	6		Cermak	[dates may be reversed]
2022	144 Bunker St	1884	Duben	1		Mencl	
3159	11 Clayton St	1886	Srpen	12		Urban	
3650	10 Clayton St.	1887	Cervenec	14		Urban	
1301	916 Van Horn St	1882	Cerven	10		Seyk	
15	216 W. 20th St.	1877	Listopad	24		Seyk	
2084	344 Rebecca St.	1884	Kveten	16		Seyk	

BUR #	\multicolumn{3}{l	}{BURIAL DATE}	NAME	\multicolumn{4}{l	}{GRAVE LOCATION}	\multicolumn{3}{l	}{AGE}	BIRTH
	Yr	Mo	Da		Row	No.	Lot	Blk	Sec	Yr	Mo	Da	PLACE
504	1880	Cervenec	18	Placek, Ana Wer.			2	V	L		11		Chicago
3858	1887	Rijen	30	Placek, Berta	10	44	2				6		Chicago
917	1881	Srpen	11	Placek, Ed. Fr.			2	V	L		2		Chicago
2040	1884	Duben	15	Placek, Emilie			2	III	G	1	6		Chicago
1165	1882	Unor	26	Placek, Emilie Kat.			2	III	G		3	2	Chicago
277	1879	Cervenec	20	Placek, Jan			2	V	L	1	2		Chicago
2583	1885	Kveten	11	Placek, Josef			2	V	G	49			Cechach
2184	1884	Cervenec	10	Placek, Lidmila F.			2	III	G		4		Chicago
942	1881	Srpen	21	Placek, Marie			2	V	L	4	11		Chicago
941	1881	Srpen	21	Placek, Weronika	3	32				40			Cechach
2500	1885	Unor	24	Placek, Wilemina			2	III	G	27			Cechach
2029	1884	Duben	8	Placek, Wilhemina			2	III	G	3	10		Chicago
3460	1887	Brezen	22	Plach, Bohumila	2	30	2					11	Chicago
3343	1886	Prosinec	21	Plach, Franta	2	2	2			3	2		Chicago
3794	1887	Zari	18	Plachetka, Emma	4	20	2			2			Chicago
2091	1884	Kveten	24	Plasil, Josef	14	39				-	-	-	Cechach
2076	1884	Kveten	14	Plechaty, Alois	14	32					8	27	Chicago
1532	1882	Prosinec	25	Plechaty, Lidmilla	11	75				4			Chicago
1380	1882	Srpen	9	Plhak, Josefa			27	1	H	28	7		Cechach
3791	1887	Zari	13	Plocek, Franta			1	IV	E	24	3		Cechach
1506	1882	Prosinec	1	Plouzek, Frantiska			2	I	G	-	-	-	Chicago
2414	1884	Prosinec	2	Podany, Josef	2	4				23			Cechach
1995	1884	Brezen	3	Podlesak, Bozena			7	IV	G	2			Chicago
739	1881	Kveten	2	Podlesak, Karolina	6	23					7		Chicago
1052	1881	Listopad	25	Pokorna, Emilie	9	23						4	Chicago
2600	1885	Kveten	23	Pokorna, Marie			12	II	J	51			Cechach
3784	1887	Zari	7	Pokorny, Jan			12	II	J		6		Chicago
2371	1884	Listopad	2	Pokorny, Karel	15	79					6		Chicago
3555	1887	Kveten	29	Pokorny, Waclav	9	30				72			Cechach
1610	1883	Brezen	14	Pokr, Josefa	8	10					14		Chicago
381	1880	Unor	3	Polacek, Ruzena	4	19				2	6	1	Chicago
2131	1884	Cerven	12	Polacek, Vaclav	4	35				48			Cechach
384	1880	Unor	4	Polak, Antonie			8	IV	K		3		Chicago
3606	1887	Cervenec	2	Polak, Frantiska			14	III	D	3	9	13	Chicago
1399	1882	Srpen	20	Polak, Josef			8	IV	K	1	6		Chicago
1529	1882	Prosinec	22	Polak, Karel			8	4	K	6	11		Chicago
916	1881	Srpen	11	Polak, Tomas	8	26	1					2	Chicago
3735	1887	Srpen	16	Polanek, Ana			15	IV	L	2			Chicago
3285	1886	Listopad	7	Poledna, Bozena			19	VI	J	2	3		Chicago
608	1880	Listopad	9	Poledna, Jan			20	VI	J			14	Chicago
3319	1886	Prosinec	5	Poledna, Josef			20	VI	J	15	9		Chicago
2477	1885	Unor	1	Poledna, Ludvik			20	VI	J		6		Chicago
2460	1885	Leden	11	Poledna, Milada			20	VI	J	1	8		Chicago
1224	1882	Duben	19	Poledna, Rosalie			2	VI	J	2			Chicago
1478	1882	Rijen	29	Pooch, Wilhem			18	3	H	38			Cechach
1881	1883	Listopad	9	Popelka, Anton			20	II	J	27			Cechach

BUR #	DWELLING	DEATH DATE Yr	Mo	Da	C	UNDER-TAKER	REMARKS
504	57 Augusta St.	1880	Cervenec	17		Kunkel	
3858	89 Wade St.	1887	Rijen	28		Pelikan	moved [from R.2-63]
917	59 Augusta St.	1881	Srpen	10		Kunkel	
2040	95 Forquer St	1884	Duben	14		Mencl	[R.14-11 crossed out]
1165	153 Dekoven	1882	Unor	25		Mencl	[R.10-3 crossed out]
277	59 Augusta St.	1879	Cervenec	19		Cleason, E.	
2583	734 W. 18th St	1885	Kveten	8		Seyk	
2184	95 Forquer St.	1884	Cervenec	9		Mencl	
942	Will Av.	1881	Srpen	21		Klaner	
941	338 Allport St.	1881	Srpen	20		Seyk	
2500	95 Forquer St	1885	Unor	22		Mencl	
2029	95 Forquer St	1884	Duben	7		Mencl	[R.14-12 crossed out]
3460	115 W. 18th Pl	1887	Brezen	20		Profant	
3343	115 - 18th Place	1886	Prosinec	19		Urban	
3794	83 Seward St.	1887	Zari	16		Urban	
2091	19 Seward St.	1884	Kveten	23		Seyk	
2076	564 Centre Av	1884	Kveten	13		Seyk	
1532	Hospital	1882	Prosinec	22		Seyk	
1380	-	1882	Srpen	7		-	4/04/1908 moved [from R.5-7]
3791	131 Bunker St.	1887	Zari	10		Mencl	
1506	76 Johnson St.	1882	Prosinec	1		Mencl	
2414	R. R. Track	1884	Listopad	29	+	Seyk	
1995	396 W 18th St	1884	Brezen	2		Seyk	
739	376 W. 18th St.	1881	Kveten	1		Seyk	
1052	169 Bunker St	1881	Listopad	24		Mencl	
2600	116 Bunker St	1885	Kveten	20		Goldbohm	
3784	Cook County Hospital	1887	Zari	5		Goldbohm	
2371	173 Bunker St.	1884	Listopad	1		Mencl	
3555	173 Bunker St.	1887	Kveten	28		Zajicek	
1610	463 W. 19th St.	1883	Brezen	13		Seyk	
381	452 S. Canal	1880	Unor	1		Mencl	
2131	107 Maxwell St.	1884	Cerven	10	+	Mencl	
384	206 Brown St.	1880	Unor	3		Seyk	
3606	141 Forquer St.	1887	Cerven	30		Schultz	
1399	Johnson St.	1882	Srpen	19		Mencl	
1529	217 Johnson St.	1882	Prosinec	21		Seyk	
916	599 W. 17th St.	1881	Srpen	10		Alpin	
3735	460 W. 19th St.	1887	Srpen	14		Zajicek	
3285	119 W. 19th St	1886	Listopad	5		Urban	
608	584 Centre Ave	1880	Listopad	7		Seyk	
3319	119 W. 19th St	1886	Prosinec	2		Urban	
2477	381 W. 22nd St	1885	Leden	30		Seyk	
2460	381 W. 22nd St	1885	Leden	10		Seyk	
1224	235 N. 20th St	1882	Duben	19		Seyk	
1478	113 Maxwell St.	1882	Rijen	28		Mencl	11/23/1902 moved [from L.8-II-K]
1881	194 W 20th St	1883	Listopad	8		Seyk	

BUR #	BURIAL DATE Yr	Mo	Da	NAME	GRAVE LOCATION Row	No.	Lot	Blk	Sec	AGE Yr	Mo	Da	BIRTH PLACE
3342	1886	Prosinec	21	Popelka, Karel	2	1	2				10		Chicago
339	1879	Rijen	26	Popelka, Rudolf			20	II	J			24	Chicago
1592	1883	Unor	25	Popelka, Rudolph			20	II	J		6		Chicago
3145	1886	Srpen	5	Porak, Jaroslav	19	74		–			10		Chicago
3770	1887	Zari	4	Porak, Jaroslav	19	74	1				7		Chicago
1700	1883	Cerven	19	Posledni, Aloisie	12	36						7	Chicago
3506	1887	Duben	25	Pospisil, Jaroslav			19	4	A		10		Chicago
2050	1884	Duben	24	Pospisil, Josef	6	17				74	8		Cechach
3504	1887	Duben	22	Pospisil, Klara			19	4	A	3			Chicago
892	1881	Srpen	4	Posvic, Marie	7	74				1			Chicago
2881	1886	Leden	22	Pouska, Jan			13	III	H	37			Cechach
1973	1884	Unor	8	Pouska, Milos			13	III	H		10	3	Pullman
1924	1883	Prosinec	22	Poustecky, Rosalie			6	I	K		6		Chicago
2999	1886	Duben	19	Pragr, Ana	19	13					1		Chicago
3431	1887	Brezen	1	Prant, Rose	2	4	2			1	6		Chicago
1797	1883	Zari	1	Prasata, Frantisek			18	4	T	2			Chicago
3020	1886	Kveten	4	Praysner, Josefa	8	19				65			Cechach
779	1881	Cerven	9	Pretl, Hermina			12	III	K		10		Chicago
3489	1887	Duben	12	Preucil, Ana			17	II	L	35			Cechach
773	1881	Cerven	5	Preucil, Franta	6	67					11		Chicago
1229	1882	Duben	21	Preucil, Jan			17	II	L	74			Cechach
3091	1886	Cervenec	7	Preucil, Josef	19	49				1	4		Chicago
2506	1885	Brezen	5	Preucil, Marie			7	II	L	13			Cechach
3160	1886	Srpen	13	Priban, Marie	1	9	2			2	6		Chicago
1531	1882	Prosinec	24	Priban, Marie			21		1	43			Chicago
2681	1885	Cervenec	31	Pribil, Ana			10	III	B			8	Chicago
56	1878	Brezen	21	Pribil, Johana			17	IV	L		8	3	Chicago
975	1881	Zari	17	Prihoda, Ana	8	63	1				10		Chicago
1311	1882	Cerven	19	Prihoda, Bozena	–	–	–	–	–	3	6		Chicago
1650	1883	Duben	25	Prihoda, Frantiska	12	21					9	14	Chicago
3075	1886	Cerven	24	Prihoda, Josef			5	VI	K	32			Cechach
3390	1887	Leden	26	Princ, Bozena			15	VI	D			4	Chicago
2554	1885	Duben	14	Privoznik, Emil	17	16					10		Chicago
3909	1887	Listopad	28	Prochaska, Alois	4	43	2			1	14		Chicago
2153	1884	Cerven	21	Prochaska, Ana	14	54					1		Chicago
1494	1882	Listopad	12	Prochaska, Ana	2	21				83			Cechach
2298	1884	Zari	18	Prochaska, Anton E.	15	45					1		Chicago
3456	1887	Brezen	16	Prochaska, Baby	2	25	2			–	–	–	Chicago
2879	1886	Leden	18	Prochaska, Baby M.	17	78				–	–	–	Chicago
1752	1883	Cervenec	24	Prochaska, Bohumil			6	2	K		6		Chicago
3402	1887	Unor	9	Prochaska, Bozena			9	I	M	4	2	28	Chicago
606	1880	Listopad	2	Prochaska, Eduard	4	33				2			Chicago
2410	1884	Listopad	29	Prochaska, Franta			9	I	M		4		Chicago
2389	1884	Listopad	12	Prochaska, Jakub			3	IV	J	33			Cechach
1070	1881	Prosinec	13	Prochaska, Jan			9	I	M		1		Chicago
1113	1882	Leden	15	Prochaska, Jan	9	53				–	–	–	Chicago

BUR #	DWELLING	Yr	Mo	Da	UNDER-TAKER	REMARKS
3342	204 Brown St	1886	Prosinec	19	Zajicek	
339	194 W. 20th St.	1879	Rijen	25	Seyk	
1592	-	1883	Unor	24	Seyk	
3145	616 Centre Av	1886	Srpen	4	Urban	
3770	616 Centre Av.	1887	Zari	3	Urban	
1700	556 Centre Ave.	1883	Cerven	18	Seyk	
3506	449 Coulter St.	1887	Duben	23	Vistein	[R.2-56 crossed out]
2050	757 Allport St	1884	Duben	23	Mencl	
3504	449 Coulter St.	1887	Duben	20	Vistein	[R.2-55 crossed out]
892	-	1881	Srpen	3	-	
2881	160 Ewing St	1886	Leden	19	Mencl	
1973	500 S Union St	1884	Unor	7	Mencl	
1924	801 Van Horn	1883	Prosinec	21	Seyk	
2999	155 Ewing St	1886	Duben	18	Mencl	
3431	20 Seward St	1887	Unor	27	Dignan	
1797	656 Jefferson St	1883	Srpen	31	Seyk	4/17/1898 moved [from R.12-62]
3020	76 Johnson St	1886	Kveten	1	Mencl	
779	192 W. 20th St.	1881	Cerven	7	Mencl	
3489	19 Fisk St	1887	Duben	11	Profant	
773	Canal St.	1881	Cerven	3	Mencl	
1229	-	1882	Duben	20	-	
3091	19 Fisk St	1886	Cervenec	6	Zajicek	
2506	Cook County Hospital	1885	Brezen	3	Seyk	
3160	935 Van Horn St	1886	Srpen	12	Zajicek	
1531	19 Seward St.	1882	Prosinec	22	Mencl	1/02/1905 moved [from R.5-18]
2681	457 DesPlaines	1885	Cervenec	30	Mencl	[R.17-50 crossed out]
56	1196 Milwaukee	1878	Brezen	21	Gubeman, J.	
975	-	1881	Zari	16	-	
1311	127 W. 19th St	1882	Cerven	18	Seyk	[grave location not given]
1650	960 Van Horn St.	1883	Duben	24	Seyk	
3075	127 W 19th St	1886	Cerven	22	Urban	
3390	727 Throop St	1887	Leden	25	Cermak	
2554	852 Wood St	1885	Duben	12	Seyk	
3909	78 Fisk St.	1887	Listopad	27	Firpach	
2153	196 W. 20th St.	1884	Cerven	20	Seyk	
1494	61 Elston Rd.	1882	Listopad	10	Meister	
2298	158 Samuel St.	1884	Zari	17	Kunkel	
3456	640 Throop St	1887	Brezen	16	Urban	
2879	638 Throop St	1886	Leden	13	Zajicek	
1752	241 W 20th St	1883	Cervenec	23	Seyk	
3402	511 Robey St	1887	Unor	7	Mencl	
606	78 Dekoven St.	1880	Listopad	3	Mencl	[dates may be reversed]
2410	57 Burlington St.	1884	Listopad	27	Seyk	
2389	49 Cornelia St.	1884	Listopad	9	Mencl	
1070	Liberty St	1881	Prosinec	12	-	
1113	451 Canal St.	1882	Leden	14	Mencl	

BUR #	BURIAL DATE Yr	Mo	Da	NAME	GRAVE LOCATION Row	No.	Lot	Blk	Sec	AGE Yr	Mo	Da	BIRTH PLACE
1979	1884	Unor	17	Prochaska, Jan			9	IV	J	31			Cechach
2595	1885	Kveten	17	Prochaska, Jan			6	2	K			1	Chicago
3116	1886	Cervenec	20	Prochaska, Jiri	4	53					2	27	Chicago
2118	1884	Cerven	5	Prochaska, Josef			18	V	K	38			Cechach
2187	1884	Cervenec	12	Prochaska, Josef	14	71					9		Chicago
186	1878	Prosinec	29	Prochaska, Josef			18	V	K		6		Chicago
2664	1885	Cervenec	22	Prochaska, Julie	16	51					2		Chicago
1132	1882	Leden	27	Prochaska, Karolina			1	IV	L		10		Chicago
3139	1886	Srpen	1	Prochaska, Marie	19	72					5		Chicago
2573	1885	Kveten	2	Prochaska, Marie	17	20				--	--	--	Chicago
3721	1887	Srpen	11	Prochaska, Stanislav	14	71	1				3		Chicago
2111	1884	Cerven	1	Prochaska, Tomas	6	20				84			Cechach
100	1878	Cervenec	14	Prochn, Richard	2	17					3		Chicago
1447	1882	Rijen	1	Profant, Waclav Ana			7	II	H		4		Chicago
2070	1884	Kveten	13	Prokes, Franta	1	56						21	Chicago
2146	1884	Cerven	18	Prokop, Jan			4	III	G	28			Cechach
2685	1885	Srpen	2	Prokop, Jan			11	VI	H		2	10	Chicago
2208	1884	Cervenec	19	Prokop, Prokop [sic]			4	III	G	1	2	21	Chicago
563	1880	Zari	16	Prokop, Roza			4	III	G	1	1		Chicago
900	1881	Srpen	6	Prosek, Wojtech	8	17	1				10		Chicago
1558	1883	Leden	24	Prospal, Karel	4	9					3	12	Chicago
2793	1885	Rijen	27	Provaznik, Jan	7	35				29			Cechach
2848	1885	Prosinec	17	Provaznik, Waclav	17	72				4	3		Chicago
1600	1883	Brezen	6	Prucha, Anne			13	II	K	29			Cechach
3117	1886	Cervenec	20	Prucha, Beby M.	17	51				-	-	-	Chicago
2123	1884	Cerven	8	Prucha, Marie			13	II	K			4	Chicago
1696	1883	Cerven	18	Prusa, August			20	III	H	46			Cechach
3723	1887	Srpen	12	Ptacek, Marie	3	63	2			1	2		Chicago
3774	1887	Zari	5	Ptacek, Marie	4	10	2			1	5		Chicago
1377	1882	Srpen	7	Pthak, Josef	5	7					7		Chicago
2505	1885	Brezen	4	Puc, Josef			10	IV	L			8	Chicago
1493	1882	Listopad	10	Puc, Josefa			10	IV	L	2	8		Chicago
1256	1882	Kveten	11	Puc, Waclav			10	IV	L	4	7		Chicago
1276	1882	Kveten	24	Puc, Wilem			10	IV	L	1	6		Chicago
3105	1886	Cervenec	14	Puc, Wilhelm			10	IV	L		2	9	Chicago
604	1880	Listopad	1	Pugner, Emilie			8	III	M		11		Chicago
1064	1881	Prosinec	8	Pugner, Marie	4	10				56			Cechach
2775	1885	Rijen	12	Pugner, Wilhelm			8	3	M		9	10	Chicago
3928	1887	Prosinec	14	Pump, Jan			16	IV	D	28			Cechach
498	1880	Cervence	15	Puncochar, Bozena			5	III	L		7		Chicago
691	1881	Unor	25	Puncochar, Jindrich			5	III	L	-	-	-	Chicago
2854	1885	Prosinec	27	Pusvain, Emanuel			18	III	J	75			Cechach
2318	1884	Zari	29	Puta, Barbora	6	34				29			Cechach
1053	1881	Listopad	25	Puta, Emil	3	38					11		Chicago
1005	1881	Rijen	10	Puta, Katerina	3	38				30			Cechach
566	1880	Zari	20	Puta, Marie	6	6				6	4	14	Cechach

BUR #	DWELLING	Yr	Mo	Da	C	UNDER-TAKER	REMARKS
1979	104 W 19th St	1884	Unor	15		Seyk	
2595	241 W. 20th St	1885	Kveten	16		Seyk	[R.16-39 crossed out]
3116	589 S Halsted St	1886	Cervenec	19		Mencl	
2118	1108 Van Horn St.	1884	Cerven	3		Seyk	
2187	131 W. 20th St.	1884	Cervenec	10		Seyk	
186	707 S. Jefferson St.	1878	Prosinec	27		Seyk	
2664	808 Ashland Ave	1885	Cervenec	21		Vistein	
1132	49 Bunker St	1882	Leden	26		Mencl	
3139	660 May St	1886	Cervenec	31		Urban	
2573	93 Seward St	1885	Kveten	1		Mencl	
3721	660 May St.	1887	Srpen	10		Urban	
2111	415 W. 17th St.	1884	Kveten	31		Seyk	
100	--	1878	Cervenec	10		--	
1447	-	1882	Zari	30		Profant	[Twins?]
2070	386 Rebecca St	1884	Kveten	12		Seyk	
2146	107 DeKoven St.	1884	Cerven	16	+	Mencl	
2685	162 Dekoven St	1885	Cervenec	31		Mencl	
2208	107 DeKoven St.	1884	Cervenec	18		Mencl	
563	23 Bunker St.	1880	Zari	15		Mencl	
900	18 Mc Mullen	1881	Srpen	6		Seyk	
1558	674 S. Jefferson St.	1883	Leden	23		Seyk	
2793	856 Wood St	1885	Rijen	26		Seyk	
2848	856 Wood St	1885	Prosinec	15		Urban	
1600	191 Allport St.	1883	Brezen	5		Seyk	
3117	12 W 15th St	1886	Cervenec	18		Mencl	
2123	785 Allport St.	1884	Cerven	6		Seyk	
1696	609 Centre Ave.	1883	Cerven	16		Seyk	
3723	34 Zion Place	1887	Srpen	11		Firpach	
3774	125 Forquer St.	1887	Zari	4		Mencl	
1377	-	1882	Srpen	6		-	
2505	49 Obrayn St [O'Brien]	1885	Brezen	2		Mencl	
1493	-	1882	Listopad	9		-	
1256	Centre St	1882	Kveten	10		Seyk	
1276	612 Centre St	1882	Kveten	23		Seyk	
3105	49 Obrayn St [O'Brien]	1886	Cervenec	13		Mencl	
604	127 Dekoven St.	1880	Listopad	1		Mencl	
1064	43 Rose St	1881	Prosinec	7		Sigmund	
2775	127 Dekoven St	1885	Rijen	10		Schultz	
3928	147 W. 18th St.	1887	Prosinec	11		Zajicek	
498	101 Hove [Howe?]	1880	Cervence	14		Mencl	
691	101 Hams St. [??]	1881	Unor	24		Mencl	
2854	843 W 18th St	1885	Prosinec	25		Cermak	
2318	408 W. 18th St.	1884	Zari	28		Cermak	
1053	-	1881	Listopad	24		-	
1005	-	1881	Rijen	8		-	
566	369 W. 22nd St.	1880	Zari	20		Seyk	

BUR #	BURIAL DATE Yr	Mo	Da	NAME	GRAVE LOCATION Row	No.	Lot	Blk	Sec	AGE Yr	Mo	Da	BIRTH PLACE
424	1880	Duben	15	Putta, Franta	4	44				–	–	–	Chicago

QR

BUR #	Yr	Mo	Da	NAME	Row	No.	Lot	Blk	Sec	Yr	Mo	Da	PLACE
2818	1885	Listopad	18	Rabak, Pauline			2	V	C		2	14	Chicago
3676	1887	Cervenec	20	Rabak, Waclav			2	V	C	44			Cechach
1640	1883	Duben	10	Rada, Jan	12	14					8		Chicago
645	1881	Leden	5	Radek, Josef			11	VI	H	35			Cechach
1243	1882	Kveten	4	Radek, Marie			11	VI	H		11		Chicago
304	1879	Srpen	20	Radek, Zofie			11	VI	H	1	2		Chicago
2311	1884	Zari	27	Rados, Franta	15	51				1	6	24	Chicago
1679	1883	Kveten	28	Raichart, Josef ***			3	IV	G		8		Chicago
3785	1887	Zari	9	Rais, Ferdinand	10	8				58			Cechach
503	1880	Cervenec	18	Rais, Karel	4	61					9		Chicago
3413	1887	Unor	16	Rais, Waclav	9	16				27			Cechach
2865	1886	Leden	10	Raisler, Josef	18	33					14		Chicago
3686	1887	Cervenec	25	Rajcpis, Bohumil			4	V	K		14		Chicago
1259	1882	Kveten	14	Rajcpis, Eduard			4	V	K	5	8		Chicago
3130	1886	Cervenec	27	Rajcpis, Franta			4	V	K		11		Chicago
2276	1884	Srpen	27	Rajcpis, Josef			4	V	K	–	–	–	Chicago
3031	1886	Kveten	9	Rajcpis, Margeta			4	V	K	37			Cechach
1262	1882	Kveten	15	Rajcpis, Marie			4	V	K	35			Cechach
3397	1887	Unor	4	Raldin, Josef	2	26	2			1	14		Chicago
542	1880	Srpen	24	Ramin, Wilhemina	5	46					8		Chicago
220	1879	Brezen	16	Ramin, Wiliam	1	4					9		Chicago
1772	1883	Srpen	4	Randal, George			6	IV	G	7	1		Chicago
3148	1886	Srpen	6	Randall, Augusta			6	IV	G	34			Chicago
1122	1882	Leden	21	Rapp, Kristina			2	II	G	31	6		Cechach
48	1878	Brezen	7	Ratky, Karel	1	1				38			Polsku
3738	1887	Srpen	17	Raus, Ottilie	3	69	2				4	12	Chicago
1497	1882	Listopad	21	Raychart, Ana	3	21				88			Cechach
3867	1887	Listopad	3	Rayslek, Julie			18	III	K	1	8	14	Chicago
1631	1883	Duben	2	Razim, Juliana	12	9				2	3		–
3265	1886	Rijen	21	Recek, Katerina			2	III	G	74			Cechach
2738	1885	Zari	12	Recek, Waclav			2	III	G	30			Cechach
931	1881	Srpen	15	Rech, Marie ***			16	V	L	5			Chicago
2435	1884	Prosinec	24	Rehna, Ana	17	15				4	2		Chicago
348	1879	Listopad	18	Rehna, Ana	2	21					4		Chicago
2387	1884	Listopad	12	Rehna, Berta	7	4				1	9		Chicago
2291	1884	Zari	8	Rehna, Franta	15	41					2		Chicago
628	1880	Prosinec	2	Rehna, Franta	6	15				2	6		Chicago
2423	1884	Prosinec	14	Rehna, Waclav	16	10					3		Chicago
2761	1885	Rijen	1	Rehna, Waclav	17	58				1	3	1	Chicago
2547	1885	Duben	6	Rehor, Anton			6	III	L		7	21	Chicago
732	1881	Duben	25	Rehor, Barbora	3	10				18			Cechach
708	1881	Brezen	25	Rehor, Bozena			2	VI	H		6	15	Chicago
644	1881	Leden	4	Rehor, Felix			2	VI	H	37	11	26	Cechach

BUR #	DWELLING	DEATH DATE Yr	Mo	Da	C	UNDER-TAKER	REMARKS
424	84 Dekoven St.	1880	Duben	14		Seyk	
2818	757 W 18th St	1885	Listopad	17		Zajicek	[R.18-26 crossed out]
3676	849 Hoyne St.	1887	Cervenec	18	+	Zajicek	[R.9-35 crossed out]
1640	198 W. 20th St.	1883	Duben	9		Seyk	
645	Rail Road Cecit [sic]	1881	Leden	2	+	Mencl	
1243	446 S. Jefferson	1882	Kveten	3		Mencl	
304	101 Bunker St.	1879	Srpen	19		Mencl	
2311	21 McMullen St.	1884	Zari	27		Seyk	
1679	399 W. 16th St.	1883	Kveten	27		Seyk	*** [see Roychard]
3785	Cook County Hospital	1887	Zari	7		Zajicek	
503	136 Robey St.	1880	Cervenec	17		Mencl	
3413	577 Laflin St	1887	Unor	14	+	Vistein	
2865	149 Bunker St	1886	Leden	8		Schultz	
3686	313 W. 20th St.	1887	Cervenec	24		Urban	
1259	85 Clayton St	1882	Kveten	13		Seyk	
3130	310 W 20th St	1886	Cervenec	25		Urban	
2276	313 W. 20th St	1884	Srpen	26		Seyk	
3031	313 W 20th St	1886	Kveten	7		Urban	
1262	85 Clayton St	1882	Kveten	14		Seyk	
3397	436 W. 18th St	1887	Leden	29		Urban	
542	461 Jefferson St.	1880	Srpen	24		Mencl	
220	443 S. Jefferson St.	1879	Brezen	14		Seyk	
1772	424 W 18th St	1883	Srpen	2		Slapak	Transferred [from ?] Graceland Cem.
3148	674 Hinman St	1886	Srpen	3		Mencl	
1122	98 Hastings St	1882	Leden	19		Mencl	
48	Cook County Hospital	1878	Brezen	5		Seyk	
3738	475 W. 20th St.	1887	Srpen	17		Urban	
1497	196 Dekoven St.	1882	Listopad	20		Mencl	
3867	275 W. 20th St.	1887	Listopad	1		Urban	
1631	-	1883	Duben	1		-	
3265	95 Forquer St	1886	Rijen	19		Mencl	
2738	95 Forquer St	1885	Zari	10		Mencl	
931	81 Liberty St.	1881	Srpen	14		Mencl	*** [see Rich]
2435	670 Throop St.	1884	Prosinec	22		Cermak	
348	105 Fisk St.	1879	Listopad	18		Seyk	
2387	60 Liberty St.	1884	Listopad	10		Seyk	
2291	673 Throop St.	1884	Zari	7		Seyk	
628	84 W. 15th St.	1880	Prosinec	1		Seyk	
2423	670 Throop St.	1884	Prosinec	13		Cermak	
2761	60 Liberty St	1885	Zari	29		Seyk	
2547	126 W. 15th St	1885	Duben	5		Mencl	
732	625 Centre Av.	1881	Duben	24		Seyk	
708	174 Bunker St.	1881	Brezen	24		Mencl	
644	441 S. Canal St.	1881	Leden	2		Mencl	

BUR #	BURIAL DATE Yr	Mo	Da	NAME	GRAVE LOCATION Row	No.	Lot	Blk	Sec	AGE Yr	Mo	Da	BIRTH PLACE
3636	1887	Cervenec	10	Rehor, Ladislav			2	VI	H			13	Chicago
2510	1885	Brezen	7	Rehor, Libuse			2	VI	H		11		Chicago
3022	1886	Kveten	5	Rehor, Vincene	8	18				1	3		Chicago
3011	1886	Duben	30	Rehor, Weronika			141			6	59		Cechach
3026	1886	Kveten	7	Rehor, Wilhem			3	VI	H		4		Chicago
3199	1886	Zari	8	Reigl, Wojtech			15	IV	E			2	***
1911	1883	Prosinec	11	Rejha, Josef			13	I	M	26			Cechach
1579	1883	Unor	11	Rejha, Marie	4	22						14	Chicago
999	1881	Rijen	5	Rejhova, Bozena	3	35	1					18	Chicago
3939	1887	Prosinec	22	Rejlek, Baby	4	54	2			-	-	-	Chicago
1536	1882	Prosinec	29	Rejlek, Frank a Weronika	10	37				-	-	-	Chicago
3425	1887	Unor	22	Renk, Marie	9	12				18			Cechach
2471	1885	Leden	23	Res, Marie	17	3					6		Chicago
2861	1886	Leden	6	Res, Waclav	17	77				1	6		Chicago
2108	1884	Cerven	1	Ressatz, Anton	13	76				1	5	20	Chicago
1250	1882	Kveten	7	Rexabek, Filomena			14	III	L			5	Chicago
1055	1881	Listopad	27	Reymes, Thedor	9	24				-	-	-	Chicago
2409	1884	Listopad	28	Rezabek, Anezka			1	V	J	62			Cechach
2980	1886	Duben	5	Rezac, Anton	18	63					1		Chicago
2806	1885	Listopad	12	Rezac, Jan			9	V	H	3	6		Chicago
3298	1886	Listopad	20	Rezac, Marie.	1	66	2				2		Chicago
721	1881	Duben	8	Rezanka, Waclav			4	I	L	62	6	2	Cechach
945	1881	Srpen	24	Rezek, Bozena			6	IV	L	2			Chicago
3257	1886	Rijen	17	Rezek, Franta			16	III	D	25			Cechach
2038	1884	Duben	14	Rezek, Josef			5	V	G	19			Cechach
131	1878	Srpen	21	Rezek, Lidmila	2	28					10	12	Chicago
1417	1882	Zari	6	Rezna, Marie			6	IV	L		9		Chicago
3042	1886	Kveten	20	Reznicek, Ana			19	6	F	-	-	-	Chicago
3522	1887	Kveten	4	Reznicek, Bozena			19	6	F			21	Chicago
2754	1885	Zari	27	Reznicek, Josef			19	6	F		1	7	Chicago
809	1881	Cervenec	4	Rezny, Josef			6	IV	L	1	3		Chicago
2559	1885	Duben	19	Rezny, Otokar F.			6	IV	L		5		Chicago
2566	1885	Duben	23	Rfeiffer, Robert ***			5	I	K		10		Chicago
1138	1882	Unor	4	Riant, Jan ***			9	III	F	45			Cechach
918	1881	Srpen	12	Riba, Katerina			10	II	G	32			Cechach
1394	1882	Srpen	17	Riba, Wojtech			10	II	G	37			Cechach
1705	1883	Cerven	25	Ribal, Ana			61		I	21			Chicago
1718	1883	Cervenec	4	Ribal, Ana			61		I		1		Chicago
2684	1885	Cervenec	31	Rich, Marie ***			16	V	L	69			Cechach
3834	1887	Rijen	16	Richak, Marie			10	III	J	33			Cechach
1215	1882	Duben	11	Richecky, Franta	10	24					4		Chicago
1147	1882	Unor	13	Richly, Josefa			15	VI	E	3	2		Chicago
796	1881	Cerven	29	Richly, Karel			15	VI	E		6		Chicago
3396	1887	Unor	3	Richly, Karel			15	VI	E	36			Cechach
1895	1883	Listopad	25	Richtr, Katherina	14	3						1	Chicago
2607	1885	Kveten	31	Richtr, Wratislav	16	43					6		Chicago

BUR #	DWELLING	DEATH DATE Yr	Mo	Da	C	UNDER-TAKER	REMARKS
3636	142 Taylor St.	1887	Cervenec	9		Mencl	
2510	70 Clayton St	1885	Brezen	6		Mencl	
3022	218 W 20th St	1886	Kveten	4		Urban	
3011	218 W 20th St	1886	Duben	29		Urban	12/08/1907 moved [from R.8-18]
3026	70 Kramer St	1886	Kveten	6		Mencl	
3199	4752 Loomis St	1886	Zari	7		-	*** Lake Ward of Town [Town of Lake]
1911	672 W 18th St	1883	Prosinec	9	+	Seyk	
1579	762 W. 18th St.	1883	Unor	10		Cermak	
999	-	1881	Rijen	4		-	
3939	Near 47th St.	1887	Prosinec	21		Profant	
1536	196 Dekoven St.	1882	Prosinec	28		Mencl	[2 people]
3425	471 W. 19th St	1887	Unor	21		Zajicek	
2471	947 Van Horn St	1885	Leden	21		Seyk	
2861	723 Van Horn St	1886	Leden	5		Kotora	
2108	70 Bunker St.	1884	Kveten	31		Jaeger	
1250	163 Dekoven	1882	Kveten	6		Mencl	
1055	-	1881	Listopad	26		-	
2409	577 Centre Ave.	1884	Listopad	25		Cermak	
2980	70 Bunker St	1886	Duben	4		Mencl	
2806	99 Fisk St	1885	Listopad	11		Seyk	
3298	111 W. 19th St	1886	Listopad	19		Urban	
721	451 Canal St.	1881	Duben	8		Mencl	
945	164 DeKoven St.	1881	Srpen	23		Mencl	
3257	47 Dussold St	1886	Rijen	15		Mencl	
2038	175 Ewing St	1884	Duben	-		Mencl	transferred from Boh. Polish Cath. Cem
131	208 W. 20th St.	1878	Srpen	20		Seyk	
1417	Clayton St.	1882	Zari	5		Seyk	
3042	667 Throop St	1886	Kveten	18		Zajicek	[R.19-33 crossed out]
3522	667 Throop St.	1887	Kveten	3		Mencl	[R.13-44 crossed out]
2754	Throop St	1885	Zari	24		Zajicek	[R.18-8 crossed out]
809	214 Dekoven St.	1881	Cervenec	3		Mencl	
2559	214 Dekoven St	1885	Duben	17		Seyk	
2566	288 Clyl [Clyde?] Ave	1885	Duben	22		Saceh [Seyk?]	***[Pfeiffer?]
1138	169 Dekoven	1882	Unor	2		Mencl	[R.4-15 crossed out] *** [see Rijant]
918	247 W. 12th St.	1881	Srpen	10		Mencl	
1394	247 W. 12th St.	1882	Srpen	15	+	Mencl	
1705	422 Johnson St.	1883	Cerven	24		Mencl	12/01/1907 moved [from L.2-VI-G]
1718	119 Forquer St.	1883	Cervenec	2		Mencl	12/01/1907 moved [from L.2-VI-G]
2684	169 W. 14th St	1885	Cervenec	30		Mencl	*** [see Rech]
3834	505 - 22nd St.	1887	Rijen	12		Vistein	
1215	86 Emma	1882	Duben	10		Kunkel	
1147	653 S. May St	1882	Unor	12		Cermak	[R.9-64 crossed out]
796	56 Burlington	1881	Cerven	25		Seyk	[R.7-21 crossed out]
3396	690 May St	1887	Leden	29		Zajicek	
1895	58 Canalport Av	1883	Listopad	24		Seyk	
2607	56 Canalport Av	1885	Kveten	29		Seyk	

BUR #	\multicolumn{3}{c	}{BURIAL DATE}	NAME	\multicolumn{5}{c	}{GRAVE LOCATION}	\multicolumn{3}{c	}{AGE}	BIRTH
	Yr	Mo	Da		Row	No.	Lot	Blk	Sec	Yr	Mo	Da	PLACE
2024	1884	Duben	5	Ridl, Josef			1	V	D		1	14	Chicago
3943	1887	Prosinec	24	Riedl, Josef			1	V	D		3		Chicago
1340	1882	Cervenec	21	Riha, Alois	11	7					3	21	Chicago
1004	1881	Rijen	9	Riha, Frantiska	9	5				-	-	-	Chicago
2499	1885	Unor	24	Riha, Josef	16	21					1		Chicago
2649	1885	Cervenec	13	Riha, Josef	16	49					4	14	Chicago
1731	1883	Cervenec	11	Riha, Majdalena	13	4					2	11	Chicago
3465	1887	Brezen	25	Riha, Otto	2	37	2					4	Chicago
1076	1881	Prosinec	16	Riha, Waclav	9	35					3		Chicago
983	1881	Zari	24	Rihova, Ana	3	35				18	6		Cechach
583	1880	Rijen	15	Rijant, Jan			9	III	F	1	7		Chicago
669	1881	Leden	29	Rijant, Jan			9	III	F		2	14	Chicago
2817	1885	Listopad	17	Rila, Ana			2	II	L	63			Cechach
2695	1885	Srpen	9	Ring, Waclav	16	64					1		Chicago
2691	1885	Srpen	9	Risavy, Waclav	16	61					10		Chicago
3143	1886	Srpen	4	Rizner, Rosalie	19	73					2		Chicago
3746	1887	Srpen	26	Rizsky, Karel			20	III	L	1		13	Chicago
3195	1886	Zari	5	Robertz, Josef	16	52				-	-	-	Chicago
3693	1887	Cervenec	29	Rodovsky, Jan			19	VI	E	65			Cechach
3428	1887	Unor	25	Rogers, Eugene	-	-	-	-	-	27	2	21	Wisconsin
2582	1885	Kveten	10	Rokos, Anton	17	25				1	2		Cechach
2875	1886	Leden	14	Rokusek, Bozena			19	I	J		11		Chicago
1312	1882	Cerven	21	Romanek, Alzbeta			9	II	L	25			Cechach
1486	1882	Listopad	5	Romanek, Franta			9	II	L	27			Cechach
1669	1883	Kveten	17	Romazak, Josefa	5	28				38			Cechach
711	1881	Brezen	29	Root, Zofie			13	V	E	37			Cechach
3749	1887	Srpen	23	Ropp, Waclav	3	73	2				11		Chicago
143	1878	Zari	19	Rosa, Franta	1	21				38			Cechach
515	1880	Cervenec	26	Rosa, Ruzena	5	28				1	6		Chicago
45	1878	Unor	24	Rosipal, Waclav	4	18				1	6		Chicago
64	1878	Duben	11	Rosulek, Bozena	1	6				1	2		Chicago
2396	1884	Listopad	16	Rosulek, Katerina			13	II	J	34	9		Cechach
1153	1882	Unor	17	Rosulek, Rudolph	1	16					1		Chicago
2455	1885	Leden	7	Rosulek, Wilhem			13	II	J		2		Chicago
3841	1887	Rijen	20	Roth, Anton			3	VI	E	46			Cechach
919	1881	Srpen	12	Rothbaur, Franta	8	27	1				11		Chicago
1776	1883	Srpen	6	Rothbaur, Otto			12	II	K	4			Chicago
2647	1885	Cervenec	13	Rothbour, Eduard			14	III	J	2			Chicago
985	1881	Zari	24	Rothbour, Franta			12	II	K	43			Cechach
490	1880	Cervenec	9	Rothbour, Jan	5	22	14	III	J	2	4		Chicago
2375	1884	Listopad	3	Rothbour, Marie	8	27				1			Chicago
74	1878	Duben	27	Rott, Jaroslav			1	I	L		8		Chicago
3277	1886	Rijen	31	Roubal, Emilie			12	I	A			3	Chicago
3505	1887	Duben	23	Roubal, Josef			112		12	61			Cechach
1248	1882	Kveten	7	Rouda, Jan	10	32				-	-	-	Chicago
3471	1887	Brezen	27	Rousek, Apolena	2	41	2				1	12	Chicago

BUR #	DWELLING	DEATH DATE Yr	Mo	Da	C	UNDER-TAKER	REMARKS
2024	827 Allport St	1884	Duben	5		Seyk	[R.13-60 crossed out]
3943	972 W. 18th St.	1887	Prosinec	23		Zajicek	
1340	-	1882	Cervenec	20		-	
1004	-	1881	Rijen	6		-	
2499	12 Seward St	1885	Unor	22		Seyk	
2649	472 W. 20th St	1885	Cervenec	13		Seyk	
1731	133 W. 19th St.	1883	Cervenec	10		Seyk	
3465	201 W. 12th St	1887	Brezen	24		Mencl	
1076	-	1881	Prosinec	15		-	
983	-	1881	Zari	21		-	
583	225 Barber St.	1880	Rijen	13		Seyk	[R.5-54 crossed out]
669	225 Barber St.	1881	Leden	28		Seyk	[R.5-54 crossed out]
2817	16 Fisk St	1885	Listopad	16	+	Cermak	
2695	199 W. 19th St	1885	Srpen	9		Lusk	
2691	257 W. 20th St	1885	Srpen	8		Seyk	
3143	872 W. 19th St	1886	Srpen	3		Zajicek	
3746	10 Clayton St.	1887	Srpen	21		Urban	
3195	437 Jefferson St	1886	Zari	4		Schultz	
3693	205 Taylor St.	1887	Cervenec	27		Schultz	
3428	farmer Jefferson [Illinois]	1887	Unor	23		-	4/18/-- moved to Montrose Cem [fr. L.6-V-M]
2582	97 Fisk St	1885	Kveten	8		Seyk	
2875	513 W 18th St	1886	Leden	13		Zajicek	
1312	-	1882	Cerven	19		-	
1486	366 W. 18th St.	1882	Listopad	3		Seyk	
1669	143 W. 19th St.	1883	Kveten	17		Seyk	
711	101 W. 18th St.	1881	Brezen	27		Mencl	[L.12-III-K crossed out]
3749	70 W. 15th St.	1887	Srpen	22		Urban	
143	14 Burlington	1878	Zari	18	+	Mencl	
515	268 W. 20th St.	1880	Cervenec	25		Seyk	
45	9 Shelby Court	1878	Unor	23		Seyk	
64	225 W. 12th St.	1878	Duben	11		Seyk, W.	
2396	215 W. 12th St.	1884	Listopad	14		Mencl	
1153	225 W. 12th	1882	Unor	16		Mencl	
2455	215 W. 12th St	1885	Leden	5		Mencl	
3841	140 De Koven St.	1887	Rijen	18	+	Mencl	
919	57 Fisk St.	1881	Srpen	11		Seyk	
1776	169 Bunker St	1883	Srpen	5		Mencl	
2647	226 Dekoven St	1885	Cervenec	12		Mencl	
985	226 DeKoven St.	1881	Zari	22		Mencl	
490	226 Dekoven St.	1880	Cervenec	8		Mencl	[none of the lot numbers are crossed out]
2375	644 Van Horn St.	1884	Listopad	2		Seyk	
74	662 Allport St.	1878	Duben	27		Gallistel	
3277	49 Canalport Av	1886	Rijen	29		Profant	[R.1-59 crossed out]
3505	558 Laflin St.	1887	Duben	21	+	Vistein	12/08/1903 moved [from R.9-24]
1248	Forquer St	1882	Kveten	5		Mencl	
3471	433 W. 17th St	1887	Brezen	25		Urban	

BUR #	BURIAL DATE Yr	Mo	Da	NAME	GRAVE LOCATION Row	No.	Lot	Blk	Sec	AGE Yr	Mo	Da	BIRTH PLACE
844	1881	Cervenec	17	Rousek, Jar. Jak.	7	53				1			Chicago
714	1881	Duben	3	Rousova, Anezka			15	V	L	4			Cechach
2730	1885	Zari	6	Rout, Franta			8	II	G			6	Chicago
416	1880	Duben	4	Rout, Roman			8	II	G	1	2		Chicago
3140	1886	Srpen	3	Roychard, Franta ***			3	IV	G	15			Chicago
2517	1885	Brezen	12	Rozen, Baby			12	II	G	--	--	--	Chicago
46	1878	Brezen	3	Rozen, Waclav			12	II	G	53			Cechach
2511	1885	Brezen	8	Rund, Ana			18	V	J	4			Chicago
3211	1886	Zari	17	Rund, Bohumil	1	34		2				21	Chicago
3216	1886	Zari	20	Rund, Marie	1	34		2				23	Chicago
3151	1886	Srpen	10	Rupert, Lilie K.			1		1			12	Chicago
1211	1882	Duben	9	Rusi, Johana			14	IV	H	25			Cechach
555	1880	Zari	6	Rusicka, Ana	6	3					3		Chicago
1791	1883	Srpen	19	Rusicka, Lotti	12	59						9	Chicago
1195	1882	Brezen	28	Rusicka, Matej			42		12	28			Cechach
2457	1885	Leden	9	Rust, Frid	16	23				--	--	--	***
1187	1882	Brezen	23	Rusy, Josef			14	IV	H	-	-	-	Chicago
704	1881	Brezen	22	Ruze, Eduard	6	27				2			Chicago
1633	1883	Duben	3	Ruze, Josefa	12	10						17	-
3853	1887	Rijen	26	Ruzek, Emilie			8	III	E	1	1	21	Chicago
2777	1885	Rijen	13	Ruzek, Jaroslav W.	18	11						7	Chicago
1714	1883	Cervenec	1	Ruzicka, Albina	12	42						14	Chicago
2897	1886	Unor	2	Ruzicka, Ana			15	V	K	23			Cechach
3884	1887	Listopad	15	Ruzicka, Barbora			7	2	U	69			Cechach
3283	1886	Listopad	4	Ruzicka, Franta	2	5				31			Cechach
2816	1885	Listopad	17	Ruzicka, Jan	7	38				77			Cechach
2917	1886	Unor	23	Ruzicka, Josef			15	V	K	25			Cechach
3518	1887	Kveten	2	Ruzicka, Marie	2	59	2					3	Chicago
1253	1882	Kveten	9	Rylek, Jan a Frant.	10	34						2	Chicago

S

BUR #	BURIAL DATE Yr	Mo	Da	NAME	GRAVE LOCATION Row	No.	Lot	Blk	Sec	AGE Yr	Mo	Da	BIRTH PLACE
3121	1886	Cervenec	21	Sabatka, Emilie			3	III	L	2	9		Chicago
345	1879	Listopad	12	Sabatka, Katerina	2	16				48			Cechach
594	1880	Rijen	23	Sabatka, Lisi			3	III	L	2	1		Chicago
3561	1887	Cerven	4	Sabatka, Matej			10	I	M	60			Cechach
25	1877	Prosinec	28	Sacha, Otilie	1	34					3		Chicago
2233	1884	Cervenec	28	Sadlo, Ana	15	19					3		Chicago
98	1878	Cervenec	10	Sadlo, Bozena	1	37					6		Chicago
1490	1882	Listopad	8	Safarik, Barbora			3	II	G	55			Cechach
2195	1884	Cervenec	14	Safranek, Robert			16	III	J		3		Chicago
513	1880	Cervenec	22	Saithamel, Ana	4	68				-	-	-	Chicago
727	1881	Duben	17	Salava, Josef	6	14				-	-	-	Chicago
3578	1887	Cerven	15	Salek, Veronika	2	18				33			Cechach
492	1880	Cervenec	12	Sallata, Jan			18	IV	D	49			Cechach
3811	1887	Rijen	2	Sasek, Marie			13	IV	E			21	Chicago
845	1881	Cervenec	18	Saur, Ana	7	54						14	Chicago

BUR #	DWELLING	Yr	Mo	Da	C	UNDER-TAKER	REMARKS
844	133 Kramer St.	1881	Cervenec	16		Mencl	
714	395 W. 16th St.	1881	Duben	2		Seyk	
2730	199 Honore St	1885	Zari	4		Sheldon	
416	433 W. 17th St.	1880	Duben	3		Seyk	
3140	399 W. 16th St.	1886	Cervenec	31	+	Schultz	*** [see Raichart]
2517	733 W. 18th St	1885	Brezen	11		Seyk	
46	226 Henry St.	1878	Brezen	3		Seyk	
2511	386 Rebecca St	1885	Brezen	7		Seyk	
3211	680 Throop St	1886	Zari	16		Zajicek	[twin?]
3216	680 Throop St	1886	Zari	19		Zajicek	[twin?]
3151	663 Centre Av	1886	Srpen	9		Profant	3/09/1906 moved [from L.10-2-J]
1211	S. Jefferson	1882	Duben	7		Mencl	
555	47 Seward St.	1880	Zari	–		Seyk	
1791	707 S Jefferson St	1883	Srpen	18		Seyk	
1195	109 Taylor St.	1882	Brezen	28		Mencl	12/13/1903 moved [from R.4-26]
2457	Lincoln Av	1885	Leden	8		Rust [Russ]	*** Jefferson Cook Co.
1187	452 Jefferson St	1882	Brezen	21		Mencl	
704	19 Burlington St.	1881	Brezen	19		Seyk	
1633	–	1883	Duben	2		–	
3853	423 W. 18th St.	1887	Rijen	24		Urban	
2777	599 Centre Ave	1885	Rijen	11		Profant	
1714	413 W. 17th St.	1883	Cervenec	1		Seyk	
2897	97 W 19th St	1886	Leden	31		Urban	
3884	390 Maxwell St.	1887	Listopad	14		Mencl	2/15/1908 moved [from R.10-23]
3283	Cook County Hospital	1886	Rijen	31		Barcal	trf'd [from?] Cook County Hosp. Cemetery
2816	8 Hastings St.	1885	Listopad	16		Mencl	
2917	97 W 19th St	1886	Unor	20		Urban	
3518	8 Hastings St.	1887	Kveten	1		Mencl	
1253	12 W. 15th St.	1882	Kveten	8		Mencl	[twins?]
3121	112 Forquer St	1886	Cervenec	19		Mencl	
345	248 Rucker St.	1879	Listopad	11		Kunkel	
594	122 Liberty St.	1880	Rijen	21		Mencl	
3561	11 Tell Place	1887	Cerven	3		Pelikan	
25	90 Clayton St.	1877	Prosinec	28		Bauer	
2233	113 Taylor St.	1884	Cervenec	27		Mencl	
98	235 W. 20th St.	1878	Cervenec	9		Seyk	
1490	428 S. Jefferson St.	1882	Listopad	7		Mencl	
2195	206 Brown St.	1884	Cervenec	13		Seyk	[R.14-77 crossed out]
513	79 Clayton St.	1880	Cervenec	21		Seyk	
727	706 Centre Av.	1881	Duben	16		Seyk	
3578	45 Burlington St.	1887	Cerven	14		[Youngs]	
492	Cook County Hospital	1880	Cervenec	10	+	Mencl	
3811	295 Hastings St.	1887	Zari	30		Profant	
845	881 W. 19th St.	1881	Cervenec	16		Alpim	

BUR #	\multicolumn{3}{c	}{BURIAL DATE}	NAME	\multicolumn{5}{c	}{GRAVE LOCATION}	\multicolumn{3}{c	}{AGE}	BIRTH
	Yr	Mo	Da		Row	No.	Lot	Blk	Sec	Yr	Mo	Da	PLACE
614	1880	Listopad	20	Saur, Marie			7	V	L	49			Cechach
171	1878	Listopad	25	Saur, Martin			7	V	L	52			Cechach
869	1881	Cervenec	27	Savrda, Ana	7	61					1		Chicago
3039	1886	Kveten	16	Savrda, Ana	19	31				4	2		Chicago
1397	1882	Srpen	18	Savrda, Josefa	11	30					5		Chicago
3629	1887	Cervenec	8	Sayda, Jan	3	23	2				4		Chicago
898	1881	Srpen	6	Sazima, Augus	11	37	1				11		Chicago
1405	1882	Srpen	26	Sazima, August	11	36					3		Chicago
1403	1882	Srpen	25	Sazima, Barbora	11	35				4			Chicago
2653	1885	Cervenec	14	Schenbacher, Eduard	17	47					3		Chicago
680	1881	Unor	12	Schiller, Karel	7	1					10		Chicago
1369	1882	Srpen	2	Schimer, Josef ***			11	IV	L		2		Chicago
883	1881	Srpen	1	Schlesinger, Ana			228		11	--	--	--	Chicago
649	1881	Leden	11	Schlesinger, Ana	6	50				--	--	--	Chicago
749	1881	Kveten	8	Schlesinger, Ana Lizi			228		11			14	Chicago
741	1881	Kveten	3	Schlesinger, Lizie			228		11	24			Cechach
3049	1886	Cerven	1	Schmit, Augusta E.	19	36					2	18	Chicago
767	1881	Kveten	27	Schmit, Henry	3	16				51			Nemecku
2847	1885	Prosinec	16	Schmit, Majdalena	18	30					11		Chicago
3300	1886	Listopad	21	Schneberger, Marie			7	2	A	1	2	14	Chicago
2945	1886	Brezen	14	Schneider, Jan ***			17	VI	F	1	7	9	Chicago
2839	1885	Prosinec	9	Schneider, Otto			1	II	F		7	4	Chicago
1347	1882	Cervenec	25	Schoenbacher, Alois	11	11				1	1		Chicago
3010	1886	Duben	27	Schoenbacher, Fani	19	19					1	14	Chicago
3355	1887	Leden	2	Schonbacher, Andela	2	12	2			3	7		Chicago
2758	1885	Zari	29	Schonbacher, Rozie	17	56					10	20	Chicago
2850	1885	Prosinec	19	Schonbacher, Teresie			14	II	J	66			Cechach
3051	1886	Cerven	3	Schrachta, Barbora			15	5	J	1		14	Chicago
2299	1884	Zari	19	Schrachta, Terezie			15	V	J	27			Cechach
1370	1882	Srpen	4	Schreiber, Josef			15	II	H	1	4		Chicago
1690	1883	Cerven	13	Schreyber, Anton			15	II	H		7		Chicago
2308	1884	Zari	26	Schreyber, Josefa			15	II	H			14	Chicago
2785	1885	Rijen	19	Schulc, Ana	18	13				--	--	--	Chicago
3495	1887	Duben	18	Schustek, Daniel			9	IV	D	4			Chicago
3496	1887	Duben	18	Schustek, Karel			9	IV	D	4			Chicago
3170	1886	Srpen	22	Schuttler, Josef ***			3	V	L	14			Chicago
1578	1883	Unor	10	Sebek, Ana			6	II	G	13			Cechach
3799	1887	Zari	22	Sebek. Ana			6	II	G	42			Cechach
1284	1882	Kveten	29	Sebelyk, Wilim			4	II	K	1	4		Chicago
2468	1885	Leden	18	Sebesta, Aneska			6	II	J		3	20	Chicago
2905	1886	Unor	10	Seda, Jan			10	II	D	26			Cechach
2998	1886	Duben	18	Seda. Willie			10	II	D	1		14	Chicago
2097	1884	Kveten	26	Sediva, Johana	13	70				1	1	20	Chicago
2619	1885	Cerven	14	Sedivec, Jan	17	40				2			Chicago
1352	1882	Cervenec	27	Sedivy, Jan	10	63				4			Chicago

BUR #	DWELLING	DEATH DATE Yr	Mo	Da	C	UNDER-TAKER	REMARKS
614	140 Bunkel St [Bunker?]	1880	Listopad	17		Mencl	
171	223 Van Horn St.	1878	Listopad	23		Seyk	
869	–	1881	Cervenec	25		–	
3039	778 Allport St	1886	Kveten	14		Cermak	
1397	–	1882	Srpen	17		–	
3629	33 Elgin St.	1887	Cervenec	7		Adams	
898	–	1881	Srpen	4		–	
1405	734 Allport	1882	Srpen	25		Cermak	
1403	734 Allport	1882	Srpen	24		Cermak	
2653	452 Jefferson St	1885	Cervenec	13		Mencl	
680	302 - 21st St.	1881	Unor	11		Seyk	
1369	107 Dekoven	1882	Srpen	1		Mencl	*** [see Simr]
883	–	1881	Srpen***	30		Mencl	*** [probably Cervenec]
							11/01/1905 moved [from L.10-V-M]
649	603 Centre Av.	1881	Leden	11		Mencl	
749	173 Bunker St.	1881	Kveten	6		Mencl	11/01/1915 moved [from L.10-V-M]
741	445 Desplaines St.	1881	Kveten	1		Mencl	11/01/1915 moved [from L.10-V-M]
3049	305 Wabansia St	1886	Cerven	31		Stiebeiner	
767	209 Randolph St.	1881	Kveten	26		Kunkel	
2847	104 Bunker St	1885	Prosinec	15		Mencl	
3300	837 Allport St	1886	Listopad	20		Drysh	[R.1-68 crossed out]
2945	97 Wade St	1886	Brezen	13		Pelikan	[R.18-57 crossed out] ***[see Snaydr]
2839	504 W 19th St	1885	Prosinec	8		Zajicek	[R.18-31 crossed out]
1347	141 Dekoven	1882	Cervenec	24		[Jaeger]	
3010	133 Ewing St	1886	Duben	26		Schultz	
3355	452 Jefferson	1886	Prosinec	31		Mencl	
2758	449 Desplaines St.	1885	Zari	27		Goldbohm	
2850	450 Jefferson St	1885	Prosinec	17		Mencl	
3051	1116 Van Horn St	1886	Cerven	2		Zajicek	
2299	3 Henry St.	1884	Zari	18		Mencl	
1370	–	1882	Srpen	3		–	
1690	230 Van Horn St.	1883	Cerven	11		Seyk	
2308	764 W. 18th St.	1884	Zari	25		Seyk	
2785	453 Desplaines St	1885	Rijen	18		Mencl	
3495	231 Maxwell St.	1881	Rijen	23		Buss	Moved from Graceland Cemetery
3496	89 Wilson St.	1887	Unor	11		Buss	Moved from Graceland Cemetery
3170	518 - 29th St	1886	Srpen	20	+	Jana	*** [see Sitler]
1578	746 W. 17th St.	1883	Unor	9		Seyk	
3799	389 - 16th St.	1887	Zari	20		Cermak	
1284	–	1882	Kveten	27		–	
2468	498 - 29th St	1885	Leden	16		Jana	
2905	109 Forquer St	1886	Unor	8		Schultz	
2998	109 Forquer St	1886	Duben	16		Schultz	
2097	65 Emma St.	1884	Kveten	24		Mencl	
2619	735 Allport St	1885	Cerven	12		Cermak	
1352	95 Forquer St	1882	Cervenec	26		Mencl	

BUR #	BURIAL DATE Yr	Mo	Da	NAME	GRAVE LOCATION Row	No.	Lot	Blk	Sec	AGE Yr	Mo	Da	BIRTH PLACE
2543	1885	Duben	2	Sedivy, Marie	16	37				--	--	--	Chicago
2009	1884	Brezen	17	Sedlacek, Alsbeta			14	VI	K		11		Chicago
1928	1883	Prosinec	23	Sedlacek, Ana	14	7					4		Chicago
3325	1886	Prosinec	7	Sedlacek, Ana	1	74	2			3	2		Chicago
1759	1883	Cervenec	30	Sedlacek, August			5	IV	K			14	Chicago
364	1880	Leden	5	Sedlacek, Eduard	4	11					4		Chicago
238	1879	Duben	26	Sedlacek, Eduard			14	VI	K	1	1	14	Chicago
1931	1883	Prosinec	25	Sedlacek, Emilie	14	8					4	2	Chicago
2736	1885	Zari	11	Sedlacek, Emilie	18	2					10		Chicago
1626	1883	Brezen	28	Sedlacek, Jilik	12	5				1	7		Chicago
1495	1882	Listopad	12	Sedlacek, Karolina	1	53					1	6	Chicago
534	1880	Srpen	13	Sedlacek, Katerina			7	II	L	32	9		Cechach
255	1879	Cerven	8	Sedlacek, Ludvik			5	IV	K	7			Chicago
2288	1884	Zari	7	Sedlacek, Marie	15	39						28	Chicago
240	1879	Kveten	2	Sedlacek, Marie			14	VI	K	5	7		Chicago
1595	1883	Unor	28	Sedlacek, Terezie	12	6					1	6	Chicago
3866	1887	Listopad	1	Sedlacek, Tilie	18	11	1				9		Chicago
195	1879	Leden	17	Sedmidubsky, Ferdinand	1	26				18			Cechach
1287	1882	Kveten	31	Sedmihradska, Marie			12	I	K	21			Cechach
1322	1882	Cerven	30	Sedvitz, Paul	5	1				36			Cechach
1257	1882	Kveten	12	Sejba, Barbora			4	II	K	20			Cechach
2265	1884	Srpen	15	Sejba, Josef			4	II	K	68			Cechach
3696	1887	Cervenec	31	Semerad, Waclav	3	47	2				7		Chicago
352	1879	Listopad	30	Sena, Karel			12	I	L	41			Cechach
1086	1881	Prosinec	23	Sena, Rosalie M.			2	I	L	-	-	-	Chicago
1909	1883	Prosinec	9	Serak, Eleonora			15	II	K			8	Chicago
1289	1882	Cerven	4	Serak, Hugo			15	II	K			16	Chicago
2827	1885	Listopad	27	Sestak, Eduard			11	4	D	-	-	-	Chicago
2177	1884	Cervenec	6	Sestak, Euard [sic]			11	4	D	1	9		Chicago
3743	1887	Srpen	22	Sevcik, Waclav	3	71	2				6		Chicago
3677	1887	Cervenec	21	Sevcik, Wilem			14	II	H		10		Chicago
3094	1886	Cervenec	7	Sevic, Otokar	19	51				1	1		Chicago
993	1881	Zari	28	Seyba, Otilie	8	72	1				1		Chicago
308	1879	Srpen	24	Seyk, Ana			9	I	K	1			Chicago
2659	1885	Cervenec	18	Seyk, Eduard			9	I	K			21	Chicago
2633	1885	Cervenec	4	Seyk, Ottokar			9	I	K		4		Chicago
1682	1883	Cerven	4	Shlesinger, N. N.			228		11	-	-	-	Chicago
3927	1887	Prosinec	14	Sidl, Emil			16	III	K			6	Chicago
3192	1886	Zari	4	Sidlo, Ana	1	24	2				5		Chicago
2795	1885	Rijen	27	Sidlo, Josef			16	3	K	3	3		Chicago
569	1880	Zari	24	Sidlo, Waclav			16	III	K		1		Chicago
2343	1884	Rijen	12	Sif, Josef	6	36				70			Cechach
18	1877	Prosinec	5	Sikita, Emanuel			6	V	L	4	6		Chicago
826	1881	Cervenec	10	Sikora, Bohumil	7	40					9		Chicago
1038	1881	Listopad	7	Sikora, Jaromira			3	II	G	5			Chicago
1351	1882	Cervenec	27	Sikora, Waclav J.	10	62				1			Chicago

BUR #	DWELLING	DEATH DATE Yr	Mo	Da	C	UNDER-TAKER	REMARKS
2543	85 Emma St	1885	Duben	1		Muller	
2009	158 Dekoven St	1884	Brezen	15		Mencl	
1928	166 Ewing St	1883	Prosinec	22		Mencl	
3325	385 W. 18th St	1886	Prosinec	6		Profant	
1759	70 Fisk St	1883	Cervenec	28		Seyk	
364	162 Dekoven St.	1880	Leden	4		Mencl	
238	484 S. Canal St.	1879	Duben	25		Mencl	[R.3-6 crossed out]
1931	166 Ewing St	1883	Prosinec	24		Mencl	
2736	754 W. 17th St	1885	Zari	10		Mencl	
1626	168 Ewing St.	1883	Brezen	26		Mencl	
1495	116 Ewing St.	1882	Listopad	10		Mencl	
534	69 Fisk St.	1880	Srpen	12		Seyk	
255	21st St, Morgan St.	1879	Cerven	7	+	Mencl	
2288	65 Fisk St.	1884	Zari	5		Profant	
240	138 W. Taylor St.	1879	Kveten	1		Mencl	[R.3-7 crossed out]
1595	Ewing St.	1883	Unor	27		Mencl	
3866	803 W. 17th St.	1887	Listopad	1		Vistein	
195	448 S. Jefferson St.	1879	Leden	14		Gallistel	
1287	97 Ewing St	1882	Kveten	29		Mencl	
1322	-138	1882	Cerven	29		–	
1257	123 W. 19th	1882	Kveten	11		Seyk	
2265	59 Fisk St.	1884	Srpen	14		Seyk	
3696	836 Allport St.	1887	Cervenec	30		Cermak	
352	68 Emma St.	1879	Listopad	28		Mencl	
1086	–	1881	Prosinec	21		–	
1909	77 Wade St	1883	Prosinec	8		Kunkel	
1289	–	1882	Cerven	3		–	
2827	469 W. 19th St	1885	Listopad	26		Zajicek	4/07/1906 moved [from R.17-66]
2177	460 W. 19th St.	1884	Cervenec	5		Seyk	4/07/1906 moved [from R.14-68]
3743	Cook County Jefferson	1887	Srpen	20		Pelikan	
3677	171 De Koven St.	1887	Cervenec	20		Schultz	[R.3-41 crossed out]
3094	482 Centre Ave	1886	Cervenec	6		Cermak	
993	–	1881	Zari	26		–	
308	135 W. 19th St.	1879	Srpen	22		Seyk	
2659	135 W. 19th St	1885	Cervenec	16		Seyk	
2633	135 W. 19th St	1885	Cervenec	3		Seyk	
1682	417 W. 12th St.	1883	Cerven	4		Seyk	11/01/1915 moved [from L.10-V-M]
3927	124 W. 19th St.	1887	Prosinec	13		Urban	
3192	786 Van Horn St	1886	Zari	3		Urban	
2795	116 W 19th St	1885	Rijen	26		Firpach	
569	124 W. 19th St.	1880	Zari	24		Seyk	
2343	81 Liberty St.	1884	Rijen	11		Seyk	
18	584 Centre Av.	1877	Prosinec	5		Bauer	
826	175 Ewing St.	1881	Cervenec	9		Mencl	
1038	216 W. 20th St.	1881	Listopad	6		Mencl	
1351	168 Ewing St	1882	Cervenec	26		Mencl	

BUR #	Yr	Mo	Da	NAME	Row	No.	Lot	Blk	Sec	Yr	Mo	Da	BIRTH PLACE
1099	1882	Leden	2	Silha, Julie			4	IV	G		10		Chicago
1841	1883	Zari	28	Silha, Waclav	12	82						5	Chicago
419	1880	Duben	9	Silhan, Frantiska	4	41				1	1		Chicago
1749	1883	Cervenec	22	Silhan, Waclav	4	41						23	Chicago
414	1880	Brezen	30	Silhanek, Jan	4	38				–	–	–	Chicago
3351	1886	Prosinec	30	Silhanek, Waclav			16	I	N		3		Chicago
2523	1885	Brezen	19	Silhavy, Eman.	7	5				30			Cechach
2388	1884	Listopad	12	Silner, Waclav	16	3				–	–	–	Chicago
2306	1884	Zari	24	Sima, Ana	15	49					6		Chicago
2362	1884	Rijen	23	Sima, Ludmila	15	75					1	12	Chicago
22	1877	Prosinec	17	Sima, Marie	1	33				2	7		Chicago
1116	1882	Leden	16	Siman, Anezka			7	VI	K	1	3		Chicago
491	1880	Cervenec	11	Siman, Eliska ***			15	II	L	1	11	21	Chicago
2443	1884	Prosinec	31	Siman, Frantiska			15	V	L	9	2	19	Chicago
2440	1884	Prosinec	26	Siman, Rosi			15	V	L	3	3	24	Chicago
20	1877	Prosinec	9	Siman, Waclav			7	VI	K	1			Chicago
2231	1884	Cervenec	28	Simandl, Anton	15	17					6		Braidwood
3468	1887	Brezen	27	Simandl, Emilie			11	VI	K		3		Coal City
12	1877	Listopad	17	Simec, Joe	2	38				2	4		Chicago
52	1878	Brezen	16	Simek, August			10	II	H			3	Chicago
1744	1883	Cervenec	19	Simek, Emilie	12	52				–	–	–	Chicago
1235	1882	Duben	26	Simek, Frantiska	4	32				26			Cechach
286	1879	Cervenec	31	Simek, Jan			10	II	H	32			Cechech
3147	1886	Srpen	6	Simek, Josef			16	III	L			25	Chicago
3524	1887	Kveten	5	Simek, Josef	9	27				34			Cechach
1747	1883	Cervenec	21	Simek, Karel	13	10				1		19	Chicago
1611	1883	Brezen	14	Simek, Katerina			10	II	H	64			Cechach
1234	1882	Duben	25	Simek, Rosa	10	28				1	6		Chicago
720	1881	Duben	8	Simek, Tomas	5	70					2		Chicago
105	1878	Cervenec	18	Simek, Wincenc			10	II	H	20			Cechach
798	1881	Cerven	29	Simon, Bozena			15	2	W	1			Chicago
1925	1883	Prosinec	23	Simon, Bozena			15	2	W		6		Chicago
544	1880	Srpen	26	Simon, Emilie			15	2	W	8	11		Chicago
3572	1887	Cerven	11	Simon, Jan			15	2	W	22			Cechach
3242	1886	Rijen	10	Simon, Josef			15	2	W	2			Chicago
1637	1883	Duben	8	Simr, Julie ***			11	IV	L	23	11		Cechach
2755	1885	Zari	27	Sindelar, Jan			17	VI	K	30	6	4	Cechach
3503	1887	Duben	21	Sindelar, Jan	12	77	1			--	--	--	Chicago
2301	1884	Zari	21	Sindelar, Ruzena			17	VI	K		5	18	Chicago
2901	1886	Unor	7	Sindelar, Waclav			20	I	J	3	5		Chicago
1728	1883	Cervenec	8	Sindelar, Zofie			17	VI	K		2		Chicago
3338	1886	Prosinec	14	Sinek, Rosalie	1	79	2			1	9		Chicago
1819	1883	Zari	15	Singule, Katerina			20	I	G	15			Cechach
2907	1886	Unor	11	Sinkner, Marie	18	56				–	–	–	Chicago
469	1880	Cerven	19	Sinkule, Wlasta			7	2	B			12	Chicago
527	1880	Srpen	5	Sipal, Magdalena			5	IV	H	74			Cechach

BUR #	DWELLING	DEATH DATE Yr	Mo	Da	C	UNDER-TAKER	REMARKS
1099	75 Liberty St	1882	Leden	2		Mencl	
1841	297 S. Jefferson St	1883	Zari	27		Mencl	
419	437 Jefferson St.	1880	Duben	8		Mencl	
1749	82 Ewing	1883	Cervenec	21		Mencl	
414	206 Van Horn St.	1880	Brezen	29		Seyk	
3351	436 Jefferson	1886	Prosinec	29		Schultz	[L.8-V-E crossed out]
2523	456 Clinton St	1885	Brezen	17		Mencl	
2388	949 Van Horn St.	1884	Listopad	11		Seyk	
2306	672 Throop St.	1884	Zari	23		Seyk	
2362	672 Throop St.	1884	Rijen	22		Seyk	
22	131 Bunker St.	1877	Prosinec	17		Seyk	
1116	391 W. 16th St	1882	Leden	15		Seyk	
491	731 Allport St.	1880	Cervenec	10		Seyk	*** [see Zima]
2443	589 Laflin St	1884	Prosinec	29		Seyk	
2440	589 Laflin St	1884	Prosinec	24		Seyk	
20	391 W. 16th St.	1877	Prosinec	8	+	Seyk	
2231	660 W. 20th St.	1884	Cervenec	28		Cermak	
3468	Coal City, Grundy Co. Ill.	1887	Brezen	26		Zajicek	
12	691 Allport Av.	1877	Listopad	16		Seyk	
52	119 W. 15th St.	1878	Brezen	16		Seyk	
1744	Morgan St	1883	Cervenec	17		Seyk	
1235	38 Canalport Av	1882	Duben	25		Seyk	
286	115 W. 15th St.	1879	Cervenec	30		Seyk, W.	
3147	381 W. 18th St	1886	Srpen	5		Profant	
3524	201 W. 12th St.	1887	Kveten	4		Mencl	
1747	683 Mil Av***	1883	Cervenec	20		Sigmund	***[Mill or Milwaukee]
1611	19th Ashland Ave.	1883	Brezen	13	+	Seyk	
1234	38 Canalport Av	1882	Duben	23		–	
720	646 Fry St.	1881	Duben	7		Seyk	
105	679 Allport St.	1878	Cervenec	16	+	Seyk	
798	363 Van Horn St.	1881	Cerven	28		Seyk	11/11/1900 moved [from L.10-III-K]
1925	775 W 18th St	1883	Prosinec	22		Cermak	11/11/1900 moved [from L.10-III-K]
544	12 Shelby Court	1880	Srpen	26		Seyk	11/11/1900 moved [from L.10-III-K]
3572	775 W. 18th St	1887	Cerven	9		Zajicek	11/11/1900 moved [from L.10-III-K]
3242	775 W. 18th St	1886	Rijen	8		Zajicek	11/11/1900 moved [from L.10-III-K]
1637	74 Bunker St.	1883	Duben	7		Mencl	*** [see Schimer]
2755	89 Clayton St	1885	Zari	24		Seyk	
3503	147 W. 19th St.	1887	Duben	20		Urban	
2301	89 Clayton St.	1884	Zari	20		Seyk	
2901	815 Allport St	1886	Unor	6		Urban	
1728	79 Clayton St.	1883	Cervenec	7		Seyk	
3338	97 Wade St	1886	Prosinec	13		Pelikan	
1819	736 W. 18th St	1883	Zari	13		Seyk	
2907	934 Van Horn St	1886	Unor	10		Zajicek	
469	451 Des Plaines St.	1880	Cerven	19		Mencl	3/13/1904 moved [from R.5-18]
527	468 Union St.	1880	Srpen	4		Mencl	

BUR #	Yr	Mo	Da	NAME	Row	No.	Lot	Blk	Sec	Yr	Mo	Da	PLACE
742	1881	Kveten	3	Sirava, Ana			15	IV	K		6		Chicago
2212	1884	Cervenec	20	Siroky, Ana	14	67				1	6		Chicago
2179	1884	Cervenec	9	Siroky, Jan	14	67				3			Cechach
443	1880	Kveten	19	Sirovatka, Marie	5	6					1	7	Chicago
762	1881	Kveten	23	Sirovy, Jan	6	61				4			Chicago
1589	1883	Unor	21	Sirovy, Jan			15	IV	K	38			Cechach
446	1880	Kveten	22	Sirovy, Josef			15	IV	K	37			Cechach
514	1880	Cervenec	25	Siska, Ana Sta.			155		10	52			Cechach
3849	1887	Rijen	24	Sispela, Marie			31	3	Y			16	Chicago
1039	1881	Listopad	8	Sitler, Josefa ***			3	V	L		9		Chicago
32	1878	Leden	19	Sixta, Jan			18	III	G	42			Cechach
2145	1884	Cerven	18	Sixta, Silvestr			18	III	G		6		Chicago
2828	1885	Listopad	27	Skala, Frantiska			14	I	J	44			Cechach
3837	1887	Rijen	17	Skala, Lillie			5	IV	F	2	9		Chicago
3484	1887	Duben	6	Skala, Martin			14	I	J	35			Cechach
1851	1883	Rijen	3	Skala, N.N.			10	IV	L	-	-	-	Chicago
3635	1887	Cervenec	10	Skala, Waclav	3	26		2				20	Chicago
386	1880	Unor	8	Skalicka, Zofie			13	VI	H	53	3	3	Cechach
2295	1884	Zari	15	Skalicky, Adolf			13	VI	H	-	-	-	Chicago
1870	1883	Rijen	29	Skalicky, Josef			13	VI	H	-	-	-	Chicago
2098	1884	Kveten	26	Skalicky, Josef			13	VI	H		5	27	Chicago
2526	1885	Brezen	21	Skalicky, Josef			13	VI	H	58			Cechach
1323	1882	Cervenec	2	Skalicky, Julie			13	VI	H	-	-	-	Chicago
1701	1883	Cerven	20	Skalicky, Karel			13	VI	H	1	5		Chicago
2602	1885	Kveten	25	Skalicky, N.			13	VI	H	--	--	--	Chicago
772	1881	Cerven	4	Skalicky, N. N.			13	VI	H	-	-	-	Chicago
528	1880	Srpen	6	Skarda, Ana			16	2	L			15	Chicago
1177	1882	Brezen	13	Skarda, Emilie			16	II	L		8		Chicago
3090	1886	Cervenec	6	Skarda, Leonora	8	26				27			Cechach
3065	1886	Cerven	20	Skarda, Marie	19	42					10	15	Chicago
245	1879	Kveten	12	Skarda, Matej			16	II	L	-	-	-	Chicago
3136	1886	Cervenec	30	Skazda, Tomas ***			9	V	G	18			Chicago
3002	1886	Duben	21	Skliba, Richard F.	19	16					5	5	Chicago
3061	1886	Cerven	17	Skluka, Amalie	18	78						14	***
1170	1882	Brezen	3	Skocdopole, Ana	4	22				51			Cechach
233	1879	Duben	11	Skoda, Ana			11	II	L	38			Cechach
1616	1883	Brezen	20	Skoda, Josef	-	-	-	-	-	9	10		Chicago
265	1879	Cerven	29	Skoda, Marie			11	II	L		3	14	Chicago
3851	1887	Rijen	24	Skopec, Agnes			7	II	D	--	--	--	Chicago
3683	1887	Cervenec	24	Skopec, Marie			7	2	D	4	6	21	Chicago
3682	1887	Cervenec	24	Skopec, Wit.			7	2	D	60			Cechach
1774	1883	Srpen	6	Skrabek, Ana	13	27					1	2	Chicago
3581	1887	Cerven	17	Skupa, Ana	2	79		2			6		Chicago
154	1878	Rijen	17	Skupa, Ana	1	57				-	-	-	Chicago
547	1880	Srpen	28	Skupa, Franta			72		11	59			Cechach
731	1881	Duben	21	Skupa, Josef			10	VI	H			12	Chicago

BUR #	DWELLING	DEATH DATE Yr	Mo	Da	C	UNDER-TAKER	REMARKS
742	729 Morgan St.	1881	Kveten	2		Seyk	
2212	202 W. 20th St.	1884	Cervenec	18		Seyk	
2179	202 W. 20th St.	1884	Cervenec	8		Seyk	
443	85 S. Wood St.	1880	Kveten	18		Mencl	
762	-	1881	Kveten	21		Seyk	
1589	729 Morgan St.	1883	Unor	19		Seyk	
446	16 Nutt Court	1880	Kveten	20		Seyk	
514	282 W. 12th St.	1880	Cervenec	24		Mencl	1/31/1916 moved [from L.4-V-M]
3849	597 W. 18th St.	1887	Rijen	23		Vistein	11/02/1899 moved [from R.2-53 B.2]
1039	518 - 29th St.	1881	Listopad	7		Seyk	*** [see Schuttler]
32	71 Mather St.	1878	Leden	14		Seyk	[R.1-5 crossed out]
2145	71 Oliver Pl.	1884	Cerven	17		Seyk	
2828	Cook County Hospital	1885	Listopad	25		Urban	
3837	455 Desplaines St.	1887	Rijen	15		Mencl	[L.19-IV-G crossed out]
3484	Cook County Hospital	1887	Duben	4		Urban	
1851	58 Burlington	1883	Rijen	2		Seyk	
3635	966 W. 18th St.	1887	Cervenec	9		Zajicek	
386	148 Bunker St.	1880	Unor	6		Mencl	
2295	148 Bunker St.	1884	Zari	15		Mencl	
1870	148 Bunker	1883	Rijen	28		Mencl	
2098	137 W. 12th St.	1884	Kveten	25		Mencl	
2526	148 Bunker St	1885	Brezen	19		Mencl	
1323	146 Bunker St	1882	Cervenec	1		Mencl	
1701	137 W. 12th St.	1883	Cerven	19		Mencl	
2602	148 Bunker St	1885	Kveten	24		Mencl	
772	148 Bunker St.	1881	Cerven	3		Mencl	
528	Jefferson St.	1880	Srpen	4		Sumen	
1177	79 Dekoven St	1882	Brezen	12		Mencl	
3090	744 Van Horn St	1886	Cervenec	5		Fara [Jana?]	
3065	744 Van Horn St	1886	Cerven	19		Vistein	
245	79 Dekoven St.	1879	Kveten	11		Mencl	
3136	19 Seward St	1886	Cervenec	28		Mencl	*** [see Kazda]
3002	365 Blue Island Ave	1886	Duben	19		Mencl	
3061	1244 Diversey Av.	1886	Cerven	17		Birin [Birren]	*** Lake vif [Lake View, Ill.]
1170	-	1882	Brezen	1		-	
233	51 Elgin St.	1879	Duben	9		Podolsky, A.	
1616	43 Elgin St.	1883	Brezen	18		-	[grave location not given]
265	91 Wade St.	1879	Cerven	27		Muller	
3851	151 Blackhawk	1887	Rijen	23		Pelikan	
3683	California Av.	1887	Cervenec	22		Kunkel	
3682	61 Elston Av.	1887	Cervenec	22		Kunkel	
1774	577 W 18th St	1883	Srpen	5		Seyk	
3581	667 Throop St.	1887	Cerven	16		Zajieck	
154	--	1878	Rijen	14		--	
547	107 Taylor St.	1880	Srpen	27	+	Mencl	4/25/1908 moved [from R.1-34]
731	107 Taylor St.	1881	Duben	20		Mencl	

BUR #	Yr	Mo	Da	NAME	Row	No.	Lot	Blk	Sec	Yr	Mo	Da	BIRTH PLACE
725	1881	Duben	16	Skupa, Katerina			10	VI	H	18			Cechach
1762	1883	Cervenec	31	Skupa, Rusena	13	19					9	14	Chicago
1929	1883	Prosinec	24	Skvor, Ana			12	II	H		3		Chicago
2338	1884	Rijen	7	Skvor, Josef			12	II	H			2	Chicago
1485	1882	Listopad	4	Skvor, Josef	11	67						2	Chicago
3508	1887	Duben	27	Skvor, Karel	2	57		2			6		Chicago
2748	1885	Zari	23	Skvor, Waclav			12	II	H			2	Chicago
432	1880	Duben	22	Slabihoud, Katherina			14	I	M	36			Cechach
47	1878	Brezen	5	Slabihoud, Wilhemina	1	1				4	9		Chicago
3902	1887	Listopad	26	Slaby, Ana			11	IV	E		11	24	Chicago
3894	1887	Listopad	21	Slaby, Bessie			11	IV	E	3	8		Chicago
529	1880	Srpen	6	Slaby, Jan			4	6	A		1	12	Chicago
3089	1886	Cervenec	6	Slaby, Josef			14	III	G		10		Chicago
1771	1883	Srpen	3	Slaby, Miloslava A.			22	I	Z			13	Chicago
2918	1886	Unor	29	Slaby, Wiktor			14	III	G		5	10	Chicago
423	1880	Duben	14	Slabyhoud, Jan			9	I	L		2		Chicago
1602	1883	Brezen	11	Slach, Edward			10	V	M	-	-	-	Chicago
444	1880	Kveten	20	Slach, Waclav			8	III	K	54			Cechach
3760	1887	Srpen	31	Sladek, Ana			8	IV	K	1	21		Chicago
1692	1883	Cerven	17	Sladek, Bartolomej			8	I	N	6	4		Cechach
1131	1882	Leden	26	Sladek, Franta	9	57					8		Chicago
2797	1885	Rijen	30	Sladek, Waclav	7	36				48			Cechach
1888	1883	Listopad	19	Sladka, Barbora			8	6	F	67			Moravia
3318	1886	Prosinec	5	Slais, Blazena			12	III	J	2	4		Chicago
3272	1886	Rijen	28	Slais, Jan	1	56		2		3			Chicago
2739	1885	Zari	14	Slais, Jan			12	III	J	29			Cechach
3087	1886	Cervenec	4	Slajchet, Waclav	19	47				1			Chicago
1621	1883	Brezen	24	Slama, Karel	12	2					7	15	Chicago
3823	1887	Rijen	9	Slaubra, Barbora	10	11				37			Cechach
3831	1887	Rijen	14	Slaubra, Ottilie	10	11				1	6		Chicago
3374	1887	Leden	16	Slavik, Julius			4	I	H	1	4		Chicago
878	1881	Cervenec	29	Sleger, Franta	7	68				1	3		Chicago
873	1881	Cervenec	27	Slepicka, Marie			15	II	L	45			Cechach
933	1881	Srpen	16	Slepicka, Marie			11	2	L		2		Chicago
2158	1884	Cerven	26	Slepicka, Matej			15	II	L	48			Cechach
296	1879	Srpen	8	Slepnicka, Ruzena	3	49				1	2		Chicago
1538	1882	Prosinec	29	Slesinger, Otokar	6	50				3	2		Chicago
979	1881	Zari	21	Slluka, Adolf	8	67	1				28		Chicago
2928	1886	Brezen	2	Slouf, Matej	18	41				4	15		Chicago
3685	1887	Cervenec	25	Smaha, Antonie			18	III	D	5			Chicago
3290	1886	Listopad	9	Smejkal, Frantiska			11	III	D	82			Cechach
2406	1884	Listopad	27	Smejkal, Josef			8	III	J	6			Chicago
2176	1884	Cervenec	6	Smejkal, Waclav	-	-	-	-	-	62			Cechach
3630	1887	Cervenec	9	Smetana, Alois	3	24	2			10	15		Chicago
3711	1887	Srpen	6	Smetana, Ana			4	IV	K	21			Cechach
3777	1887	Zari	5	Smetana, Ana			4	IV	K		1	16	Chicago

BUR #	DWELLING	Yr	Mo	Da	C	UNDER-TAKER	REMARKS
725	107 Taylor St.	1881	Duben	15		Mencl	
1762	107 Taylor St	1883	Cervenec	30		Mencl	
1929	887 W 19th St	1883	Prosinec	23		Seyk	
2338	887 W. 19th St.	1884	Rijen	6		Seyk	
1485	887 W. 19th St.	1882	Listopad	3		Seyk	
3508	947 W. 19th St.	1887	Duben	25		Zajicek	
2748	947 W. 19th St	1885	Zari	21		Seyk	
432	242 Rucker St.	1880	Duben	20		Mencl	Transferred from Graceland Cemetery
47	146 Dekoven St.	1878	Brezen	4		Kunkel	
3902	681 Allport St.	1887	Listopad	24		Urban	
3894	681 Allport St.	1887	Listopad	19		Urban	
529	-	1880	Srpen	5		Mencl	
3089	817 Ashland Ave	1886	Cervenec	4		Urban	
1771	730 Morgan St	1883	Srpen	2		Mencl	11/10/1897 moved [from L.1-VI-M]
2918	571 Blue Island Ave	1886	Unor	22		Urban	
423	242 Rucker St.	1880	Duben	13		Mencl	
1602	19 Dussold St.	1883	Brezen	8		Seyk	
444	122 W. 19th St.	1880	Kveten	18	+	Seyk	
3760	14 Spring St.	1887	Srpen	30		Lusk	
1692	476 Ashland Ave.	1883	Cerven	15		Kunkel	[R.12-33 crossed out]
1131	20th May St	1882	Leden	25		Seyk	
2797	Centre Ave	1885	Rijen	28		Seyk	
1888	19 Emma St	1883	Listopad	17		Kunkel	4/26/1899 moved [from R.6-6]
3318	180 Fry St	1886	Prosinec	3		Sigmund	
3272	625 Throop St	1886	Rijen	27		Zajicek	
2739	192 Dayton St	1885	Zari	12		Mencl	
3087	914 W 19th St	1886	Cervenec	3		Cermak	
1621	793 Allport St.	1883	Brezen	22		Seyk	
3823	111 W. 18th St.	1887	Rijen	7		Profant	
3831	111 W. 18th St.	1887	Rijen	11		Profant	
3374	144 Bunker	1887	Leden	14		Mencl	
878	-	1881	Cervenec	27		-	
873	51 Elzin St [Elgin]	1881	Cervenec	26		Mencl	
933	51 Elgin St.	1881	Srpen	15		Podalsky	
2158	390 W. 22nd St.	1884	Cerven	24		Seyk	
296	28 [String?] St.	1879	Srpen	7		Mencl	
1538	453 W. 19th St.	1882	Prosinec	27		Seyk	
979	180 North Av.	1881	Zari	19		Miller	
2928	978 Van Horn St	1886	Unor	28		Vistein	
3685	756 Allport St.	1887	Cervenec	24		Zajicek	
3290	82 Fisk St	1886	Listopad	8		Urban	
2406	77 Bunker St.	1884	Listopad	26		Mencl	
2176	181 Division St.	1884	Cervenec	5		Smith	Moved to tomb [L.4-III-K crossed out]
3630	682 Throop St.	1887	Cervenec	8		Cermak	
3711	164 Bunker St.	1887	Srpen	4		Mencl	
3777	107 De Koven St.	1887	Zari	4		Mencl	

BUR #	Yr	Mo	Da	NAME	Row	No.	Lot	Blk	Sec	Yr	Mo	Da	BIRTH PLACE
3589	1887	Cerven	20	Smetana, Antonie	3	3	2					3	Chicago
2128	1884	Cerven	11	Smetana, Bohuslav			5	II	G	-	-	-	Chicago
453	1880	Kveten	31	Smetana, Emilie			4	II	G	1	5	21	Chicago
1520	1882	Prosinec	12	Smetana, Josef Step.			5	II	G			3	Chicago
891	1881	Srpen	4	Smetana, Karel			4	IV	K			7	Chicago
1560	1883	Leden	27	Smetana, Ruzena			4	IV	K			6	Chicago
813	1881	Cervenec	6	Smetik, Jan	7	32					3	2	Chicago
3890	1887	Listopad	20	Smid, Josef	10	27	1					2	Chicago
473	1880	Cerven	27	Smidl, Josef			5	IV	H	43	6		Cechach
2732	1885	Zari	9	Smidl, Josef	7	28				60			Cechach
2334	1884	Rijen	6	Smidl, Vaclav			3	IV	H	11	7		Chicago
800	1881	Cerven	29	Smidl, Waclav			8	III	K			2	Chicago
2700	1885	Srpen	13	Smidova, Ruzena	16	66					6		Chicago
1763	1883	Srpen	1	Smidova, Zofie	13	20					2	16	Chicago
2492	1885	Unor	20	Smidt, Emil	16	30				2			Chicago
3329	1886	Prosinec	9	Smolik, Franta			3	VI	D	20			Cechach
2431	1884	Prosinec	21	Smous, Josef			6	II	L		2	14	Chicago
3424	1887	Unor	21	Smous, Josef			17	IV	F	70			Cechach
552	1880	Zari	4	Smrcina, Bozena	6	2					7		Chicago
149	1878	Zari	30	Smrcina, Marie	2	31					3	7	Chicago
3642	1887	Cervenec	12	Smrcka, Waclav			17	III	L			4	Chicago
3365	1887	Leden	9	Smrcka, Wojtech	2	18	2					6	Chicago
148	1878	Zari	29	Smrt, Ana	2	30				-	-	-	Chicago
1212	1882	Duben	11	Smrt, Bozena			5	IV	L	6			Chicago
2766	1885	Rijen	4	Smrt, Julie			5	IV	L	3			Chicago
1217	1882	Duben	15	Smrt, Karel			5	IV	L	5	2		Chicago
2784	1885	Rijen	19	Smrt, Marie			5	IV	L		11		Chicago
885	1881	Srpen	2	Smrt, Rozi			5	IV	L	1	2		Chicago
1411	1882	Zari	1	Smrz, Ana			17	II	L		11	6	Chicago
1898	1883	Listopad	27	Smrz, Frantiska	14	4					2	8	Chicago
3469	1887	Brezen	27	Smrz, Josefa	2	38	2					7	Chicago
1778	1883	Srpen	7	Smrz, Karel			17	II	L	39			Cechach
1954	1884	Leden	18	Smrz, Karel			17	II	L			21	Chicago
2393	1884	Listopad	16	Smrz, Katerina	14	66				-	-	-	Chicago
2361	1884	Rijen	22	Smrz, Marie			49		9	3	3		Chicago
1210	1882	Duben	8	Smrz, Zofie	10	22				-	-	-	Chicago
3734	1887	Srpen	15	Snaydr, Martin ***			17	VI	F	30			Cechach
1792	1883	Srpen	23	Sneiberk, Marie	12	60				1	7		Chicago
2699	1885	Srpen	11	Sneiperk, Ana			13	VI	E	23			Cechach
1837	1883	Zari	26	Sneiperk, Bohumil			7	I	G		5		Chicago
3286	1886	Listopad	7	Sobeslav, Anton	1	62	2			3			Chicago
1063	1881	Prosinec	8	Sobiczczyk, Jan	9	27				1	5		Chicago
1071	1881	Prosinec	13	Sobiczczyk, Josef	9	31				6			Chicago
393	1880	Unor	17	Sobotka, Ludvik	2	19				67			Cechach
3437	1887	Brezen	4	Sokol, Julie			4	3	D			16	Chicago
2162	1884	Cerven	29	Sokol, N.N.			4	III	D	-	-	-	Chicago

BUR #	DWELLING	Yr	Mo	Da	C	UNDER-TAKER	REMARKS
3589	Home of the Friendless	1887	Cerven	19		Schultz	
2128	397 W. 16th St.	1884	Cerven	10		Seyk	
453	397 W. 16th St.	1880	Kveten	30		Seyk	
1520	-	1882	Prosinec	11		-	
891	26 Dussold St.	1881	Srpen	3		Mencl	
1560	451 Desplaines St.	1883	Leden	25		Mencl	
813	690 May St.	1881	Cervenec	5		Seyk	
3890	738 Allport St.	1887	Listopad	17		Zajicek	
473	468 Wuion St. [Union ?]	1880	Cerven	25		Mencl	
2732	359 Desplaines St	1885	Zari	7	+	Zajicek	
2334	193 Taylor St.	1884	Rijen	4		Mencl	
800	734 Morgan St.	1881	Cerven	28		Mencl	
2700	113 Fisk St	1885	Srpen	12		Seyk	
1763	19 Emma St	1883	Cervenec	30		Kunkel	
2492	946 W. 19th St	1885	Unor	10		Profant	
3329	442 Canal St	1886	Prosinec	7	+	Mencl	
2431	654 W. 19th St.	1884	Prosinec	19		Wagner	
3424	666 W. 19th St	1887	Unor	19		Zajicek	[L.5-II-K crossed out]
552	461 Canal St.	1880	Zari	3		Mencl	
149	80 DeKoven St.	1878	Zari	30		Meseanor, J.	
3642	126 - 25th Pl.	1887	Cervenec	11		Cermak	
3365	229 - 25th Pl	1887	Leden	8		Havel	
148	266 W. 20th St.	1878	Zari	27		Seyk	
1212	571 Centre St	1882	Duben	10		Seyk	
2766	620 W. 18th St	1885	Rijen	3		Zajicek	
1217	-	1882	Duben	13		-	
2784	621 W. 18th St	1885	Rijen	17		Zajicek	
885	-	1881	Srpen	1		-	
1411	Rebecca St.	1882	Srpen	30		Seyk	
1898	83 Liberty St	1883	Listopad	26		Mencl	
3469	80 Liberty St	1887	Brezen	25		Schultz	
1778	332 Rebecca St	1883	Srpen	6		Seyk	
1954	332 Rebecca St	1884	Leden	17		Seyk	
2393	158 Bunker St.	1884	Listopad	14		Mencl	
2361	80 Fry St.	1884	Rijen	21		Kunkel	12/06/1912 moved [from L.1-V-L]
1210	122 Liberty St	1882	Duben	7		Mencl	
3734	97 Wade	1887	Srpen	13	+	Sigmund	[R.1-5 crossed out] ***[see Schneider]
1792	922 W 19th St	1883	Srpen	22		Seyk	
2699	672 Throop St	1885	Srpen	10		Zajicek	[R.7-24 crossed out]
1837	580 Centre Av	1883	Zari	25		Seyk	
3286	693 Throop St	1886	Listopad	5		Zajicek	
1063	238 [Holden or Holt] Ave	1881	Prosinec	7		Kunkel	
1071	238 Holt St	1881	Prosinec	12		Kunkel	
393	109 Dekoven St.	1880	Unor	16		Mencl	
3437	458 W. 19th St	1887	Brezen	3		Zajicek	[R.2-11 crossed out]
2162	24 Zion Pl.	1884	Cerven	28		Seyk	[R.14-58 crossed out]

BUR #	\multicolumn{3}{c|}{BURIAL DATE}	NAME	\multicolumn{4}{c|}{GRAVE LOCATION}	\multicolumn{3}{c|}{AGE}	BIRTH PLACE
	Yr	Mo	Da		Row	No.	Lot	Blk	Sec	Yr	Mo	Da	
827	1881	Cervenec	10	Soldat, Otokar	3	143		3			10		Chicago
3932	1887	Prosinec	18	Somr, Anton			16		10	54			Cechach
3334	1886	Prosinec	12	Souba, Josef E.	1	78		2		1		21	Chicago
138	1878	Zari	1	Soucek, Cecilie			9	IV	H		9	8	Chicago
944	1881	Srpen	22	Soucek, Johana			9	IV	H		2	21	Chicago
963	1881	Zari	11	Soucek, Josef			9	IV	H		8	13	Chicago
1998	1884	Brezen	6	Soudek, Anton			10	V	K	63			Cechach
324	1879	Zari	15	Soudek, Josef			10	V	K		2	14	Chicago
2048	1884	Duben	23	Souhrada, Ana Mar.	13	67					1		Chicago
3256	1886	Rijen	17	Souhrada, Marie	7	10				25			Cechach
1781	1883	Srpen	11	Soukup, Ana	13	31					7	6	Cechach
2329	1884	Rijen	5	Soukup, Ana	15	62					8		Chicago
1436	1882	Zari	25	Soukup, Ana			7	II	H	28			Cechach
3836	1887	Rijen	17	Soukup, Barbora			37	2	Y	28			Cechach
2857	1885	Prosinec	31	Soukup, Eduard	17	11					3		Chicago
1492	1882	Listopad	10	Soukup, Frantisek			7	II	H	33			Cechach
1710	1883	Cerven	28	Soukup, Jan	12	40					1	3	Chicago
3239	1886	Rijen	9	Soukup, Jaroslav			16	4	E			4	Chicago
2475	1885	Leden	30	Soukup, Jaroslav			16	4	E	1	11		Chicago
1041	1881	Listopad	11	Soukup, Josef	9	18				-	-	-	Chicago
1986	1884	Unor	21	Soukup, Josef	14	20					7		Cechach
427	1880	Duben	18	Soukup, Josef	4	46					8		Chicago
3804	1887	Zari	27	Soukup, Waclav	4	23		2		1	8		Chicago
2631	1885	Cervenec	3	Spanel, Josef	17	44				1	4		Chicago
3288	1886	Listopad	8	Spaniel, Josef	1	64		2			8		Chicago
595	1880	Rijen	24	Spelina, Emilie			4		16	4			Chicago
674	1881	Unor	3	Spelina, Josef			4		16	50			Cechach
1343	1882	Cervenec	24	Spelina, Josef			4		16	23			Cechach
3724	1887	Srpen	12	Spelina, Rosalie			4		16		7		Chicago
1406	1882	Srpen	28	Spikings, Jiri			1A		15	29			Nafarme
3929	1887	Prosinec	16	Spinar, Frantiska			12		1	18	2		Chicago
1344	1882	Cervenec	24	Splichal, Anna			11	III	L	31			Cechach
3050	1886	Cerven	3	Spousta, Zdenka A.	31	52		3			9	3	Chicago
3846	1887	Rijen	22	Spravka, Ana			14	V	B			14	Chicago
3281	1886	Listopad	1	Spravka, Jan			14	V	B	1		2	Chicago
3233	1886	Rijen	4	Springl, Frantiska	1	43		2			9		Chicago
2119	1884	Cerven	5	Springl, Josef	14	44						5	Chicago
1915	1883	Prosinec	17	Srachta, Bozena	14	6				1	3		Chicago
938	1881	Srpen	19	Srachta, Marie	8	42		1			11		Chicago
3612	1887	Cervenec	3	Sramek, Adela			17	4	B		1		Chicago
2161	1884	Cerven	29	Sramek, Franta			4	V	J		11	14	Chicago
1742	1883	Cervenec	17	Sramek, Jan	13	9				-	-	-	Chicago
407	1880	Brezen	10	Sramek, Josef	4	35				1	6		Chicago
6	1877	Listopad	2	Sramek, Marie			34		16	2	7		Chicago
2572	1885	Kveten	2	Sramek, Wojtech	17	19						9	Chicago

BUR #	DWELLING	DEATH DATE Yr	Mo	Da	C	UNDER-TAKER	REMARKS
827	403 Clinton St.	1881	Cervenec	9		Mencl	[L.13-V-K crossed out]
3932	89 Clayton St.	1887	Prosinec	15	+	Urban	1/18/1902 moved [from R.10-27]
3334	175 Taylor St	1886	Prosinec	11		Schultz	
138	186 Brown St.	1878	Srpen	30		Mencl	
944	168 Barber St.	1881	Srpen	21		Mencl	
963	–	1881	Zari	9		Seyk	
1998	707 S Jefferson St	1884	Brezen	4		Seyk	
324	707 Jefferson St.	1879	Zari	14		Heitman	
2048	288 W. 20th St	1884	Duben	22		Seyk	
3256	43 Burlington St	1886	Rijen	15		Zajicek	
1781	811 Allport St	1883	Srpen	10		Seyk	
2329	533 W. 20th St.	1884	Rijen	4		Seyk	
1436	206 W. 20th St.	1882	Zari	23		Mencl	
3836	670 Throop St.	1887	Rijen	15		Zajicek	3/18/1900 moved [from R.10-13]
2857	98 Fisk St	1885	Prosinec	29		Urban	
1492	11 Shelby Ct.	1882	Listopad	8		Seyk	
1710	811 Allport St.	1883	Cerven	27		Seyk	
3239	1051 Van Horn	1886	Rijen	8		Zajicek	[R.1-46 crossed out]
2475	1013 W. 19th St	1885	Leden	29		Seyk	[R.17-4 crossed out]
1041	–	1881	Listopad	9		–	
1986	854 Ashland Ave	1884	Unor	20		Seyk	
427	228 Van Horn St.	1880	Duben	17		[Ahlgrim?]	
3804	1122 Van Horn St.	1887	Zari	25		Vistein	
2631	202 W. 20th St	1885	Cervenec	2		Seyk	
3288	9 - 19th Place	1886	Listopad	6		Urban	
595	154 Forquer St.	1880	Rijen	22		Mencl	2/11/1915 moved [from L.3-V-M]
674	63 DesPlaines	1881	Unor	2	+	Mencl	2/11/1915 moved [from L.3-V-M]
1343	154 Forquer St	1882	Cervenec	23		Mencl	2/11/1915 moved [from L.3-V-M]
3724	112 Forquer St.	1887	Srpen	11		Mencl	2/11/1915 moved [from L.3-V-M]
1406	Cook Co., Jefferson	1882	Srpen	26		Mencl	4/15/1916 moved [from L.19-V-M]
3929	445 DesPlaines St.	1887	Prosinec	15		Mencl	4/11/1907 moved [from L.12-IV-K and L.15-6-G]
1344	198 W. 12th St	1882	Cervenec	22		Mencl	
3050	731 Loomis St	1886	Cerven	1		Zajicek	11/25/1906 moved [from R.19-37]
3846	138 De Koven St.	1887	Rijen	21		Schultz	[L.7-II-K crossed out]
3281	140 Dekoven St	1886	Rijen	31		Schultz	[L.7-II-K crossed out]
3233	26 Kremel St [Kramer?]	1886	Rijen	3		Mencl	
2119	12 Dussold St.	1884	Cerven	4		Mencl	
1915	107 Bunker St	1883	Prosinec	16		Mencl	
938	101 Bunker St.	1881	Srpen	18		Mencl	
3612	85 Clayton St.	1887	Cervenec	1		Urban	[R.3-17 crossed out]
2161	928 Van Horn St.	1884	Cerven	27		Seyk	[R.14-57 crossed out]
1742	442 Clinton St	1883	Cervenec	16		Mencl	
407	99 Brown St.	1880	Brezen	9		Seyk	
6	444 Clinton	1877	Listopad	1		Seyk	3/27/1915 moved [from L.12-V-M]
2572	53 W. 18th Place	1885	Kveten	1		Lusk	

BUR #	\multicolumn{3}{c}{BURIAL DATE}	NAME	\multicolumn{4}{c}{GRAVE LOCATION}	\multicolumn{3}{c}{AGE}	BIRTH PLACE
	Yr	Mo	Da		Row	No.	Lot	Blk	Sec	Yr	Mo	Da	
1942	1884	Leden	9	Sredlova, Lidmila	13	53						13	Chicago
3052	1886	Cerven	5	Srek, Richard	8	23				25			Rakousku
2182	1884	Cervenec	10	Srotir, Otokar			12	II	E		8		Chicago
3252	1886	Rijen	14	Srsen, Berta			17	IV	9	4	10		Chicago
3588	1887	Cerven	20	Stadfild, Jan	3	2		2		1	2		Chicago
3597	1887	Cerven	25	Stadfild, Mamy	3	9		2		3	4		***
3215	1886	Zari	19	Staein, Adolph	1	36		2		3	9		Chicago
2033	1884	Duben	10	Stainer, Ana	14	15					1	8	Chicago
705	1881	Brezen	23	Stainer, Franta	5	69				-	-	-	Chicago
1230	1882	Duben	23	Stal, Josef	4	8					1	14	Chicago
817	1881	Cervenec	8	Stalova, Marie	7	34						6	Chicago
3364	1887	Leden	9	Stanek, Anezka			208		12	1	6		Chicago
232	1879	Duben	9	Stanek, Josefa			82		6	17			Cechach
1073	1881	Prosinec	15	Stanek, Marie	9	33					7		Chicago
91	1878	Cerven	22	Stanek, Marie			82		6	49			Cechach
734	1881	Duben	28	Stanek, Wilem			208		12	1	4		Chicaku
1525	1882	Prosinec	19	Stanek, Wojtech			6	II	H	57			Cechach
2326	1884	Rijen	4	Star, Franta	15	59					1	2	Chicago
170	1878	Listopad	20	Stari, Jan			18	V	H	31			Cechach
3820	1887	Rijen	7	Stari, Josef			12	VI	D	16	6		Cechach
1260	1882	Kveten	14	Stasny, Emanuel			5	VI	L	4	5		Chicago
3782	1887	Zari	7	Stasny, Jan	10	7				35			Cechach
881	1881	Srpen	1	Stastenka, Ida			19	III	E		11		Chicago
3297	1886	Listopad	19	Stastenka, Karel	4	11				36	9	15	Cechach
2781	1885	Rijen	17	Stastna, Teresie			4	VI	K	19			Cechach
418	1880	Duben	4	Stastny, Alois W.			5	IV	L		6		Chicago
2135	1884	Cerven	14	Stastny, Franta	13	77					9		Chicago
1787	1883	Srpen	15	Stastny, Jan	12	58					2		Chicago
2939	1886	Brezen	9	Stastny, Karel	18	47				1	3	2	Chicago
797	1881	Cerven	29	Stastny, Kristina	7	23					9		Chicago
1711	1883	Cerven	28	Stastny, N. N.			5	IV	L	-	-	-	Chicago
2092	1884	Kveten	24	Stayner, N.N.	14	40				-	-	-	Chicago
1618	1883	Brezen	22	Stefek, Robert			6	I	M	3	1		Chicago
3776	1887	Zari	5	Steffangros, Marie	4	11		2		1		14	Chicago
480	1880	Cervenec	4	Stefl, Josef	4	55					10		Chicago
2810	1885	Listopad	14	Stehlik, Alzbeta			5	I	L	51			Cechach
1367	1882	Srpen	1	Stehlik, Franta			5	I	L	28	9		Cechach
1079	1881	Prosinec	17	Stehlik, Josef	9	37					2	6	Chicago
3640	1887	Cervenec	12	Stehlik, Josef	3	29		2		1	6		Chicago
3936	1887	Prosinec	21	Stehlik, Ottokar	4	52		2		2			Chicago
252	1879	Cerven	2	Stehlik, Paulina			5	I	L	18			Cechach
2243	1884	Srpen	1	Stehlik, Rozalie	15	25					1	6	Chicago
2183	1884	Cervenec	10	Stehlik, Waclav			5	I	L	18	9		Cechach
738	1881	Kveten	1	Stehlyk, Ana			5	I	L	24			Cechach
2751	1885	Zari	25	Steinbach, Aloisiana			6	V	J	2	8		Chicago
3400	1887	Unor	8	Steinbach, Josef			6	V	J	35			Cechach

BUR #	DWELLING	Yr	Mo	Da	C	UNDER-TAKER	REMARKS
1942	142 Taylor St	1884	Leden	8		Mencl	
3052	Cook County Hospital	1886	Cerven	3		Pelikan	
2182	81 Seward St.	1884	Cervenec	9		Seyk	[R.14-70 crossed out]
3252	638 Throop St	1886	Rijen	13		Zajicek	
3588	618 Centre Av.	1887	Cerven	19		Vistein	
3597	618 Centre Av.	1887	Cerven	24		Vistein	*** Rochester, N.Y.
3215	661 Throop St	1886	Zari	18		Zajicek	
2033	34 Jane St	1884	Duben	9		Stiebeiner	
705	729 Allport St.	1881	Brezen	22		Seyk	
1230	–	1882	Duben	21		–	
817	–	1881	Cervenec	7		–	
3364	117 Napoleon	1887	Leden	7		Jana	11/16/1904 moved [from L.2-IV-L]
232	500 S. Halsted St.	1879	Duben	7		Mencl	12/01/1907 moved [from R.2-2]
1073	–	1881	Prosinec	13		–	
91	457 S. Canal St.	1878	Cerven	21		Seyk	12/01/1907 moved [from R.1-15]
734	117 Napoleon St.	1881	Duben	26		Adams	11/16/1904 moved [from L.2-IV-L]
1525	19 Bunker St.	1882	Prosinec	17		Mencl	
2326	309 W. 16th St.	1884	Rijen	3		Profant	
170	R. R. track	1878	Listopad	18	+	Ahlgrim	
3820	558 Laflin St.	1887	Rijen	6	+	Vistein	
1260	–	1882	Kveten	13		Seyk	
3782	145 W. 19th St.	1887	Zari	5	+	Mencl	
881	–	1881	Srpen**	30		–	[R.9-1 crossed out] **[probably Cervenec]
3297	436 W. 17th St	1886	Listopad	17		Zajicek	
2781	Cook County Hospital	1885	Rijen	–		Seyk	
418	612 Jefferson St.	1880	Duben	4		Mencl	
2135	421 W. 17th St.	1884	Cerven	13		Seyk	
1787	22 Kramer St	1883	Srpen	14		Mencl	
2939	442 Canal St	1886	Brezen	8		Schultz	
797	13 Mc Mullen St.	1881	Cerven	28		Seyk	
1711	614 Centre Ave.	1883	Cerven	27		Seyk	
2092	939 W. 17th St.	1884	Kveten	24		Soukup	
1618	732 S. Halsted St.	1883	Brezen	21		Mencl	
3776	20 Seward St.	1887	Zari	4		Young	
480	171 Dekoven St.	1880	Cervenec	3		Seyk	
2810	Algonquin, Ill.	1885	Listopad	11		Mencl	
1367	737 Van Horn	1882	Cervenec	31		Mencl	
1079	211 Dekoven St.	1881	Prosinec	16		Mencl	
3640	125 Forquer St.	1887	Cervenec	11		Mencl	
3936	86 Wright St.	1887	Prosinec	20		Urban	
252	157 Bunker St.	1879	Cerven	–		Mencl	
2243	125 Forquer St.	1884	Cervenec	31		Mencl	
2183	Algonquin, Ill.	1884	Cervenec	8		Mencl	
738	175 W. 12th St.	1881	Kveten**	28		Mencl	**[probably Duben]
2751	121 W. 19th St	1885	Zari	24		Seyk	
3400	Grand Crossing [Illinois]	1887	Unor	6	+	Urban	

BUR #	\multicolumn{3}{c|}{BURIAL DATE}	NAME	\multicolumn{5}{c|}{GRAVE LOCATION}	\multicolumn{3}{c|}{AGE}	BIRTH PLACE
	Yr	Mo	Da		Row	No.	Lot	Blk	Sec	Yr	Mo	Da	
564	1880	Zari	18	Steinbach, Marie	2	36				27			Cechach
3643	1887	Cervenec	13	Stejskal, Ana	3	30	2			1	9		Chicago
1623	1883	Brezen	25	Stejskal, Bozena			2	II	G	4	4	14	Chicago
3109	1886	Cervenec	18	Stejskal, Bozena			2	II	G	2	6		Chicago
814	1881	Cervenec	6	Stejskal, Franta			2	II	G	63	2	20	Cechach
1606	1883	Brezen	12	Stejskal, Franta J.			2	II	G	2	6		Chicago
1057	1881	Listopad	29	Stejskal, Jan Ott			2	I	K	8		12	Chicago
323	1879	Zari	14	Stejskal, Julie			2	I	K	1	7	14	Chicago
3771	1887	Zari	4	Stejskal, Waclav	4	8	2				8		Chicago
520	1880	Srpen	2	Steller, Robert	5	31					9		Chicago
1246	1882	Kveten	6	Stemberg, Gustav E.			20	III	K	5	5	27	Nafarmie
1252	1882	Kveten	9	Stemberg, Jan Wil.			20	III	K	9	8	2	Nafarmie
209	1879	Unor	22	Stenberg, Johana			20	III	K	-	-	-	Chicago
3067	1886	Cerven	21	Stengel, Rozie			20	3	M		3	15	Chicago
1231	1882	Duben	23	Stengl, Ana			20	III	M		5	21	Chicago
1336	1882	Cervenec	16	Stengl, Antonie			15	VI	L		1	21	Chicago
1847	1883	Rijen	1	Stengl, Ema	13	34				1			Chicago
736	1881	Kveten	1	Stengl, Franta			15	VI	L	42	2		Chicago
406	1880	Brezen	9	Stengl, Marie			20	III	M	3		15	Chicago
1452	1882	Rijen	7	Stengl, Pauli Ana Josef Franta			4	II	G	-	-	-	Chicago
1449	1882	Rijen	2	Stengler, Martin	5	16				30			Cechach
1107	1882	Leden	11	Stengr, Marie			20	III	M		1	14	Chicago
223	1879	Brezen	26	Stepanek, Alzbeta	2	56					1	19	Chicago
3291	1886	Listopad	9	Stepanek, Franta	3	5				35			Cechach
2741	1885	Zari	15	Stepanek, Wojtech			17	IV	G	1	8		Chicago
763	1881	Kveten	24	Stephan, Jan	3	15				28			Nemecku
575	1880	Rijen	5	Stephan, N.N.	5	51				-	-	-	Chicago
196	1879	Leden	27	Stepina, Herman	2	64				-	-	-	Chicago
2216	1884	Cervenec	24	Stepina, Ruzena	15	7				1			Chicago
1904	1883	Prosinec	2	Stepka, Ana			7	II	H	3	6		Cechach
1905	1883	Prosinec	2	Stepka, Marie			7	II	H		9		Chicago
717	1881	Duben	7	Stibor, Charles	7	13				2			Chicago
728	1881	Duben	19	Stibor, Eduard	7	12					3		Chicago
2967	1886	Brezen	26	Stikler, Matej	19	4					3		Chicago
3625	1887	Cervenec	7	Stim, Waclav	9	33				67			England
1468	1882	Rijen	19	Stirek, Ferdinand	11	63					6		Chicago
3384	1887	Leden	22	Stocek, Josefa	9	10				40			Cechach
706	1881	Brezen	24	Stock, Marie			16	I	L	38			Cechach
3763	1887	Zari	3	Stol, Ana	14	23	1			1	20		Chicago
2055	1884	Duben	27	Stol, Marie	14	23	-				4		Cechach
3293	1886	Listopad	14	Stolek, Ana			6	I	D	68			Cechach
507	1880	Cervenec	20	Strachota, Marie			3	VI	L	3	10		Chicago
1658	1883	Kveten	4	Strachota, Marie			9	IV	H		1	5	Chicago
961	1881	Zari	9	Strachota, Marie Ru.			3	VI	L		11	4	Chicago
1745	1883	Cervenec	19	Straka, Anton	12	53				1	1	12	Chicago

BUR #	DWELLING	DEATH DATE Yr	Mo	Da	C	UNDER-TAKER	REMARKS
564	125 W. 19th St.	1880	Zari	16		Seyk	
3643	716 Morgan St.	1887	Cervenec	12		Urban	
1623	649 Throop St.	1883	Brezen	24		Mencl	
3109	649 Throop St	1886	Cervenec	17		Zajicek	
814	895 W. 19th St	1881	Cervenec	4		Mencl	
1606	649 Throop St.	1883	Brezen	11		Mencl	
1057	10 Gredinten [Crittenden]	1881	Listopad	28		Kunkel	
323	10 Gestlenden St. ***	1879	Zari	12		Kunkel	*** [W. Linden St.?]
3771	716 Morgan St.	1887	Zari	3		Urban	
520	203 W. 19th St.	1880	Srpen	1		[Camlott?]	
1246	County Cook, Jefferson Ill.	1882	Kveten	4		Stemberg	
1252	Cook County, Jefferson Ill.	1882	Kveten	7		Stemberg	
209	Farmer Pitisan Av. ***	1879	Unor	20		Farmer, F.	***[Peterson Av ?]
3067	546 - 13th St	1886	Cerven	18		Bufs [Buss]	
1231	119 Forquer St	1882	Duben	21		Buss	
1336	135 Taylor St	1882	Cervenec	16		Mencl	
1847	147 Bunker St	1883	Zari	30		Mencl	
736	134 Taylor St.	1881	Kveten**	29		Mencl	**[probably Duben]
406	-	1880	Brezen	8		Buss	
1452	75 Liberty St.	1882	Rijen	–		[Koehler?]	[4 people ?] moved from Bohemian Polish Cath. Cem.
1449	Cook County Hospital	1882	Zari	30		Mencl	
1107	119 Forquer St	1882	Leden	10		Buss	
223	80 Clayton St.	1879	Brezen	25		Seyk	
3291	Cook County Hospital	1886	Listopad	7	+	Urban	
2741	644 May St	1885	Zari	14		Seyk	
763	19 Bunker St.	1881	Kveten	22		Mencl	
575	57 Rucker St.	1880	Rijen	3		Buss	
196	859 Blue Island Av.	1879	Leden	26		Ahlgrim	
2216	612 Centre Ave.	1884	Cervenec	22		Seyk	
1904	208 W 20th St	1883	Listopad	30		Seyk	
1905	208 W 20th St	1883	Prosinec	2		Seyk	
717	86 W. 15th St.	1881	Duben	6		Seyk	
728	86 W. 16th St.	1881	Duben	18		Mencl	
2967	440 Parnelu St [Parnell?]	1886	Brezen	25		Urban	
3625	120 Illinois St.	1887	Cervenec	6		Birren	
1468	24 Burlington St.	1882	Rijen	18		Seyk	
3384	647 S. Canal St	1887	Leden	20		Urban	
706	619 Centre Av.	1881	Brezen	22		Seyk	
3763	32 Burlington St.	1887	Zari	2		Profant	
2055	107 W 18th St	1884	Duben	24		Seyk	
3293	162 Bunker St	1886	Listopad	13		Mencl	
507	68 W. 15th St.	1880	Cervenec	19		Seyk	
1658	168 Brown St.	1883	Kveten	3		Mencl	
961	911 W. 19th St.	1881	Zari	8		Seyk	
1745	283 Johnson St	1883	Cervenec	17		Mencl	

BUR #	Yr	Mo	Da	NAME	Row	No.	Lot	Blk	Sec	Yr	Mo	Da	BIRTH PLACE
1803	1883	Zari	6	Straka, Henri			91		1	1	3	6	Chicago
3633	1887	Cervenec	9	Straka, Josef			19	V	G		9		Chicago
3187	1886	Srpen	30	Straka, Josefa			2	V	J	20			Cechach
2956	1886	Brezen	21	Straka, Josefa			2	V	J	–	–	–	Chicago
2461	1885	Leden	11	Straka, Karel			13	IV	K	3	2		Chicago
2822	1885	Listopad	23	Straka, Leopold			91		1	11	10	21	Baltimore
2615	1885	Cerven	11	Straka, Luizi			91		1	36			Cechach
996	1881	Rijen	2	Straka, Marie	8	74			1	1	6		Chicago
613	1880	Listopad	18	Straka, N.N.	5	62				–	–	–	Chicago
3180	1886	Srpen	28	Strakonsky, August	1	17			2	2			Chicago
1796	1883	Zari	1	Strakonsky, Josef	12	61					1		Chicago
932	1881	Srpen	16	Strakova, Ana	8	37			1	1	14		Chicago
303	1879	Srpen	20	Stransky, Otakar	3	54				–	–	–	Chicago
2385	1884	Listopad	9	Straub, Franta	16	2					2		Chicago
908	1881	Srpen	9	Straup, Franta	8	22			1		14		Chicago
3095	1886	Cervenec	7	Streichhirsch, Edmund			12	IV	L	1	3	13	Chicago
496	1880	Cervenec	14	Strnad, Emanuel	4	58				1	7		Chicago
1358	1882	Cervenec	29	Strnad, Emilie	11	13				1	4		Chicago
2382	1884	Listopad	7	Strobach, Katerina			7	IV	J	66			Cechach
1556	1883	Leden	22	Strobl, Antonie			20	IV	K	50			Cechach
3551	1887	Kveten	23	Strobl, Blazena	2	67			2	1	21		Chicago
3157	1886	Srpen	12	Strobl, Marie			7	IV	L	39			Cechach
1188	1882	Brezen	23	Strobl, Martin			7	IV	L	6			Chicago
1120	1882	Leden	20	Stroner, Edvard			4	IV	G	3			Chicago
1100	1882	Leden	2	Stroner, Emilie			4	IV	G		11		Chicago
3795	1887	Zari	18	Stroner, Emilie			4	IV	G	1	1	14	Chicago
165	1878	Listopad	15	Stroner, Frantiska	1	24				33			Cechach
766	1881	Kveten	26	Stroner, Josefa	6	65					4		Chicago
2974	1886	Duben	1	Stroner, Josefa			15	IV	G		11	15	Chicago
3613	1887	Cervenec	3	Stroner, Karel			1	V	T	1	5		Chicago
2321	1884	Zari	30	Stroner, Katerina			6	III	K	49			Cechach
3780	1887	Zari	6	Stroner, Katerina	9	39				13			Chicago
2437	1884	Prosinec	25	Stroner, Klara			56		10		11		Chicago
1962	1884	Leden	25	Stroner, Marie			13	V	H	1	2		Chicago
1655	1883	Kveten	1	Stroup, Jan	5	25				75			Cechach
3810	1887	Rijen	1	Struska, Waclav			18	IV	E	1	5		Chicago
2762	1885	Rijen	1	Stuchlik, Franta			5	II	D	9			Chicago
3249	1886	Rijen	12	Stumf, Bozena			17	VI	K		2		Chicago
1463	1882	Rijen	17	Subrt, Bedrich	11	61				1	1		Chicago
3016	1886	Kveten	2	Subrt, Emilie	19	24				3	1		Chicago
351	1879	Listopad	30	Subrt, Franta	1	58				1	9		Chicago
1953	1884	Leden	16	Subrt, Ignac	6	10				19			Cechach
313	1879	Srpen	31	Subrt, Marie	3	58					5		Chicago
3482	1887	Duben	4	Suchan, Ana	7	21			1		2		Chicago
950	1881	Zari	5	Suchan, Karel			2	III	E		10	8	Chicago

BUR #	DWELLING	DEATH DATE Yr	Mo	Da	C	UNDER-TAKER	REMARKS
1803	121 Dekoven St	1883	Zari	4	+	Mencl	9/09/1915 moved [from R.12-65]
3633	449 W. 19th St.	1887	Cervenec	7		Zajicek	
3187	911 Van Horn St	1886	Srpen	28		Zajicek	
2956	911 Van Horn St	1886	Brezen	20		Zajicek	
2461	175 Ewing St	1885	Leden	10		Mencl	
2822	121 Dekoven St	1885	Listopad	21		Schultz	9/09/1915 moved [from L.16-V-M]
2615	155 W. 12th St	1885	Cerven	10		Mencl	9/09/1915 moved [from L.16-V-M and R.7-16]
996	119 Meagher St.	1881	Rijen	1		Mencl	
613	190 Dekoven St.	1880	Listopad	17		Mencl	
3180	819 Allport St	1886	Srpen	26		Profant	
1796	71 W 16th St	1883	Srpen	31		Profant	
932	103 Bunker St.	1881	Srpen	15		Mencl	
303	701 S. Canal St.	1879	Srpen	19		Mencl	
2385	528 W. 16th St.	1884	Listopad	7		Seyk	
908	449 W. 19th St.	1881	Srpen	8		Seyk	
3095	44 Mostenav[Washtenaw]	1886	Cervenec	5		Mencl	
496	143 W. 19th St.	1880	Cervenec	14		W. Seyk	
1358	565 W. 19th St	1882	Cervenec	28		Mencl	
2382	334 E. 22nd St.	1884	Listopad	5		Mencl	
1556	125 W. 19th St.	1883	Leden	21		Seyk	
3551	415 W. 17th St.	1887	Kveten	22		Urban	
3157	248 Centre Av	1886	Srpen	9	+	Sigmund	
1188	53 Allport	1882	Brezen	23		Sigmund	
1120	75 Liberty St	1882	Leden	20		Mencl	
1100	75 Liberty St	1882	Leden	2		Mencl	
3795	536 Jefferson St.	1887	Zari	16		Mencl	
165	15 McMullen St.	1878	Listopad	15		Seyk	
766	12 Barber St.	1881	Kveten	25		Mencl	
2974	4753 Loomis St	1886	Brezen	30		***	*** Jnerney [McInerney?]
3613	4744 Loomis St.	1887	Cervenec	1		[Rambert]	2/24/1897 moved [from L.7-III-K]
2321	118 W. 15th St.	1884	Zari	29		Seyk	
3780	86 W. 15th St.	1887	Zari	5		Urban	
2437	718 Morgan St	1884	Prosinec	24		Seyk	12/12/1906 moved [from R.17-10]
1962	154 W 12th St	1884	Leden	24		Mencl	
1655	449 W. 19th St.	1883	Kveten**	30		Seyk	**[probably Duben]
3810	394 W. 17th St.	1887	Zari	29		Cermak	
2762	372 W. 18th St	1885	Zari	30		Seyk	
3249	396 W. 18th St	1886	Rijen	11		Firpach	
1463	–	1882	Rijen	16		–	
3016	321 W 20th St	1886	Duben	30		Urban	
351	580 Centre St.	1879	Listopad	28		Seyk	
1953	321 W 20th St	1884	Leden	15		Seyk	[DBN]
313	600 Centre Av.	1879	Srpen	30		Seyk	
3482	670 Allport St	1887	Duben	3		Zajicek	
950	–	1881	Zari	3		–	[R.8-46 crossed out]

BUR #	BURIAL DATE Yr	Mo	Da	NAME	GRAVE LOCATION Row	No.	Lot	Blk	Sec	AGE Yr	Mo	Da	BIRTH PLACE
970	1881	Zari	15	Suchy, Barbora	8	58		1				7	Chicago
3709	1887	Srpen	5	Suchy, Josef			208		3	70			Cechach
2734	1885	Zari	10	Suda, Karolina			4	4	O	85			Cechach
2034	1884	Duben	10	Sula, N.N.	14	16				–	–	–	Chicago
3271	1886	Rijen	27	Sulc, Anton			10	I	D	2	3		Chicago
1725	1883	Cervenec	6	Sulc, Edward	12	50					3	8	Chicago
3533	1887	Kveten	14	Sulc, Jenovefa			10	I	D	21			Cechach
2391	1884	Listopad	14	Sulc, Jiri	16	5					1	1	Chicago
242	1879	Kveten	11	Suma, Barbora	2	6				50			Cechach
524	1880	Srpen	4	Suma, Franta	5	34					1	1	Chicago
789	1881	Cerven	19	Suma, Waclav			40		9	50			Cechach
1068	1881	Prosinec	12	Sumova, Emilie	9	29					11		Chicago
2497	1885	Unor	21	Susa, Bohumila			10	I	N	1	9		Chicago
1196	1882	Brezen	29	Susa, Wincenc			10	I	N		6	15	Chicago
3647	1887	Cervenec	14	Svab, Josef	3	27		2				1	Chicago
2874	1886	Leden	14	Svarc, Anton			37		1	4			Chicago
3607	1887	Cervenec	1	Svatek, Franta			18	III	L	52			Cechach
3585	1887	Cerven	19	Svatek, Jakob			5	III	L	22			Cechach
651	1881	Leden	14	Svatek, Marie			18	III	L	49			Cechach
454	1880	Cerven	2	Svec, August	5	9					1	21	Chicago
457	1880	Cerven	4	Svec, Jaroslav	5	9					1	23	Chicago
1164	1882	Unor	25	Svec, Ladislav	10	2					8	14	Chicago
1987	1884	Unor	22	Svec, Waclav	14	21					1	3	Cechach
2495	1885	Unor	21	Svehla, Ana	17	8					8	14	Chicago
2880	1886	Leden	22	Svehla, Josef	17	18				–	–	–	Chicago
1715	1883	Cervenec	2	Svehla, Marie	12	43					23		Chicago
1033	1881	Listopad	2	Svejkovsky, Emilie	9	15					21		Chicago
1648	1883	Duben	21	Svejkovsky, Emilie	12	19				–	–	–	Chicago
2908	1886	Unor	14	Svejkovsky, Waclav	18	61		I			1	6	Chicago
3627	1887	Cervenec	8	Svidek, Berta			14	6	D		11		Chicago
2219	1884	Cervenec	24	Svikhard, Bozena			8	IV	F	1	3	19	Chicago
683	1881	Unor	17	Svitensky, Franta	3	6				67	1	2	Cechach
2803	1885	Listopad	8	Svoboda, Bedrich	18	22					3	14	Chicago
2984	1886	Duben	7	Svoboda, Ottokar	18	70					1	5	Chicago
1684	1883	Cerven	6	Svojse, Berta			3	I	G	1	7	6	Chicago
2565	1885	Duben	22	Svojse, Otto			4	I	G	1	3		Chicago

T

87	1878	Cerven	1	Tabor, Jan	2	10				–	–	–	Chicago
1303	1882	Cerven	12	Tabor, Josef	10	54					10		Chicago
2088	1884	Kveten	20	Taborsky, Viktor	14	36				1			Cechach
3155	1886	Srpen	11	Talafous, Julie			14	I	G	14			Chicago
1849	1883	Rijen	2	Talafous, Otokar			14	I	G		11		Chicago
256	1879	Cerven	9	Taraba, Eduard	3	14					10		Chicago
670	1881	Leden	30	Taraba, Jan	6	30					6		Chicago
50	1878	Brezen	9	Tatousek, Marie	1	2					1	14	Chicago

BUR #	DWELLING	DEATH DATE Yr	Mo	Da	C	UNDER-TAKER	REMARKS
970	11 Kramer St.	1881	Zari	14		Mencl	
3709	Jefferson, Cook Co., Ill.	1887	Srpen	3		Mencl	1/23/1915 moved [from L.11-VI-E]
2734	175 Ewing St	1885	Zari	8		Mencl	[R.7-29 crossed out]
2034	13 Ruble St	1884	Duben	9		Seyk	
3271	200 Dekoven St	1886	Rijen	25		Mencl	[R.1-55 crossed out]
1725	146 W. Taylor St.	1883	Cervenec	5		Mencl	
3533	20 Des Plaines	1887	Kveten	12		Mencl	
2391	146 Taylor St.	1884	Listopad	12		Mencl	
242	Cook County Hospital	1879	Kveten	9		Seyk	
524	287 W. 20th St.	1880	Srpen	3		Seyk	
789	–	1881	Cerven	17		Seyk	4/13/1908 moved [from R.3-20]
1068	199 W. 19th	1881	Prosinec	11		Seyk	
2497	9 Clayton St	1885	Unor	20		Seyk	[R.17-7 crossed out]
1196	9 Chlaybourne[Clybourn?]	1882	Brezen	28		Seyk	[R.10-15 crossed out]
3647	29 Kremel [Kramer?] St.	1887	Cervenec	13		Mencl	
2874	70 Kramer St	1886	Leden	13		Schultz	4/25/1907 moved [from L.13-VI-G]
3607	691 Jefferson St.	1887	Cerven	29		Urban	
3585	103 Home [Homer?] St.	1887	Cerven	17		Bartlet	
651	Cook County Hospital	1881	Leden	13	+	Mencl	
454	131 Bunker St.	1880	Cerven	1		Mencl	
457	131 Bunker St.	1880	Cerven	3		Mencl	
1164	158 Bunker St.	1882	Unor	24		–	
1987	81 Wrigth St [Wright]	1884	Unor	21		Mencl	
2495	147 W. 19th St	1885	Unor	19		Seyk	
2880	147 W 19th St	1886	Leden	21		Urban	
1715	919 W. 19th St.	1883	Cervenec	1		Seyk	
1033	--	1881	Listopad	1		--	
1648	1068 Van Horn St.	1883	Duben	20		Seyk	
2908	123 Meagher St	1886	Unor	12		Mencl	
3627	443 Desplaines St.	1887	Cervenec	7		Schultz	11/02/1899 moved [from R.3-22]
2219	24 [Kramer] St.	1884	Cervenec	23		Mencl	[R.15-9 crossed out]
683	200 Dekoven St.	1881	Unor	15		Mencl	
2803	203 W 14th St	1885	Listopad	7		Mencl	
2984	391 W 16th St	1886	Duben	5		Urban	
1684	82 Taylor St.	1883	Cerven	5		Mencl	
2565	82 W. Taylor St	1885	Duben	21		Mencl	
87	517 S. Halsted	1878	Cerven	1		Mencl	
1303	112 Dekoven	1882	Cerven	11		Mencl	
2088	196 W. 20th St.	1884	Kveten	18		Seyk	
3155	642 May St	1886	Srpen	9		Urban	
1849	642 May St	1883	Rijen	1		Profant	
256	498 Canal St.	1879	Cerven	8		Mencl	
670	445 Canal St.	1881	Leden	29		Mencl	
50	67 Meagher St.	1878	Brezen	9		Seyk	

BUR #	BURIAL DATE Yr	Mo	Da	NAME	GRAVE LOCATION Row	No.	Lot	Blk	Sec	AGE Yr	Mo	Da	BIRTH PLACE
2213	1884	Cervenec	21	Tatzel, Jan	15	5				–	–	–	Chicago
643	1880	Prosinec	30	Tauber, Anton			12	VI	H	47			Cechach
2723	1885	Zari	1	Taybl, Marie	5	22	2				9		Chicago
3891	1887	Listopad	20	Taychman, Emilie			1	6	F	4			Chicago
3111	1886	Cervenec	19	Tejcek, Jiri			3	IV	E		3		Chicago
1826	1883	Zari	18	Tersip, Bozena			15	VI	J	4	1		Chicago
805	1881	Cervenec	3	Tersip, Otilie	7	27					7		Chicago
321	1879	Zari	9	Teska, Jan			15	VI	H	2			Chicago
1115	1882	Leden	16	Teska, Josef			15	VI	H	–	–	–	Chicago
169	1878	Listopad	19	Tetik, Alsbeta	2	32						14	Chicago
1773	1883	Srpen	4	Tetik, Ana	13	26						10	Chicago
1429	1882	Zari	19	Tetik, Franta	11	47					1		Chicago
172	1878	Listopad	28	Tetik, Josef	2	33					4		Chicago
1764	1883	Srpen	1	Tetik, Josefa	13	21					4	14	Chicago
1541	1883	Leden	2	Teykal, Aloise	11	16				3			Chicago
3270	1886	Rijen	26	Thomas, W. H.	2	12				39			***
2931	1886	Brezen	4	Thomas, Wiliam	18	42					8		Chicago
325	1879	Zari	16	Thomsen, Jan			19	III	K	2	2		Chicago
11	1877	Listopad	13	Thomson, Jiri			19	III	K	2			Chicago
991	1881	Zari	27	Thomson, Teresie			19	III	K	1	1	14	Chicago
438	1880	Kveten	1	Ticha, Marie			12	6	K	58			Cechach
3733	1887	Srpen	15	Tichy, Eduard			2	III	F	1	3		Chicago
1678	1883	Kveten	28	Tichy, Franta			12	VI	K	67			Cechach
824	1881	Cervenec	9	Tichy, Ludvik ***			19	V	B			5	Chicago
1241	1882	Kveten	3	Tichy, Marie			19	5	B	75			Cechach
3236	1886	Rijen	8	Tichy, Wlasta	1	44	2				8		Chicago
2959	1886	Brezen	22	Tipner, Filomena	8	11				28			Cechach
2527	1885	Brezen	23	Tipner, Josef	16	32					8	15	Chicago
2086	1884	Kveten	20	Tipner, Marie	14	35					1	6	Chicago
61	1878	Duben	1	Tipner, Marie			4	I	F	2	9		Chicago
3462	1887	Brezen	22	Tisher, Frantiska			19	VI	E	2			Chicago
3204	1886	Zari	10	Tisl, Franta	1	30	2				11		Chicago
2866	1886	Leden	10	Tisl, Josef	18	32					2		Chicago
2037	1884	Duben	14	Tisl, Waclav	14	19						2	Chicago
2604	1885	Kveten	27	Tisl, Waclav	16	42				2	11		Chicago
3142	1886	Srpen	3	Tobias, Josef	8	29				19			Cechach
1296	1882	Cerven	9	Tochor, Josefa	10	50					3	12	Chicago
80	1878	Kveten	15	Tolsky, Bezmena	2	5				–	–	–	Chicago
2542	1885	Duben	1	Toman, Frantiska			1	IV	K	8	3	10	Chicago
2541	1885	Duben	1	Toman, Marie			1	IV	K	5	3		Chicago
2629	1885	Cerven	30	Toman, Otto	16	46					2		Chicago
3591	1887	Cerven	21	Tomas, Adna	3	4	2					10	Chicago
2056	1884	Duben	27	Tomas, Franta	14	24				1	6		Cechach
3539	1887	Kveten	18	Tomas, Josef	2	65	2			1			Chicago
2082	1884	Kveten	17	Tomasek, Frantiska			1	VI	G	–	–	–	Cechach
1199	1882	Duben	2	Tomek, Ana			10	IV	K	44			Cechach

BUR #	DWELLING	DEATH DATE Yr	Mo	Da	C	UNDER-TAKER	REMARKS
2213	15 Shelby Ct.	1884	Cervenec	20		Seyk	
643	235 W. 20th St.	1880	Prosinec	28		Seyk	
2723	678 Loomis St	1885	Srpen	31		Zajicek	[L.16-III-G crossed out]
3891	45 Dussold St.	1887	Listopad	18		Schultz	[R.9-1 crossed out]
3111	2603 Portland Ave	1886	Cervenec	17		Urban	
1826	135 Forquer St	1883	Zari	17		Mencl	
805	135 Forquer St.	1881	Cervenec	1		Mencl	
321	192 W. 20th St.	1879	Zari	8		Seyk	
1115	-	1882	Leden	15		Mencl	
169	116 W. 15th St.	1878	Listopad	18		Seyk	
1773	17 Fisk St	1883	Srpen	3		Seyk	
1429	-	1882	Zari	18		-	
172	116 W. 15th St.	1878	Listopad	26		Seyk	
1764	17 Fisk St	1883	Cervenec	31		Seyk	
1541	766 W. 18th St.	1883	Leden	2		Seyk	
3270	81 Wright St	1886	Rijen	24		Mencl	***W.Werginie
2931	81 Wright St	1886	Brezen	3		Mencl	
325	Farrell, Portland [sic]	1879	Zari	15		Podolsky	
11	38 Finnell St.	1877	Listopad	11	+	Podolsky	
991	30 Finnell St.	1881	Zari	25		Podolsky	
438	153 Bunker St.	1880	Duben	30		Mencl	4/16/1899 moved [from R.2-24]
3733	37 Yeaton Av.	1887	Srpen	13		Mencl	[L.6-III-D crossed out]
1678	Cook County Hospital	1883	Kveten	27		Mencl	
824	418 - 25th St.	1881	Cervenec	8		Mencl	[R.7-38 crossed out] ***[see Tycha]
1241	418 - 25th St	1882	Kveten	2		Seyk	12/20/1912 moved [from L.4-II-L]
3236	820 Allport	1886	Rijen	7		Cermak	
2959	602 W 18th St	1886	Brezen	21		Vistein	
2527	602 W. 18th St	1885	Brezen	22		Seyk	
2086	602 W. 18th St.	1884	Kveten	19	+	Seyk	
61	665 May St.	1878	Brezen	31		Seyk, W.	[R.1-13 crossed out]
3462	222 Ewing St	1887	Brezen	-		Birkner	
3204	638 Throop St	1886	Zari	9		Urban	
2866	638 Throop St	1886	Leden	9		Urban	
2037	644 May St	1884	Duben	13		Seyk	
2604	644 May St	1885	Kveten	26		Seyk	
3142	Alex[ian] Bros. Hospital	1886	Cervenec	28	+	Mencl	
1296	676 Loomis	1882	Cerven	7		Cermak	
80	1 Nutt Court	1878	Kveten	13		Seyk, W.	
2542	79 Wade St	1885	Brezen	31		Muller	
2541	79 Wade St	1885	Brezen	30		Muller	
2629	416 Jefferson St	1885	Cerven	29		Mencl	
3591	325 W. 20th St.	1887	Cerven	20		Zajicek	
2056	731 Allport St	1884	Duben	26		Seyk	
3539	206 W. 20th St.	1887	Kveten	17		Zajicek	
2082	--	1884	Kveten	-		Tomasek	Moved from Graceland Cem.
1199	83 Fisk St	1882	Duben	1		Seyk	

BUR #	Yr	Mo	Da	NAME	Row	No.	Lot	Blk	Sec	Yr	Mo	Da	BIRTH PLACE
3652	1887	Cervenec	16	Tomek, Ana	3	32	2				9		Chicago
371	1880	Leden	20	Tomek, Antonie			10	IV	K	1	4		Chicago
1559	1883	Leden	27	Tomek, Franta	12	7					4		Chicago
1445	1882	Rijen	1	Tomek, Jan			17	II	K	56			Cechach
3276	1886	Rijen	31	Tomek, Josef	1	58	2				7		Chicago
2188	1884	Cervenec	12	Tomek, Otokar	14	72					11		Chicago
3675	1887	Cervenec	20	Tompach, Josef	10	3				16			Cechach
69	1878	Duben	16	Ton, Ana	1	11				27			Cechach
3150	1886	Srpen	10	Toral, Ruzena	1	3	2			1	1		Chicago
658	1881	Leden	18	Touchen, Alois	6	39				–	–	–	Chicago
179	1878	Prosinec	18	Touchen, Alois	1	52					9		Chicago
2933	1886	Brezen	5	Touchen, Ana			6	I	J	51			Cechach
2534	1885	Brezen	27	Touchen, Franta			2	V	J	60			Cechach
688	1881	Unor	23	Tousek, Josef			16	6	A	41			Cechach
1524	1882	Prosinec	17	Tousek, Marie	11	74					7		Chicago
1647	1883	Duben	20	Tousek, Wojtech	6	24				–	–	–	Chicago
2392	1884	Listopad	15	Trachta, Matej	16	4					10		Chicago
3821	1887	Rijen	8	Travnicek, August	4	32	2			--		--	Chicago
2360	1884	Rijen	21	Travnicek, Barbora	15	74					8		Chicago
707	1881	Brezen	25	Travnicek, Karel	6	52					5		Chicago
1751	1883	Cervenec	23	Travnichek, Ana	13	11				1	10		Chicago
1471	1882	Rijen	21	Traznik, Martin			2	III	M	19			Cechach
3066	1886	Cerven	21	Trcing, Marie	19	43					13		Chicago
1992	1884	Unor	26	Trecek, Emilie	14	10					6		Chicago
820	1881	Cervenec	8	Treka, Franta	7	35				1	2		Chicago
3227	1886	Zari	28	Triner, Ana			2	3	J	5			Chicago
558	1880	Zari	8	Triner, Ana			2	3	J			15	Chicago
1753	1883	Cervenec	24	Triner, Eduard	13	14				1			Chicago
590	1880	Rijen	18	Triner, Franta			1	1	V	32			Cechach
653	1881	Leden	15	Triner, Franta			13	V	E	57			Cechach
1835	1883	Zari	23	Triner, Josef			2	3	J		3		Chicago
99	1878	Cervenec	12	Triska, Franta	1	17				40			Cechach
743	1881	Kveten	4	Trnka, Bozena			10	I	L		10		Chicago
1799	1883	Zari	2	Trnka, Eugene Jos.			10	I	L	1	3	3	Chicago
3694	1887	Cervenec	29	Trnka, Franta			6	I	E	54			Cechach
53	1878	Brezen	16	Trnka, Josefa			4	II	L			1	Chicago
269	1879	Cervenec	3	Trnka, Matias	2	9				60			Cechach
848	1881	Cervenec	18	Trnka, Tomas	7	57					11		Chicago
856	1881	Cervenec	21	Trnka, Waclav	7	60					6		Chicago
3826	1887	Rijen	11	Trojacek, Anton	4	34	2			3	11		Cechach
1956	1884	Leden	18	Tropp, Ana			4	2	T	11	6		Chicago
108	1878	Cervenec	21	Tropp, Emil			10	6	J		11	21	Chicago
1591	1883	Unor	24	Tropp, Mathilda	2	48					9		Chicago
2789	1885	Rijen	22	Trsek, Ana	18	15					3		***
153	1878	Rijen	12	Truc, Jaroslav			4	2	T	2	6		Chicago
3807	1887	Zari	29	Trunec, Marie			2	V	E	53			Cechach

BUR #	DWELLING	Yr	Mo	Da	C	UNDER-TAKER	REMARKS
3652	117 W. 15th St.	1887	Cervenec	15		Urban	
371	457 Jefferson St.	1880	Leden	18		Mencl	
1559	649 S. Jefferson St.	1883	Leden	25		Seyk	
1445	113 Taylor St.	1882	Zari	29		Mencl	
3276	12 String St	1886	Rijen	29		Urban	
2188	392 W. 18th St.	1884	Cervenec	11		Seyk	
3675	567 Centre Av.	1887	Cervenec	17	+	Cermak	
69	Clinton St.	1878	Duben	15		Buss	
3150	966 Van Horn	1886	Srpen	9		Zajicek	
658	754 W. 18th St.	1881	Leden	16		Seyk	
179	619 Centre Av.	1878	Prosinec	17		Seyk	
2933	198 Taylor St	1886	Brezen	3		Mencl	
2534	924 Van Horn St	1885	Brezen	26		Lusk	
688	634 Unie Ave [Union?]	1881	Unor	21		Mencl	[R.1-27 crossed out]
1524	146 Taylor St.	1882	Prosinec	15		Mencl	
1647	-	1883	Duben	19		-	
2392	391 W. 16th St.	1884	Listopad	13		Seyk	
3821	417 W. 18th St.	1887	Rijen	7		Urban	
2360	419 W. 18th St.	1884	Rijen	20		Seyk	
707	-	1881	Brezen	24		Seyk	
1751	417 W 18th St	1883	Cervenec	22		Seyk	
1471	170 Ewing St.	1882	Rijen	18		Mencl	
3066	128 W 15th St	1886	Cerven	20		Mencl	
1992	79 Clayton St.	1884	Unor	24		Profant	
820	455 W. 17th St.	1881	Cervenec	7		Seyk	
3227	117 Cornell St.	1886	Zari	27		Mueller	11/04/1907 moved [from L.12-VI-G]
558	117 Cornell St.	1880	Zari	8		[Kunkel?]	11/04/1907 moved [from L.12-VI-G]
1753	689 Allport St	1883	Cervenec	-		Seyk	
590	169 Bunker St.	1880	Rijen	15	+	Seyk	4/23/1902 moved [from L.5-IV-G]
653	157 W. 14th St.	1881	Leden	13	+	Mencl	
1835	117 Cornell St	1883	Zari	21		Sigmund	11/04/1907 moved [from L.12-VI-G]
99	13 Shelby Court	1878	Cervenec	11		Seyk	
743	138 Taylor St.	1881	Kveten	2		Mencl	
1799	133 Dekoven St	1883	Zari	1		Mencl	
3694	201 Johnson St.	1887	Cervenec	27		Mencl	
53	603 Jefferson St.	1878	Brezen	14		Seyk	
269	12 Burlington St	1879	Cervenec	2		Seyk	
848	-	1881	Cervenec	17		-	
856	-	1881	Cervenec	20		-	
3826	84 W. Taylor St.	1887	Rijen	10		Schultz	
1956	491 S. Jefferson St	1884	Leden	16		Chalifoux	[L.9-III-M crossed out]
108	113 Meagher St.	1878	Cervenec	19	+	Bonfield, M.	
1591	105 Meagher	1883	Unor	22		Mencl	
2789	2865 Fairel St [Farrell]	1885	Rijen	20		Jana	*** Kleveland, Ohajo
153	485 S. Jefferson St.	1878	Rijen	10		Seyk	3/13/1897 moved [from L.9-III-M]
3807	2507 - 5th Av.	1887	Zari	25		Mencl	

BUR #	BURIAL DATE Yr	Mo	Da	NAME	GRAVE LOCATION Row	No.	Lot	Blk	Sec	AGE Yr	Mo	Da	BIRTH PLACE
1627	1883	Brezen	28	Tucek, Karel	12	4				1	9		Chicago
3664	1887	Cervenec	18	Tuma, Rudolf			1	I	C		2		Chicago
1444	1882	Zari	–	Tuma, Sedunie			9	VI	H		9		Chicago
3856	1887	Rijen	27	Tumpach, Rosie	–	–	–	–	–		1	6	Chicago
1887	1883	Listopad	17	Tupa, Josef			13	I	D		1		Chicago
2003	1884	Brezen	13	Tupa, Marie	6	8				86			Cechach
1389	1882	Srpen	15	Tupa, Ruzena			13	I	D		1		Chicago
2844	1885	Prosinec	15	Turek, Ana			1	II	J	3	6		Cechach
1167	1882	Unor	28	Turek, Bartolomej			11	II	H	36			Cechach
3903	1887	Listopad	26	Turek, N. N.			1	II	J	–	–	–	Chicago
3753	1887	Srpen	26	Tycha, Marie ***			19	V	B	16			Cechach
1750	1883	Cervenec	22	Tyk, Otokar	13	12					8	2	Chicago

U

BUR #	Yr	Mo	Da	NAME	Row	No.	Lot	Blk	Sec	Yr	Mo	Da	BIRTH PLACE
3592	1887	Cerven	24	Uceny, Albina	3	5	2				9		Chicago
1543	1883	Leden	5	Uher, Alois			14	II	K	39			Cechach
1858	1883	Rijen	16	Uher, Ana			14	II	K	62			Cechach
1146	1882	Unor	13	Uher, Franta			11	III	K	67			Cechach
1043	1881	Listopad	16	Uher, Frantisek			11	III	K		9	15	Chicago
2544	1885	Duben	2	Uher, Josef			14	II	K	38			Cechach
357	1879	Prosinec	12	Uher, Marie			1	III	K		5	21	Chicago
120	1878	Srpen	4	Uher, Marie Ana			1	III	K		3	21	Chicago
1025	1881	Rijen	25	Uhlir, Alois			14	IV	L		11		Chicago
3263	1886	Rijen	20	Uhlir, Eduard			10	II	L	2	2		Chicago
980	1881	Zari	21	Uhlir, Emilie			14	IV	L	5	2		Chicago
2189	1884	Cervenec	12	Uhlir, Marie			14	IV	L	65			Cechach
1768	1883	Srpen	2	Ullrich, August	13	25					16		Chicago
1481	1882	Listopad	1	Ullrich, Louis	11	66					3		Chicago
3514	1887	Kveten	1	Uncajtik, Ana	18	6					7	25	Chicago
3152	1886	Srpen	10	Urban, Bozena	1	4	2				10		Chicago
3267	1886	Rijen	24	Urban, Franta			8	I	D	26			Cechach
3717	1887	Srpen	9	Urban, Izabela	9	37				32			Cechach
1965	1884	Leden	27	Urban, Josef	4	48				1	5		Chicago
3651	1887	Cervenec	15	Urban, Josefa	2	16	1				8		Chicago
526	1880	Srpen	4	Urban, Rosa A.	5	36					7	6	Chicago
3224	1886	Zari	27	Usak, Franta	1	39	2				1	3	Chicago

V

BUR #	Yr	Mo	Da	NAME	Row	No.	Lot	Blk	Sec	Yr	Mo	Da	BIRTH PLACE
188	1879	Leden	1	Vacek, Franta			13	I	L	34	11		Cechach
275	1879	Cervenec	17	Vana, Marie	3	30					4		Chicago
2922	1886	Unor	27	Vanek, Rosalie	18	36				1	7		***
2237	1884	Rijen	7	Vlasaty, Jan			18	I	H	38			Cechach

W

BUR #	Yr	Mo	Da	NAME	Row	No.	Lot	Blk	Sec	Yr	Mo	Da	BIRTH PLACE
854	1881	Cervenec	21	Waca, Jan	6	74					10		Chicago
1109	1882	Leden	12	Wacek, Emilie			14	V	J		6	1	Chicago

BUR #	DWELLING	DEATH DATE Yr	Mo	Da	C UNDER-TAKER	REMARKS
1627	129 Wright St.	1883	Brezen	26	-	
3664	648 W. 18th St.	1887	Cervenec	16	Vistein	[R.3-35 crossed out]
1444	-	1882	Zari	28	Seyk	[burial date not given]
3856	702 S. May St.	1887	Rijen	26	Cermak	[grave location not given]
1887	567 W 19th St	1883	Listopad	17	Seyk	[R.11-27 crossed out]
2003	10 McMullen Court	1884	Brezen	12	Profant	
1389	-	1882	Srpen	14	-	
2844	525 W 18th St	1885	Prosinec	14	Cermak	
1167	-	1882	Unor	26	-	
3903	659 Allport St.	1887	Listopad	25	Zajicek	
3753	104 Bunker St.	1887	Srpen	25	Mencl	[R.9-38 crossed out] ***[see Tichy]
1750	450 W 19th St	1883	Cervenec	21	Seyk	
3592	459 W. 18th St.	1887	Cerven	23	Vistein	
1543	Cook County Hospital	1883	Leden	3	Mencl	
1858	75 Ewing St	1883	Rijen	14	Mencl	
1146	141 Dekoven	1882	Unor	11	Mencl	
1043	141 Dekoven St.	1881	Listopad	14	Mencl	
2544	75 Ewing St	1885	Duben	1	Mencl	
357	141 Dekoven St.	1879	Prosinec	10	Mencl	
120	141 Dekoven St.	1878	Srpen	2	Mencl	
1025	169 Bunker St.	1881	Rijen	24	Mencl	
3263	109 Dekoven St	1886	Rijen	19	Mencl	
980	169 Bunker St.	1881	Zari	20	Mencl	
2189	129 Bunker St.	1884	Cervenec	11	Mencl	
1768	Kilbourn Ave	1883	Srpen	1	Laitsch	
1481	25 Tallor St. [Taylor?]	1882	Listopad	1	[Ullrich?]	
3514	133 Heine St.	1887	Duben	29	Grashoff	
3152	194 W. 20th St.	1886	Srpen	9	Mencl	
3267	135 W. 19th St	1886	Rijen	22	Urban	
3717	299 W. 12th St.	1887	Srpen	7	Mencl	
1965	358 W 18th St	1884	Leden	26	Seyk	
3651	620 Centre Av.	1887	Cervenec	14	Firpach	
526	321 W. 12th St.	1880	Srpen	3	Mencl	
3224	26 Dussold St	1886	Zari	26	Mencl	
188	601 Centre Av.	1879	Leden	1	Mencl	
275	298 W. 20th St.	1879	Cervenec	17	Seyk	
2922	***	1886	Unor	25	Profant	*** Washington Heights [Illinois]
2237	18 McMullen St.	1884	Rijen	5	Mencl	
854	583 Blue Island Av.	1881	Cervenec	20	Heitman	
1109	W. cor. Throop St., 94 St.	1882	Leden	12	Seyk	[R.9-51 crossed out]

BUR #	Yr	Mo	Da	NAME	Row	No.	Lot	Blk	Sec	Yr	Mo	Da	BIRTH PLACE
2498	1885	Unor	22	Wacek, Franta			9	I	V			14	Chicago
2059	1884	Duben	28	Wacek, Josef	14	26				1	11		Chicago
2102	1884	Kveten	28	Wacek, Marie			9	I	V		11		Chicago
2515	1885	Brezen	12	Wacek, Rosalie			14	V	J		6		Chicago
1566	1883	Leden	31	Wacha, Franta			20	IV	G	11			Cechach
2367	1884	Rijen	28	Wachner, Waclav			9	I	L	61	7	24	Cechach
1675	1883	Kveten	24	Wacik, Ana			16	I	M		9		Chicago
2941	1886	Brezen	10	Wacin, Josef			16	IV	J	–	–	–	Chicago
2717	1885	Srpen	28	Wacin, Leopold			16	IV	J		8		Chicago
2724	1885	Zari	1	Wackar, Teresie	16	82					7		Chicago
2634	1885	Cervenec	5	Wacyn, Anna			16	IV	J	26			Cechach
1412	1882	Zari	3	Wadington, Bartolomy	11	39					1	28	Nafarme
2549	1885	Duben	8	Wadington, Harri	17	6				7			**
254	1879	Cerven	7	Wadington, Magdalena	3	13					12		**
1884	1883	Listopad	15	Wagner, Josef	13	45					3		Chicago
974	1881	Zari	16	Wagner, Marie	8	62	1			1		14	Chicago
1428	1882	Zari	18	Wagner, Marie	11	46					2		Chicago
2356	1884	Rijen	20	Wala, Ana			15	I	M	2	9		Chicago
3337	1886	Prosinec	14	Wala, Jan			15	I	M	1	10		Chicago
466	1880	Cerven	15	Wala, Marie	5	16				1	3		Chicago
3301	1886	Listopad	23	Walchar, Jan	7	58				–	–	–	Chicago
907	1881	Srpen	9	Walenta, Emilie	8	21	1				2	14	Chicago
1548	1883	Leden	15	Walenta, Karel	3	25				–	–	–	Chicago
198	1879	Leden	30	Walenta, Karel	2	61					3		Chicago
350	1879	Listopad	26	Walenta, Karolina	2	54				1			Chicago
3587	1887	Cerven	20	Wales, Adela	3	1	2			1	2		Chicago
2913	1886	Unor	19	Walis, Emanuel			4	I	H			1	Chicago
1106	1882	Leden	11	Walis, Josefina			4	II	H	59			Cechach
1139	1882	Unor	8	Walis, Klementina	9	61					3	2	Chicago
678	1881	Unor	8	Walis, Marie	6	57						15	Chicago
13	1877	Listopad	19	Walis, Otakar	2	49						4	Chicago
3470	1887	Brezen	27	Walis, Ruzena	2	39	2			3	3		Chicago
3092	1886	Cervenec	7	Walis, Ruzena	19	50					11		Chicago
300	1879	Srpen	21	Walis, Vaclav	3	51						21	Chicago
904	1881	Srpen	7	Wallti, Eduard	8	20	1				9	19	Chicago
1329	1882	Cervenec	9	Wallti, Wilim	11	1					6	24	Cechach
654	1881	Leden	16	Wana, Barbora	6	48				–	–	–	Chicago
2401	1884	Listopad	23	Wana, Franta			5	IV	J	37			Cechach
2411	1884	Listopad	30	Wana, Franta			5	IV	J	3			Chicago
1519	188?	Prosinec	12	Wana, Jan			5	II	J	17			Cechach
2968	188?	Brezen	28	Wana, Marie	19	5					10		Chicago
1458	188?	Rijen	14	Wanata, Edua?			8	II	K		3	14	Chicago
1092	1881	Prosinec	27	Wanata, Franta	–	–	–	–	–	3	6		Chicago
1042	1881	Listopad	14	Wanata, Lilie			8	2	K	1	2		Chicago
2170	1884	Cervenec	3	Wancura, Jan	6	24				56			Cechach

BUR #	DWELLING	Yr	Mo	Da	C	UNDER-TAKER	REMARKS
2498	3141 Butler St	1885	Unor	21		Jana	11/03/1901 moved [from R.17-9]
2059	175 W. 19th St	1884	Duben	27		Seyk	
2102	3157 Hanover St.	1884	Kveten	26		Mencl	11/03/1901 moved [from L.14-V-J and R.13-72]
2515	673 Throop St	1885	Brezen	10		Seyk	
1566	86 Johnson St.	1883	Leden	30		Mencl	
2367	107 Wade St.	1884	Rijen	26		Profant	
1675	715 S. Morgan St.	1883	Kveten	23		Seyk	
2941	360 W 18th St	1886	Brezen	9		Mencl	
2717	424 Jefferson St	1885	Srpen	27		Mencl	
2724	59 Tell Place	1885	Srpen	31		Kunkel	
2634	424 Jefferson St	1885	Cervenec	3		Mencl	
1412	Cook Co. Jefferson	1882	Zari	1		Wadington	
2549	Cook County Jefferson	1885	Brezna	31	+	-	**Jefferson, Cook County
254	Cook Co. Jefferson	1879	Cerven	6		Wadington	**Nafarmie n Hrbitova
1884	61 Fisk St	1883	Listopad	14		Profant	
974	207 Johnson St.	1881	Zari	15		Mencl	
1428	-	1882	Zari	17		-	
2356	82 Fry St.	1884	Rijen	18		Kunkel	
3337	82 Fry St	1886	Prosinec	13		Pelikan	
466	692 May St.	1880	Cerven	15		Seyk	
3301	717 Throop St	1886	Listopad	21		Urban	
907	84 Taylor St.	1881	Srpen	8		Mencl	
1548	547 Forti-Ninth St.	1883	Leden	14		Mencl	
198	98 Fisk St.	1879	Leden	29		Seyk	
350	121 - 43rd St.	1879	Listopad	23		Mencl	
3587	79 Clayton St.	1887	Cerven	19		Urban	
2913	382 Rebecca St	1886	Unor	18		Cermak	
1106	441 Desplaines St	1882	Leden	10		Mencl	
1139	139 Forquer St	1882	Unor	7		Mencl	
678	382 Rebecca St.	1881	Unor	6		Mencl	
13	136 Dekoven St.	1877	Listopad	18		Seyk	
3470	372 Henry St	1887	Brezen	25		Mencl	
3092	83 Clayton St	1886	Cervenec	6		Urban	
300	353 - 24th St.	1879	Srpen	18		Mencl	
904	30 Will St.	1881	Srpen	5		Wavruska	
1329	405 Maxwell St	1882	Cervenec	8		Mencl	
654	619 Centre Av	1881	Leden	13		Seyk	
2401	754 W. 18th St.	1884	Listopad	22	+	Seyk	
2411	754 W. 18th St.	1884	Listopad	28		Dignan	
1519	Hospital	1882	Prosinec	10		Seyk	
2968	739 Loomis St	1886	Brezen	26		Zajicek	
1458	113 Maxwell St.	1882	Rijen	13		Mencl	
1092	-	1881	Prosinec	27		-	[grave location not given]
1042	113 Maxwell St	1881	Listopad	14		Mencl	
2170	171 Forquer St.	1884	Cervenec	1		Mencl	

BUR #	\multicolumn{3}{c	}{BURIAL DATE}	NAME	\multicolumn{4}{c	}{GRAVE LOCATION}	\multicolumn{3}{c	}{AGE}	BIRTH
	Yr	Mo	Da		Row	No.	Lot	Blk	Sec	Yr	Mo	Da	PLACE
2936	1886	Brezen	7	Wanecek, Frank			97		12	60			Cechach
694	1881	Brezen	9	Wanecek, Franta	–	–	–	–	–	10	5	7	Chicago
394	1880	Unor	22	Wanek, Franta	4	28					8		Chicago
2267	1884	Srpen	19	Wanerka, Marie	15	33					8		Chicago
3181	1886	Srpen	28	Wanerka, Waclav	1	18		2		1	2		Chicago
1205	1882	Duben	6	Wani, Josef	10	19				6	6		Chicago
3490	1887	Duben	13	Wanourek, Franta			18	IV	D		5	18	Chicago
1407	1882	Srpen	28	Wanous, Franta			9	VI	L	62			Cechach
2144	1884	Cerven	17	Wanova, Ana	6	21				89	6	29	Cechach
3383	1887	Leden	22	Wasa, Marie	2	19	2			–	–	–	Chicago
1999	1884	Brezen	6	Waska, Milada			16	V	H	1		6	Chicago
2185	1884	Cervenec	10	Waska, Prokop			16	V	H	73			Cechach
3510	1887	Duben	28	Waska, Wojtech			17	VI	E		6		Chicago
161	1878	Rijen	31	Waska, Wojtech			1	I	K	39			Cechach
162	1878	Listopad	4	Waska, Wojtech			1	I	K		9		Chicago
598	1880	Rijen	27	Wasserman, Frantisek			14	II	H	26			Cechach
599	1880	Rijen	27	Wasserman, Marie			14	II	H	2	10		Chicago
585	1880	Rijen	15	Wastra, Ema	5	55						2	Chicago
3599	1887	Cerven	26	Watzel, Willi	3	11	2				3		Chicago
1384	1882	Srpen	12	Wavra, Emil			8	6	E		8	19	Chicago
627	1880	Prosinec	1	Wavra, Emil			8	6	E			3	Chicago
2378	1884	Listopad	5	Wavrinec, Filas			1	IV	J	31	2	24	Cechach
2555	1885	Duben	18	Wavrinek, Emilie			19	IV	H	2	11		Chicago
3641	1887	Cervenec	12	Wavrinek, Godfrid			19	IV	H		9		Chicago
1540	1883	Leden	1	Wavrinek, Henri			19	IV	H		9	6	Chicago
553	1880	Zari	4	Wavrinek, Jakub			19	II	H			1	Chicago
2593	1885	Kveten	15	Wavrinek, Wojtech			18	III	H	57			Cechach
259	1879	Cerven	10	Wavrinka, Ludmila	8	17				1	4		Chicago
954	1881	Zari	6	Wavruzka, Eduard			5	V	L		10		Chicago
912	1881	Srpen	10	Wavruzka, Rozalie			5	V	L	33			Cechach
2704	1885	Srpen	18	Weber, Ludmila			116		3	1	10		Chicago
1605	1883	Brezen	12	Weiss, Franta			46		1		3		Chicago
1824	1883	Zari	17	Welka, Katherina			8	IV	G	61	9		Cechach
3892	1887	Listopad	21	Wellat, Franta			7	II	N	60	8		Cechach
2951	1886	Brezen	17	Wells, Baby A.	1	2				–	–	–	Chicago
2975	1886	Duben	1	Weprk, Ana			18	IV	G		5		Chicago
833	1881	Cervenec	12	Werdich, Lini	7	44				2	6		Chicago
3530	1887	Kveten	12	Wesecky, Anton			10	V	E	46			Cechach
333	1879	Rijen	8	Wesela, Emma			10	I	L		10		Chicago
3004	1886	Duben	22	Wesela, Katerina			2	VI	E	50			Cechach
1758	1883	Cervenec	29	Wesela, Marie	13	17					14		Chicago
3552	1887	Kveten	23	Wesela, Marie			12	VI	K	1	4		Chicago
911	1881	Srpen	10	Wesela, Zofie	8	24	1				6		Chicago
445	1880	Kveten	21	Wesela, Zofie	5	7					4		Chicago
2230	1884	Cervenec	28	Weseli, Ana			7	V	J	1		7	Chicago
2229	1884	Cervenec	27	Weseli, Karel			7	V	J	3	6		Chicago

BUR #	DWELLING	DEATH DATE Yr	Mo	Da	C	UNDER-TAKER	REMARKS
2936	4533 Wallace St	1886	Brezen	4		[McInerney?]	12/04/1904 moved [from L.15-I-J]
694	109 Dekoven St.	1881	Brezen	6		Mencl	[grave location not given]
394	723 Morgan St.	1880	Unor	21		Seyk	
2267	949 Van Horn St.	1884	Srpen	18		Seyk	
3181	986 W. 18th St	1886	Srpen	27		Zajicek	
1205	52 Courtist [Curtis] Av	1882	Duben	5		Seyk	
3490	83 Wright St	1887	Duben	12		Mencl	
1407	-	1882	Srpen	26		-	
2144	139 Taylor St.	1884	Cerven	16		Seyk	
3383	666 Jefferson	1887	Leden	20		Urban	
1999	75 Obrain St [O'Brien]	1884	Brezen	5		Mencl	
2185	167 W. 19th St.	1884	Cervenec	8	+	Seyk	
3510	2909 Dashiell St.	1887	Duben	27		Jana	
161	479 S. Canal St.	1878	Rijen	29		Seyk	
162	479 S. Canal St.	1878	Listopad	3		Seyk	
598	-	1880	Rijen	25	+	Buss	
599	-	1880	Rijen	25	+	Buss	
585	273 W. 20th St.	1880	Rijen	14		Seyk	
3599	789 Allport St.	1887	Cerven	24		Urban	
1384	-	1882	Srpen	11		-	4/13/1902 moved [from L.12-III-K]
627	106 W. 18th St.	1880	Prosinec	1		Seyk	4/13/1902 moved [from L.12-III-K]
2378	3132 Emerald Ave.	1884	Listopad	4		Mencl	
2555	197 Dekoven St	1885	Duben	16		Mencl	
3641	97 Johnson St.	1887	Cervenec	11		Mencl	
1540	193 W. Taylor St.	1883	Leden	1		Mencl	
553	72 Bunker St.	1880	Zari	3		Mencl	
2593	492 Canal St	1874	Srpen	19		Mencl	Moved from Cech. Polish Cath. Cem.
259	141 Bunker St.	1879	Cerven	9		Mencl	
954	-	1881	Zari	5		-	
912	W. 20th St.	1881	Srpen	9		Seyk	
2704	687 Jefferson St	1885	Srpen	17		Seyk	4/19/1913 moved [from L.3-II-H]
1605	Van Horn	1883	Brezen	11		Seyk	3/18/1906 moved [from R.4-62]
1824	139 Bunker St	1883	Zari	16		Mencl	
3892	20 Seward St.	1887	Listopad	18		Dignan	[R.10-24 crossed out]
2951	381 N. Clark St.	1886	Brezen	15		***	*** Numeyer [Niemeyer]
2975	104 Bunker St	1886	Brezen	31		Mencl	
833	Hospital	1881	Cervenec	9		Seyk	
3530	94 W. 18th St.	1887	Kveten	10		Schultz	
333	125 Dekoven St.	1879	Rijen	7		Mencl	
3004	127 Dekoven St	1886	Duben	20	+	Schultz	[R.8-16 crossed out]
1758	57 Emma St	1883	Cervenec	28		Kunkel	
3552	198 Dekoven St.	1887	Kveten	22		Schultz	
911	664 May St.	1881	Srpen	8		Seyk	[L.12-III-M crossed out]
445	606 S. Union St.	1880	Kveten	20		Seyk	
2230	1062 Van Horn St.	1884	Cervenec	27		Seyk	
2229	1062 Van Horn St.	1884	Cervenec	26		Seyk	

BUR #	Yr	Mo	Da	NAME	Row	No.	Lot	Blk	Sec	Yr	Mo	Da	BIRTH PLACE
2383	1884	Listopad	8	Wesely, Anton	15	83				-	-	-	Chicago
539	1880	Srpen	21	Wesely, Bohumir			12	VI	K	4			Chicago
2049	1884	Duben	24	Wesely, Ema			10	III	L	-	-	-	Cechach
543	1880	Srpen	25	Wesely, Franta			12	VI	K	1			Chicago
3759	1887	Srpen	30	Wesely, Gustav			2	VI	E	22			***
3323	1886	Prosinec	6	Wesely, Jan	1	73		2			7		Chicago
1378	1882	Srpen	7	Wesely, Jaroslav			10	I	L	1	1		Chicago
1813	1883	Zari	13	Wesely, Lorene	12	68				1	1		Chicago
2253	1884	Srpen	5	Wesely, Marie			7	V	J	9			Chicago
2353	1884	Rijen	19	Wesely, Marie			12	VI	K	1	1		Chicago
146	1878	Zari	26	Wesely, Waclav			12	VI	K			6	Chicago
3899	1887	Listopad	24	Wetrovec, Josef			14	I	K	4	10		Chicago
884	1881	Srpen	2	Weverka, Waclav	7	71						1	Chicago
1084	1881	Prosinec	21	Wicha, Josef	9	40				6			Chicago
1632	1883	Duben	2	Widuna, Anezka	12	8					1		-
1127	1882	Leden	25	Widuna, Eduard	9	56				1	1		Chicago
2672	1885	Cervenec	26	Widuna, Rudolf	16	54				1	1		Chicago
1542	1883	Leden	3	Widuna, Ruzena	7	69					4		Chicago
2548	1885	Duben	8	Wilek, N.N.	16	27				--	--	--	Chicago
672	1881	Unor	2	Wilem, Franta	6	41				-	-	-	Chicago
1919	1883	Prosinec	19	Wileta, Barbora	13	49				1	1		Chicago
2727	1885	Zari	4	Wileta, Franta			18	V	D	45			Cechach
755	1881	Kveten	15	Wilimovsky, Anton			11	IV	L		11	14	Chicago
2487	1885	Unor	13	Wilimovsky, Josefina			6	V	E	5			Chicago
2927	1886	Brezen	1	Wilimovsky, Rosalie			11	IV	L		4	6	Chicago
89	1878	Cerven	14	Wilinger, Katerina			13	I	K	53			Cechach
2473	1885	Leden	25	Wintrnic, N.N.			16	IV	G	--	--	--	Chicago
3071	1886	Cerven	23	Wisa, Emilie	19	44					10		Chicago
531	1880	Srpen	9	Wiskocil, Waclav	5	38				1		7	Chicago
1896	1883	Listopad	25	Wistain, Otokar			5	III	H		4	21	Chicago
3603	1887	Cerven	30	Wisteyn, Ferdinand			5	III	H	2	10		Chicago
2986	1886	Duben	9	Witek, Josef	18	71					14		Chicago
3579	1887	Cerven	16	Witek, Josefa	2	77		2			6		Chicago
593	1880	Rijen	21	Witek, Waclav			12	III	M	42			Cechach
2264	1884	Srpen	15	Witerna, Ana	15	31					19		Chicago
3472	1887	Brezen	28	Witerna, Babi	2	43		2		-	-	-	Chicago
3418	1887	Unor	18	Witerna, Emilie	2	42		2		2	9		Chicago
2932	1886	Brezen	5	Witerna, Josef A.	18	43				-	-	-	Chicago
1686	1883	Cerven	7	Witerna, N. N.	3	5				-	-	-	Chicago
1673	1883	Kveten	19	Witerna, Wlasta	12	28					4	18	Chicago
1203	1882	Duben	5	Witha, Franta			1	II	K			2	Chicago
1777	1883	Srpen	7	Witha, Josef			1	II	K			26	Chicago
191	1879	Leden	6	Witiska, Barbora	2	42				3	1	16	Cechach
334	1879	Rijen	9	Witiska, Katerina			213		12	45			Cechach
1088	1881	Prosinec	24	Witous, Berta			15	VI	G	5	7		Chicago
451	1880	Kveten	30	Witous, Jan	4	50				-	-	-	Chicago

BUR #	DWELLING	\multicolumn{3}{c	}{DEATH DATE}	C	UNDER-TAKER	REMARKS
		Yr	Mo	Da			
2383	491 W. 20th St.	1884	Listopad	7		Seyk	
539	180 Dekoven St.	1880	Srpen	20		Mencl	
2049	444 Clinton St	1884	Duben	22	+	Mencl	
543	182 Dekoven St.	1880	Srpen	24		Mencl	
3759	443 Desplaines St.	1887	Srpen	29		Schultz	[R.10-16 crossed out] ***Richmond, Iowa
3323	101 Fisk St	1886	Prosinec	4		Cermak	
1378	135 Dekoven	1882	Srpen	6		Mencl	
1813	1062 Van Horn St	1883	Zari	12		Seyk	
2253	1062 Van Horn St.	1884	Srpen	4		Seyk	
2353	198 DeKoven St.	1884	Rijen	17		Mencl	[L.12-V-K crossed out]
146	455 S. Canal St.	1878	Zari	25		Mencl	
3899	960 W. 18th St.	1887	Listopad	22		Zajicek	
884	-	1881	Srpen	1		-	
1084	28 Dussold St	1881	Prosinec	19		Mencl	
1632	-	1883	Duben	1		-	
1127	785 Allport Av	1882	Leden	23		Seyk	
2672	647 Centre St	1885	Cervenec	25		Seyk	
1542	4 Clayton St.	1883	Leden	3		Seyk	
2548	535 W. 18th St	1885	Duben	4		Seyk	
672	368 Rebecca St.	1881	Unor	1		Seyk	
1919	6 Selby Court [Shelby]	1883	Prosinec	17		Seyk	
2727	649 W. 18th St	1885	Zari	3		Zajicek	[L.20-II-K crossed out]
755	Canal St.	1881	Kveten	13		Mencl	
2487	4229 Halsted St	1885	Unor	9		Mencl	
2927	167 W 12th St	1886	Unor	28		Mencl	
89	166 W. 19th St.	1878	Cerven	12	+	Seyk	
2473	595 Centre Av	1885	Leden	23		Seyk	
3071	72 Kremel St [Kramer]	1886	Cerven	21		Mencl	
531	115 Fisk St.	1880	Srpen	8		Seyk	
1896	691 Allport St	1883	Listopad	24		Seyk	
3603	691 Allport St.	1887	Cerven	29		Vistein	
2986	628 Van Horn St	1886	Duben	8		Vistein	
3579	389 W. 17th St.	1887	Cerven	15		Urban	
593	16 Dussold St.	1880	Rijen	19		Mencl	
2264	524 Hastings St.	1884	Srpen	14		Mencl	
3472	732 Loomis St	1887	Brezen	27		Zajicek	
3418	732 Loomis St	1887	Unor	17		Zajicek	
2932	691 W 18th St	1886	Brezen	3		Cermak	
1686	135 W. 19th St.	1883	Cerven	6		Seyk	
1673	155 Ewing St.	1883	Kveten	17		Mencl	
1203	264 Brown St	1882	Duben	4		Seyk	
1777	204 Brown St	1883	Srpen	6		Seyk	
191	64 Barber St.	1879	Leden	5		Gallistel	
334	64 Barber St.	1879	Rijen	7		Mencl	11/02/1907 moved [from R.2-15]
1088	-	1881	Prosinec	23		-	
451	86 Forquer St.	1880	Kveten	30		Mencl	

167

BUR #	BURIAL DATE Yr	Mo	Da	NAME	GRAVE LOCATION Row	No.	Lot	Blk	Sec	AGE Yr	Mo	Da	BIRTH PLACE
2715	1885	Srpen	26	Witous, Jan			17	III	J	43			Cechach
1663	1883	Kveten	7	Witous, Jaroslav			5	VI	G	–	–	–	Chicago
2668	1885	Cervenec	25	Witous, Marie			5	VI	G	1	3		Chicago
3466	1887	Brezen	26	Witu, Franta			13	II	A	32			Cechach
2737	1885	Zari	12	Witu, Jan			6	II	J		8		Chicago
545	1880	Srpen	26	Wlach, Eduard N.	5	48					1	9	Chicago
1051	1881	Listopad	23	Wlach, Jan	3	32					2	3	Chicago
2065	1884	Kveten	4	Wlach, Jan			1	V	G	45			Cechach
390	1880	Unor	14	Wlach, Jan	4	25				–	–	–	Chicago
2071	1884	Kveten	13	Wlach, Karel	14	29					9		Chicago
2106	1884	Kveten	30	Wlach, Karel	13	74					6		Chicago
3353	1887	Leden	2	Wladika, Barbora	9	6				67			Cechach
1046	1881	Listopad	18	Wladika, Karel	9	21					1	3	Chicago
710	1881	Brezen	29	Wlasak, Anton	3	8				43			Cechach
1815	1883	Zari	13	Wlasak, Frantiska	12	70					9		Chicago
382	1880	Unor	4	Wlasak, Josef	4	20				1	10	14	Chicago
530	1880	Srpen	8	Wlasaty, Ana			10	II	K	52			Cechach
857	1881	Cervenec	22	Wlasaty, Eduard			10	II	K		4		Chicago
2013	1884	Brezen	25	Wlasaty, Franta Jos.	13	54					6		Chicago
1274	1882	Kveten	23	Wlasaty, Josef			10	II	K	1	6		Chicago
1285	1882	Kveten	29	Wlasaty, Karel B.	10	46					10	15	Chicago
1090	1881	Prosinec	26	Wlasek, Jos. Em.	9	63						1	Chicago
2862	1886	Leden	7	Wlcek, Antonie			9	6	J	4			Chicago
2273	1884	Srpen	25	Wlcek, Jan			12	V	G	27			Cechach
660	1881	Leden	19	Wlcek, Louisa	1	5				1		7	Chicago
509	1880	Cervenec	21	Wlcek, Waclav	4	65					10		Chicago
2160	1884	Cerven	28	Wlna, Franta	14	56				1	2		Chicago
1067	1881	Prosinec	11	Wnoucek, Ana	9	28				4			Cechach
3671	1887	Cervenec	19	Wnoucek, Ana	3	38		2		1	9		Chicago
1075	1881	Prosinec	15	Wodak, Alois	9	34					6		Chicago
1173	1882	Brezen	6	Wodnanska, Marie	10	6					3		Chicago
2448	1885	Leden	2	Wodnansky, Anton			9	III	J	1	11		Chicago
3070	1886	Cerven	23	Wodnansky, Eduard			9	III	J	1		14	Chicago
1617	1883	Brezen	22	Wodrazka, Josef	12	1						7	Chicago
679	1881	Unor	11	Wodvarka, Franta			7	III	K	20			Cechach
3235	1886	Rijen	5	Wodvarka, Marie			7	III	K		1	16	Chicago
3751	1887	Srpen	24	Wogel, N. N.	3	75		2		--	--	--	Chicago
3622	1887	Cervenec	6	Wohanka, Josef			8	VI	L	1	1		Chicago
319	1879	Zari	8	Wojta, Bohumil	3	61				1	11		Chicago
2799	1885	Listopad	3	Wojta, Emma			4	1	J		10		Chicago
1264	1882	Kveten	17	Wojta, Megi			4	4	0	5			Cechach
2342	1884	Rijen	11	Wojta, Wincene	15	67				1	8		Chicago
3420	1887	Unor	19	Wojtech, Blanka	2	35		2			6		Chicago
1482	1882	Listopad	3	Wojtech, Hana			11	II	H	57			Cechach
3464	1887	Brezen	22	Wokac, Katerina	9	18				70			Cechach
306	1879	Srpen	21	Wokoun, Eduard			6	VI	L	1	3	3	Chicago

BUR #	DWELLING	DEATH DATE Yr	Mo	Da	C	UNDER-TAKER	REMARKS
2715	164 Dekoven St	1885	Srpen	24		Seyk	
1663	2878 Main St.	1883	Kveten	7		Brooz	[DBN]
2668	3338 Aurburn [Auburn] St	1885	Cervenec	23		Heitman	
3466	2926 Stearns St	1887	Brezen	24		Jana	[R.9-20 crossed out]
2737	2854 Keeley St.	1885	Zari	10		Jana	
545	433 W. 18th St.	1880	Srpen	26		Seyk	
1051	488 Canal St	1881	Listopad	21		Mencl	
2065	727 Throop St	1884	Kveten	3		Seyk	[R.6-19 crossed out]
390	496 W. 18th St.	1880	Unor	13		Seyk	
2071	125 Forquer St	1884	Kveten	12		Mencl	
2106	120 W. 15th St.	1884	Kveten	28		Seyk	
3353	333 Johnson	1886	Prosinec	31		Urban	
1046	Jefferson St	1881	Listopad	17		Foley	
710	251 W. 19th St.	1881	Brezen	29		W. Seyk	
1815	744 Allport St	1883	Zari	12		Seyk	
382	82 Clayton St.	1880	Unor	3		Seyk	
530	670 Jefferson St.	1880	Srpen	7		Mencl	
857	17 Burlington St.	1881	Cervenec	21		Seyk	
2013	18 McMullen St	1884	Brezen	24		Profant	
1274	13 Burlington St	1882	Kveten	21		Seyk	
1285	-	1882	Kveten	28		-	
1090	-	1881	Prosinec	25		-	
2862	235 W 20th St	1886	Leden	6		Urban	4/10/1902 moved [from L.8-VI-E]
2273	15 McMullen St.	1884	Srpen	23	+	Seyk	
660	283 W. 20th St.	1881	Leden	18		Seyk	
509	283 W. 20th St.	1880	Cervenec	20		Seyk	
2160	872 W. 19th St.	1884	Cerven	27		Seyk	
1067	-	1881	Prosinec	10		-	
3671	9 Burlington St.	1887	Cervenec	17		Petrovsky	
1075	-	1881	Prosinec	14		-	
1173	-	1882	Brezen	5		-	
2448	725 Loomis St	1885	Leden	1		Seyk	
3070	608 W 13th St	1886	Cerven	22		Vistein	
1617	16 McMullen Ct.	1883	Brezen	21		Seyk	
679	418 W. 18th St.	1881	Unor	10		Seyk	
3235	4744 Loomis St	1886	Rijen	4		Meyer	
3751	200 De Koven St.	1887	Srpen	23		Schultz	
3622	2913 Dashiell St.	1887	Cervenec	4		Jana	
319	101 Fisk St.	1879	Zari	7		Seyk	
2799	362 W 15th St	1885	Listopad	2		Cermak	
1264	175 Ewing	1882	Kveten	16		Mencl	[R.4-40 crossed out]
2342	125 W. 19th St.	1884	Rijen	10		Seyk	
3420	475 W. 20th St	1887	Unor	17		Zajicek	
1482	2902 Dashiel St.	1882	Listopad	1		Mencl	
3464	12 W. 15th St	1887	Brezen	22	+	Mencl	
306	171 Forquer St.	1879	Srpen	21		Mencl	

BUR #	Yr	Mo	Da	NAME	Row	No.	Lot	Blk	Sec	Yr	Mo	Da	BIRTH PLACE
2472	1885	Leden	24	Wokoun, Josef			13	VI	J	--	--	--	Chicago
1620	1883	Brezen	23	Wokoun, Marie			19	IV	K	2	5		Chicago
2689	1885	Srpen	7	Wolavka, Ruzena			40	3	H		10		Chicago
1201	1882	Duben	3	Wolf, Josef	10	17					3	21	Chicago
3021	1886	Kveten	4	Wollertsen, Hans	–	–	–	–	–	77			Deutschland
123	1878	Srpen	8	Wollertsen, Jan			5	III	K	–	–	–	Chicago
228	1879	Duben	3	Wollertsen, Wojtech	–	–	–	–	–	3	9		Chicago
3114	1886	Cervenec	20	Wolopich, Alois			16	1	W		1		Chicago
1780	1883	Srpen	10	Wolopich, Jan			16	I	W		1		Chicago
2678	1885	Cervenec	30	Womacka, Franta	16	57				3			Chicago
3863	1887	Rijen	31	Womackov, Frank			16	VI	K	–	–	–	Chicago
2412	1884	Prosinec	1	Wonasek, Eduard	6	5				1	11		Chicago
761	1881	Kveten	22	Wonasek, Josef	6	62				4			Chicago
3813	1887	Rijen	5	Wonasek, Josef	4	27		2		1	5		Chicago
2399	1884	Listopad	21	Wonasek, Ruzena	2	23				4	2		Chicago
3566	1887	Cerven	8	Wondra, Ana			15	VI	D	1			Chicago
2010	1884	Brezen	18	Wondra, Josef			12	IV	J	19			Cechach
2379	1884	Listopad	7	Wondra, Milada			12	IV	J	1	1		Chicago
2885	1886	Leden	25	Wondra, Waclav	17	80					1	14	Chicago
899	1881	Srpen	6	Wondracek, Ana	8	16		1				2	Chicago
3737	1887	Srpen	18	Wondracek, Antonie	3	68		2		1	5		Chicago
2451	1885	Leden	4	Wondracek, Emilie			1	4	H			4	Chicago
3491	1887	Duben	14	Wondracek, Jan			2	IV	H		11		Chicago
421	1880	Duben	10	Wondracek, Lepoldina	4	42				1	6		Chicago
1521	1882	Prosinec	14	Wondracek, Rosalie	11	12					2		Chicago
1359	1882	Cervenec	29	Wondrak, Eduard	11	14				1	6		Chicago
3086	1886	Cervenec	4	Wondrasek, Charles	19	46					3		Chicago
3314	1886	Prosinec	1	Wondrasek, Franta	1	71		2		3		27	Chicago
494	1880	Cervenec	13	Wondrasek, Josef	5	23						14	Chicago
748	1881	Kveten	7	Wondrasek, Marie	6	33				2	2		Chicago
1103	1882	Leden	4	Wondrasek, Marie	9	49					4		Chicago
2529	1885	Brezen	24	Wondrasek, Sofie	17	14					10		Chicago
122	1878	Srpen	6	Wondrejka, Emma			16	VI	H			24	Chicago
3567	1887	Cerven	8	Wondrejka, Franta			28	3	U	47			Cechach
31	1878	Leden	15	Wondrejka, Jan			16	VI	H	73			Cechach
452	1880	Kveten	30	Wondriska, Emilie	4	51					2		Chicago
2312	1884	Zari	27	Wones, Otakar	15	52				2	3		Chicago
860	1881	Cervenec	23	Wopata, Marie			16	II	G		8		Chicago
1622	1883	Brezen	25	Wopata, Marie			16	II	G	1	4		Chicago
3564	1887	Cerven	5	Woracek, N. N.	2	72		2		--	--	--	Chicago
2279	1884	Srpen	30	Woracek, Terezie			64		16	13	8		Chicago
894	1881	Srpen	4	Woracek, Wojtech			1	III	M	47			Cechach
1569	1883	Unor	3	Worda, Waclav			19	II	K	3	2		Chicago
858	1881	Cervenec	22	Worel, Bozena			18	III	L		2		Chicago
2272	1884	Srpen	24	Worel, Eduard			18	III	L	1	5		Chicago

BUR #	DWELLING	DEATH DATE Yr	Mo	Da	C UNDER-TAKER	REMARKS
2472	453 DesPlaines St	1885	Leden	23	Mencl	
1620	165 Dekoven St.	1883	Brezen	22	Mencl	
2689	143 Bunker St	1885	Srpen	6	Mencl	11/13/1906 moved [from R.17-53]
1201	157 Huron St	1882	Duben	2	Mencl	
3021	181 Division St	1886	Kveten	1	Meister	Moved to tomb [L.4-III-K crossed out]
123	--	1878	Srpen	–	--	Moved [from?] Graceland Cemetery
228	181 W. Division St.	1879	Duben	2	Mencl	Moved to tomb [L.5-III-K crossed out]
3114	736 Allport St	1886	Cervenec	19	Zajicek	11/23/1902 moved [from L.12-VI-E]
1780	740 Allport St	–	–	–	Seyk	11/26/1902 moved [from R.13-30]
2678	792 Allport St	1885	Cervenec	29	Cermak	
3863	542 Laflin St.	1887	Rijen	30	Zajicek	
2412	21 Zion Pl.	1884	Listopad	29	Seyk	
761	–	1881	Kveten	20	Seyk	
3813	613 Throop St.	1887	Rijen	4	Zajicek	
2399	21 Zion Pl.	1884	Listopad	20	Seyk	
3566	720 Morgan St.	1887	Cerven	7	Urban	
2010	112 Forquer St	1884	Brezen	16	Mencl	
2379	158 W. 14th St.	1884	Listopad	6	Mencl	
2885	401 W 17th St	1886	Leden	24	Lusk	
899	576 Centre Av.	1881	Srpen	5	Seyk	
3737	22 Fisk St.	1887	Srpen	15	Schultz	
2451	144 W. 19th St	1885	Leden	3	Seyk	
3491	441 W. 19th St	1887	Duben	13	Zajicek	
421	175 Ewing St.	1880	Duben	8	Mencl	
1521	–	1882	Prosinec	13	–	
1359	17 Barber St	1882	Cervenec	28	Mencl	
3086	576 Centre Ave	1886	Cervenec	2	Cermak	
3314	769 W. 18th St.	1886	Listopad	30	Urban	
494	116 W. 19th St.	1880	Cervenec	13	Seyk	
748	–	1881	Kveten	6	Mencl	
1103	785 Allport St	1882	Leden	4	Seyk	
2529	576 Centre Ave	1885	Brezen	23	Lusk	
122	75 W. 16th St.	1878	Srpen	5	Seyk	
3567	98 California Av.	1887	Cerven	5	Mencl	11/16/1902 moved [from L.5-V-D]
31	101 W. 16th St.	1878	Leden	14	Seyk	
452	11 Mc Mullen Ct.	1880	Kveten	29	Seyk	
2312	4 Clayton St.	1884	Zari	26	Seyk	
860	Small [Pox] Hospital	1881	Cervenec	22	Mencl	
1622	785 Allport St.	1883	Brezen	23	Seyk	
3564	254 Maxwell St.	1887	Cerven	4	Mencl	
2279	573 Laflin St.	1884	Srpen	29	Seyk	11/20/1915 moved [from R.6-31 and L.1-III-M]
894	213 Johnson St.	1881	Srpen	2	Mencl	
1569	736 W. 17th St.	1883	Unor	3	Seyk	
858	82 Waller St.	1881	Cervenec	21	Mencl	
2272	82 Waller St.	1884	Srpen	23	Mencl	

BUR #	BURIAL DATE Yr	Mo	Da	NAME	GRAVE LOCATION Row	No.	Lot	Blk	Sec	AGE Yr	Mo	Da	BIRTH PLACE
2763	1885	Rijen	2	Worisek, Ana			113		11		5		Chicago
1045	1881	Listopad	17	Worisek, Marie	9	20					3		Chicago
3255	1886	Rijen	17	Worisek, Marie			88		12	54			Cechach
3951	1887	Prosinec	31	Worisek, Waclav	4	59		2			1	14	Chicago
1586	1883	Unor	18	Wortvol, Anton	9	6				–	–	–	Chicago
1970	1884	Unor	3	Wortvol, Antonie Isabel	9	6						3	Chicago
1008	1881	Rijen	11	Wortvol, Marie Izab.	9	6					11		Chicago
876	1881	Cervenec	28	Wosalik, Ana St.			170		11		11	11	Chicago
8	1877	Listopad	5	Wosalik, Emilie			179		11			6	Chicago
901	1881	Srpen	7	Wosalik, Josef			179		11	1	6		Chicago
3549	1887	Kveten	22	Wosalik, Josef	2	66		2			3	18	Chicago
1625	1883	Brezen	26	Wosalik, Waclav			170		11	11	5		Chicago
3631	1887	Cervenec	9	Wosecky, Marie	3	7		2		1	1		Chicago
3594	1887	Cerven	24	Wosecky, Thomas	3	7		2		1			Chicago
1810	1883	Zari	10	Wostra, Marie	12	67				1	2		Chicago
3526	1887	Kveten	6	Wostry, Rudolf	2	60		2		1	2		Chicago
1219	1882	Duben	16	Wotapek, Tomas			8	III	L	46			Cechach
1570	1883	Unor	4	Wotava, Alois			14	I	K	1	6		Chicago
2444	1885	Leden	1	Wrabek, Jan			12	V	J		10	13	Chicago
914	1881	Srpen	11	Wrana, Anton ***			20	V	M	3	11		Chicago
1843	1883	Zari	30	Wrana, Eduard			3	II	G	3	6		Chicago
3442	1887	Brezen	11	Wrana, Eduard			3	II	G		3		Chicago
924	1881	Srpen	13	Wrana, Waclav			14	IV	G	42			Cechach
1603	1883	Brezen	12	Wranek, Josef			9	IV	K	–	–	–	Chicago
3839	1887	Rijen	19	Wrany, Waclav	10	14				30			Cechach
1000	1881	Rijen	5	Wrba, Barbora	8	76		1		1	4		Chicago
602	1880	Rijen	31	Wrba, Barbora	3	3				86			Cechach
565	1880	Zari	20	Wrbicky, Josef			6	II	L	56			Cechach
55	1878	Brezen	20	Wrcal, Waclav	1	7						1	Chicago
3513	1887	Duben	30	Wrchota, Bozena			16	II	D	2			Chicago
2635	1885	Cervenec	6	Wrchota, Wojtech			11	IV	J	33			Cechach
2994	1886	Duben	16	Wrzal, Baby	18	74				–	–	–	Chicago
470	1880	Cerven	23	Wutech, Josef	2	31				22			Cechach

XYZ

BUR #	Yr	Mo	Da	NAME	Row	No.	Lot	Blk	Sec	Yr	Mo	Da	PLACE
305	1879	Srpen	20	Zabraka, Marie	2	10				19			Cechach
3670	1887	Cervenec	19	Zacek, Josefa			15	III	B	42	3	29	Cechach
3246	1886	Rijen	10	Zachata, Barbora			18	II	D	29			Cechach
3454	1887	Brezen	17	Zachata, Josef	9	13				26			Cechach
3938	1887	Prosinec	22	Zahora, Edward	4	53		2				14	Chicago
442	1880	Kveten	16	Zahour, Ana	5	5						5	Chicago
764	1881	Kveten	24	Zahour, Jan	6	63					1	15	Chicago
3501	1887	Duben	20	Zahradnik, Baby	12	66		1		--	--	--	Chicago
3124	1886	Cervenec	22	Zahradnik, Karel	8	27				29			Cechach
1646	1883	Duben	19	Zahradnik, Waclav	12	18						1	Chicago

BUR #	DWELLING	DEATH DATE Yr	Mo	Da	C	UNDER-TAKER	REMARKS
2763	140 W. 19th St	1885	Rijen	1		Seyk	4/07/1906 moved [from R.17-59]
1045	-	1881	Listopad	15		-	
3255	97 W. 19th St	1886	Rijen	15		Urban	11/10/1907 moved [from R.9-1]
3951	144 W. 19th St.	1887	Prosinec	31		Urban	
1586	99 Bunker St.	1883	Unor	17		Mencl	
1970	228 W Taylor St	1884	Unor	2		Mencl	
1008	99 Bunker St.	1881	Rijen	10		-	
876	742 Hinman St.	1881	Cervenec	27		Seyk	11/11/1906 moved [from R.7-66]
8	115 W. 19th St.	1877	Listopad	6		Seyk	4/28/1906 moved [from R.2-47]
							[dates are probably reversed]
901	364 W. 18th St.	1881	Srpen	5		Seyk	4/28/1906 moved [from R.8-18-B.1]
3549	905 W. 19th St.	1887	Kveten	20		Zajicek	
1625	-	1883	Brezen	25		-	11/11/1906 moved [from R.12-3]
3631	614 Throop St.	1887	Cervenec	8		Profant	
3594	614 Throop St.	1887	Cerven	23		Profant	
1810	422 W 17th St	1883	Zari	9		Seyk	
3526	115 Fisk St.	1887	Kveten	4		Urban	
1219	-	1882	Duben	13		-	
1570	Throop St.	1883	Unor	3		Seyk	
2444	77 Wade St	1884	Prosinec	30		Kunkel	
914	275 Halsted	1881	Srpen	10		Mencl	*** [see Frana]
1843	216 W 20th St	1883	Zari	29		Mencl	
3442	50 Nutt St.	1887	Brezen	10		Mencl	
924	168 Ewing St.	1881	Srpen	11		Mencl	
1603	257 W. 20th St.	1883	Brezen	11		Seyk	
3839	253 W. 20th St.	1887	Rijen	17	+	Mencl	
1000	187 W. Division St.	1881	Rijen	4		Mencl	
602	53 Fisk St.	1880	Rijen	30		Mencl	
565	159 Bunker St.	1880	Zari	18		Mencl	
55	125 Dekoven St.	1878	Brezen	20		Seyk	
3513	360 W. 18th St.	1877	--	--		Firpach	Moved from Ces. Pol. Kat. Cem.
2635	126 W. 15th St	1885	Cervenec	3	+	Mencl	
2994	484 W 19th St	1886	Duben	13		Zajicek	
470	208 W. 19th St.	1880	Cerven	22		Seyk	
305	327 Allport St.	1879	Srpen	20	+	Seyk	
3670	1152 Oakley Av.	1887	Cervenec	18		Urban	[R.10-2 crossed out]
3246	671 Throop St	1886	Rijen	7		Zajicek	
3454	Cook County Hospital	1887	Brezen	14	+	Zajicek	
3938	523 [Des] Plaines St.	1887	Prosinec	20		Pelikan	
442	-	1880	Kveten	15		Seyk	
764	103 Maxwell St.	1881	Kveten	23		Mencl	
3501	298 W. 20th St.	1887	Duben	12		Urban	
3124	362 W 18th St	1886	Cervenec	21	+	Zajicek	
1646	13 Burlington St.	1883	Duben	19		Seyk	

BUR #	\multicolumn{3}{c}{BURIAL DATE}	NAME	\multicolumn{4}{c}{GRAVE LOCATION}	\multicolumn{3}{c}{AGE}	BIRTH
	Yr	Mo	Da		Row	No.	Lot	Blk	Sec	Yr	Mo	Da	PLACE
3112	1886	Cervenec	19	Zahrobsky, Franta J.	3	15					1	24	Chicago
159	1878	Rijen	24	Zaithamel, Josef	1	60				–	–	–	Chicago
2429	1884	Prosinec	20	Zajicek, Emilie			18	III	G	1	9		***
2501	1885	Unor	28	Zajicek, Karel			8	1	Y	8			Chicago
839	1881	Cervenec	15	Zajicek, Marie			17	V	L	19	5		Cechach
2550	1885	Duben	9	Zajicek, Marie	17	12				--	--	--	Chicago
2765	1885	Rijen	4	Zajicek, Marie	17	60					5		Chicago
843	1881	Cervenec	16	Zajicek, Ruzena			17	V	L		5		Chicago
2893	1886	Unor	1	Zajicek, Ruzena	18	52					10		Chicago
3294	1886	Listopad	15	Zajicek, Waclav			8	1	Y	40			Cechach
632	1880	Prosinec	10	Zak, Adolf	6	55					5		Chicago
1990	1884	Unor	24	Zak, Jan			11	4	H	47			Cechach
1523	1882	Prosinec	17	Zak, Jan			2	VI	K	20			Cechach
3507	1887	Duben	25	Zak, Jan	2	36				43			Cechach
2567	1885	Duben	24	Zak, Josef			11	4	H	26			Cechach
2292	1884	Zari	9	Zaloudek, Eduard	15	42				1			Chicago
2791	1885	Rijen	24	Zalud, Emanuel	18	16				–	–	–	Chicago
2474	1885	Leden	28	Zalud, Ferdinand	7	6				67			Cechach
2109	1884	Cerven	1	Zalud, Johana			12	III	K	5			Chicago
3059	1886	Cerven	15	Zamastil, Helena	19	39					2		Chicago
3880	1887	Listopad	9	Zamosny, Julie	4	39	2				2		Chicago
1862	1883	Rijen	18	Zarubsky, Franta			19	III	L		20		Chicago
2532	1885	Brezen	26	Zasadil, Anton			3	III	M	2	3		Chicago
3196	1886	Zari	5	Zasadil, Antonie			3	III	M	26			Cechach
1960	1884	Leden	22	Zasadil, Josef			3	III	M		21		Chicago
3391	1887	Leden	30	Zastera, Marie	2	32	2			5	10		Chicago
331	1879	Rijen	3	Zavadil, N.	3	65				–	–	–	Chicago
815	1881	Cervenec	6	Zdrubek, Wiktor H.			7	III	M		7		Chicago
1629	1883	Brezen	29	Zdrubek, Wiktor H.			7	III	M		5		Chicago
740	1881	Kveten	2	Zelek, Ana ***			4	IV	L	29			Cechach
957	1881	Zari	8	Zelenka, Josefa	8	48	1			1	5		Chicago
117	1878	Srpen	3	Zelenka, Otokar			8	V	L	–	–	–	Chicago
3186	1886	Srpen	30	Zelenka, Regina			8	V	L	50			Cechach
609	1880	Listopad	11	Zeleny, Franta	3	10					10		Chicago
3885	1887	Listopad	16	Zeman, Waclav			11	III	E	54			Cechach
2587	1885	Kveten	12	Zemanek, Annie			13	2	V		11		Chicago
3362	1887	Leden	8	Zengl, Bohumil	2	5	2			4	14		Chicago
343	1879	Listopad	4	Zetek, Franta	4	4					1		Chicago
1019	1881	Rijen	18	Zeythamel, Josef			33	3	H	59			Cechach
2075	1884	Kveten	14	Zich, Josef			13	V	G		10		Chicago
3388	1887	Leden	24	Zich, Marie			13	V	G		11		Chicago
2966	1886	Brezen	25	Ziemer, Jan	8	13				29			Prusku
282	1879	Cervenec	24	Zika, Jan	3	37					2		Chicago
2518	1885	Brezen	14	Zika, Ruzena	3	37				1	2		Chicago
1292	1882	Cerven	7	Zima, Emilie ***			15	II	L	2	21		Chicago
1489	1882	Listopad	7	Zima, Ludmila A.			15	IV	L		7	9	Chicago

BUR #	DWELLING	DEATH DATE Yr	Mo	Da	C	UNDER-TAKER	REMARKS
3112	560 W 19th St	1886	Cervenec	18		Zajicek	
159	--	1878	Rijen	23		Seyk	
2429	450 W. 19th St.	1884	Prosinec	19		Cermak	***Cook Co. Washington [sic]
2501	516 W. 16th St.	1885	Unor	26		Seyk	4/27/1900 moved [from R.16-29]
839	--	1881	Cervenec	14			
2550	627 Throop St	1885	Duben	6		Lusk	
2765	577 Laflin St	1885	Rijen	2		Zajicek	
843	--	1881	Cervenec	15		--	
2893	601 Centre Av	1886	Leden	30		Urban	
3294	447 Centre Av	1886	Listopad	14		Profant	4/27/1900 moved [from R.3-12]
632	283 S. Jefferson St.	1880	Prosinec	9		Heitmann	
1990	674 May St	1884	Unor	23		Seyk	4/25/1908 moved [from R.6-16]
1523	--	1882	Prosinec	14		--	
3507	728 W. 20th St.	1887	Duben	24		Urban	
2567	382 W. 18th St	1885	Duben	22		Mencl	4/25/1908 moved [from R.7-12]
2292	647 Throop St.	1884	Zari	7		Seyk	
2791	614 W 18th St	1885	Rijen	23		Mencl	
2474	438 Canal St	1885	Leden	26		Mencl	
2109	111 W. 18th St.	1884	Kveten	31		Seyk	
3059	198 Taylor St	1886	Cerven	14		Schultz	
3880	129 Wright St.	1887	Listopad	8		Firpach	
1862	125 Forquer St	1883	Rijen	17		Mencl	
2532	826 Allport St	1885	Brezen	24		Seyk	
3196	826 Allport St	1886	Zari	3		Urban	
1960	826 Allport St	1884	Leden	21		Seyk	
3391	216 W. 20th St	1887	Leden	29		Urban	
331	184 W. 12th St.	1879	Rijen	3		Seyk	
815	99 W. 18th St.	1881	Cervenec	5		Mencl	
1629	99 W. 18th St.	1883	Brezen	28		Mencl	
740	135 Bunker St.	1881	Kveten	1		Mencl	***[see Jetek]
957	190 Taylor St.	1881	Zari	7		Seyk	
117	581 Centre Av.	1878	Srpen	2		Seyk	
3186	579 Centre Av	1886	Srpen	28		Urban	
609	455 Desplaines St.	1880	Listopad	9		Mencl	
3885	32 Fisk St.	1887	Listopad	14		Urban	
2587	2933 Keeley St	1885	Kveten	10		Jana	11/24/1901 moved [from R.17-26]
3362	139 Forquer St	1887	Leden	6		Mencl	
343	135 Bunker St.	1879	Listopad	3		Mencl	
1019	--	1881	Rijen	16		--	11/10/1907 moved [from R.4-1]
2075	168 Maxwell St	1884	Kveten	12		Mencl	
3388	168 Maxwell St	1887	Leden	22		Mencl	
2966	Cook County Hospital	1886	Brezen	22	+	Chalifoux	
282	885 W. 19th St.	1879	Cervenec	23		Mencl	
2518	895 W. 19th St.	1885	Brezen	13		Seyk	
1292	--	1882	Cerven	6		--	*** [see Siman]
1489	116 Augusta St.	1882	Listopad	5		Mencl	

BUR #	Yr	Mo	Da	NAME	Row	No.	Lot	Blk	Sec	Yr	Mo	Da	BIRTH PLACE
3238	1886	Rijen	9	Zima, Marie			15	IV	L	1	4		Chicago
3369	1887	Leden	13	Zima, Waclav			15	IV	L	61			Cechach
3107	1886	Cervenec	18	Zimanzl, Marie			18	II	D	20			Cechach
2304	1884	Zari	23	Zitek, Emanuel			1	I	L	1	6		Chicago
1564	1883	Leden	30	Zitek, Emanuel			1	I	L	1			Chicago
2384	1884	Listopad	8	Zitek, Karel?	16	1					2		Chicago
3933	1887	Prosinec	18	Zitek, Lidvin			1	I	L	2	6	21	Chicago
1190	1882	Brezen	25	Zitek, Lucie R.			1	I	L	3		22	Chicago
665	1881	Leden	23	Zitek, Paulina ***			13	II	H	2			Chicago
1756	1883	Cervenec	28	Zitka, Emilie	13	15					9		Chicago
2911	1886	Unor	18	Zitka, Waclav	18	64					2		Chicago
434	1880	Duben	26	Zivmuska, Emilie			5		16		1		Chicago
3678	1887	Cervenec	21	Zlabek, Eduard	3	40		2		1	1		Chicago
3201	1886	Zari	8	Zlabek, Ferdinand	1	27		2			3		Chicago
3126	1886	Cervenec	23	Zoubek, Jan	19	65				5			Chicago
3854	1887	Rijen	26	Zoulek, Franta	10	18				25	6		Chicago
2711	1885	Srpen	24	Zrust, Anton	7	25				46			Cechach

BUR #	DWELLING	Yr	Mo	Da	UNDER-TAKER	REMARKS
3238	298 W. 20th St	1886	Rijen	8	Urban	
3369	Co Co Indiana [sic]	1887	Leden	10	Zajicek	
3107	103 Fisk St	1886	Cervenec	16	Urban	
2304	522 W. 18th St.	1884	Zari	23	Seyk	
1564	522 W. 18th St.	1883	Leden	28	Seyk	
2384	990 Van Horn St.	1884	Listopad	7	Seyk	
3933	522 W. 18th St.	1887	Prosinec	16	Zajicek	
1190	100 Fisk St	1882	Brezen	25	Cermak	
665	142 W. Taylor St.	1881	Leden	21	Mencl	*** [see Jilek]
1756	80 W 19th St	1883	Cervenec	26	Seyk	
2911	644 May St	1886	Unor	17	Vistein	
434	82 Ewing St.	1880	Duben	25	Mencl	9/09/1915 moved [from L.14-V-M]
3678	668 Throop St.	1887	Cervenec	19	Zajicek	
3201	112 Noble St	1886	Zari	7	Mencl	
3126	101 W 16th St	1886	Cervenec	22	Mencl	
3854	139 Taylor St.	1887	Rijen	24	Schultz	
2711	Cook County Hospital	1885	Srpen	19	Mencl	